人脑认知与跨媒体分析推理技术在教育中的应用研究

刘合安　著

全国百佳图书出版单位
吉林出版集团股份有限公司

图书在版编目（CIP）数据

人脑认知与跨媒体分析推理技术在教育中的应用研究 /
刘合安著 . -- 长春 : 吉林出版集团股份有限公司，
2020.7

ISBN 978-7-5581-8833-6

Ⅰ . ①人… Ⅱ . ①刘… Ⅲ . ①技术教育 – 研究 Ⅳ .
① G71

中国版本图书馆 CIP 数据核字 (2020) 第 118320 号

人脑认知与跨媒体分析推理技术在教育中的应用研究

作　　者 / 刘合安著
出 版 人 / 吴文阁
责任编辑 / 朱子玉　杨　帆
责任校对 / 张洪亮
封面设计 / 优盛文化
开　　本 /710mm×1000mm　1/16
字　　数 /260 千字
印　　张 /14.75
版　　次 /2020 年 7 月第 1 版
印　　次 /2020 年 7 月第 1 次印刷

出　　版 / 吉林出版集团股份有限公司（长春市人民大街4646号）
发　　行 / 吉林音像出版社有限责任公司
地　　址 / 吉林省长春市净月区福祉大路 5788 号出版大厦 A 座 13 层
电　　话 /0431-81629660
印　　刷 / 定州启航印刷有限公司

ISBN　978-7-5581-8833-6　　定价 /59.00 元

前　言

随着互联网的普及、传感网的渗透、大数据的涌现，新技术、新产业和新业态都在不断地发展与进步。自 2017 年开始，人工智能（Artificial Intelligence，AI）渐渐地走进我们的工作与生活中，自此之后，被越来越多地应用到日常生活的方方面面。人工智能技术是继蒸汽机、电力、互联网科技之后最有可能带来新一次产业革命浪潮的技术，在以爆炸式的数据积累、基于神经网络模型的新型算法与更加强大、成本更低的计算力的促进下，人工智能技术的应用场景在各个行业逐渐明朗。

人工智能的主要技术变化如下：从早期的知识工程到现在的数据驱动学习，人工智能的学习方式正转化为数据驱动与知识工程相结合，从表象和特征的机器学习到机器综合推理；从利用典型单一的结构化数据到深度整合多种媒体的非结构化数据，人工智能正在跨入媒体感知、学习和推理的深层次；从早期以"机器为中心"到人机和脑机交互技术，人工智能正在走向人机混合的增强智能时代。

1999 年，陈至立同志在为《制高点——现代教育技术》专题新闻版撰写的《应用现代教育技术，推动教育教学改革》一文中指出，"要深刻认识现代教育技术在教育教学中的重要地位及其应用的必要性和紧迫性；充分认识应用现代教育技术是现代科学技术与社会发展对教育的要求，是教育改革和发展的需要"。教育技术作为教育深化改革的突破口和制高点已经逐渐成为人们的共识，并且与素质教育、教育信息化、创新人才培养、促进终身教育体系的建立等重大问题紧密联系在了一起。在这个人工智能的大背景下，将跨媒体分析推理技术应用在教育中是一个新的突破与进步，将会给教育领域带来新的发展方向与技术创新，无论对于学生来说，还是对于教师来说都具有非凡的意义，在很大程度上促进了教育技术的发展，紧跟时代步伐，提升了教师的能力标准。

感谢所有为本书编写提供丰富的参考文献的学者，以及为本书的编写付出心血的所有参编人员及其所在院校。跨媒体分析推理技术在教育中的应用内容新、变化快，加之作者水平有限，书中难免存在遗漏和不足之处，望广大读者能够指正批评。

作者

2019 年 12 月

目 录

contents

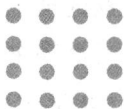

第一章　现代教育技术概述

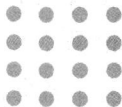

　　教育技术是在 20 世纪 20 年代前后的视听教学、程序教学和系统化设计教学等基础上发展并逐渐成长起来的一门新兴的教育科学中的分支科学，是现代教育科学发展的重要成果。它作为一个概念被正式提出来，则是在 20 世纪 60 年代初。当时美国视听教育的专家学者总结了该技术 50 年的教学经验，汲取了"个别化教学"和"教学系统方法"两方面实践与研究的成果，决定将视听教育改名为教育技术，提出教育技术的定义，比较科学地界定了本领域实践和研究的对象及内容。[①] 教育技术在教学中的应用优化了教学过程，改变了整个教育过程的模式，改变了分析和处理教育、教学问题的思路。

第一节　教育技术的概念

　　要全面、正确地理解现代教育技术的概念，就必须弄清楚什么是教育，什么是技术，然后在此基础上去分析和理解现代教育技术的概念以及这些概念之间的相互关系。

一、教育技术的定义

　　在教育学科中，教育技术是在视听教学、程序教学和系统设计科学基础上逐渐发展起来的一门新兴分支学科。教育技术是以现代教育理论为基

---

① 　罗文浪.现代教育技术 [M].北京：北京理工大学出版社,2015：30-35.

础，运用系统科学和信息技术来提高教学效益，优化教育教学过程的理论和实践的技术。"教育技术"就是"教育中的技术"，是人类在教育活动中采取的一切技术手段和方法的总和。它包含了两个要素，一个是有形技术，另一个是无形技术。有形技术指凝固和体现在有形物体中的科学知识，它包括从黑板等传统教具到视听媒体、多媒体计算机、网络等一切可用于教育中的器材、设施、设备以及相应的软件等；无形技术指解决教育教学问题过程中所运用的技巧、策略和方法，又包括其中所蕴含的教学思想和理论等。[①]

教育技术发展到现在，人们更倾向于用系统的方法来定义教育技术。不同阶段的教育技术中强调的技术着重点不同。教育技术概念的发展也体现着人类思维螺旋式上升的过程。20 世纪 90 年代后，教育技术好像又回到了过去。世界各国的教育技术大体上都经历了一个从硬件建设、软件制作到系统方法和教学设计的过程，目前正在进一步向人类绩效技术转移。1970 年美国教育传播与技术学协会（Association for Educational Communications and Technology，AECT）成立，这可以认为是现代意义上的教育技术学科和研究领域形成的标志。1994 年，在美国众多教育技术专家的参与下，AECT 对教育技术重新进行定义，得到了国际教育界的普遍认可。

（一）教育技术的 AECT'94 定义

1994 年，美国教育传播与技术协会发表了教育技术定义（以下简称"AECT'94 定义"）。[②] 此定义为：教学技术是对学习过程和学习资源进行设计、开发、应用、管理、评价的理论和实践。（Instructional technology is the theory and practice of design, development, utilization, management and evaluation of processes and resources for learning）AECT'94 定义涉及的领域可用图 1-1 表示，定义中体现出的特点如下。

---

① 罗文浪. 现代教育技术 [M]. 北京：北京理工大学出版社, 2015：60-80.
② 罗文浪. 现代教育技术 [M]. 北京：北京理工大学出版社, 2015：45-46.

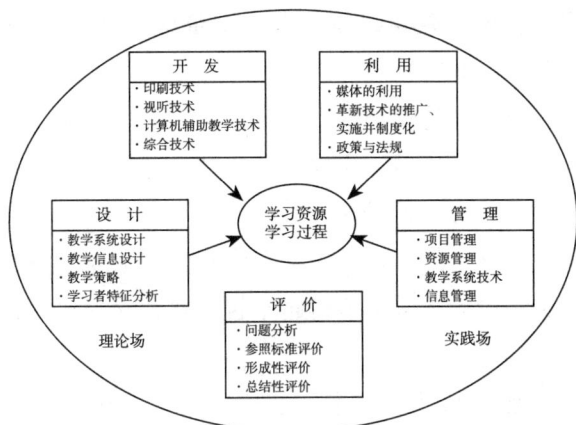

图 1-1 AECT'94 定义下的教育技术概念框架

1. 明确提出了教育技术的研究对象是"学习过程"和"学习资源"

"学习过程"是学习者学习新知识和掌握新技能的认知过程，是指广义的学习过程，既包括无教师参与的学习过程，也包括有教师参与的学习过程。而有教师参与的学习过程通常又称为"教学过程"，所以更确切地说，学习过程是学与教过程的两个方面。

"学习资源"是学习过程中所要利用的一切教学资源的来源。学习资源并非仅指用于教学过程的设备和材料，而是指在学习过程中可被学习者利用的一切要素，有人力资源和非人力资源之分。人力资源包括教师、同伴、小组、群体等。非人力的学习资源则包含硬件环境、和软件环境。硬件环境包括教学场地、设备、设施、工具等。软件环境主要指的是教学媒体，即在教育、教学活动中传递教育、教学信息的媒介和媒体，分为视觉媒介和媒体、听觉媒介和媒体、视听觉媒介和媒体以及计算机交互媒介和媒体。除此之外，建设教学环境不仅需要建立现代化的硬件和软件教学环境，还要建立现代化的软件环境。软件环境主要指的是教学思想、方法、教学模式和教学管理。

2. 明确指出了教育技术的研究领域是"教育媒体技术"和"教育设计技术"

教育技术需要建设数字化的教学环境，强调从学习者的角度出发，利用系统方法组织教学过程，优化协调教学资源，具体分为以下两个领域。

（1）教育媒体技术。教育媒体技术主要涉及教育中的硬件和软件技术，它又包括以下四个方面的内容。

①教育信息的传播与传输技术。教学内容（信息）需要借助媒体的承载与传输，这种传递引申为传播。传播与传输技术包括卫星电视技术，它可以实现资源共享，并具有时空无限性。

②教育信息的存储与检索技术。随着多媒体技术与网络技术在教育中的应用与发展，存储与检索技术也显得越来越重要，它是建立和利用教学资源库的基础。

③教育信息的加工与处理技术。信息加工与处理技术是教育技术的核心内容，主要有多媒体技术和网络技术。计算机多媒体技术集文、声、形于一体，多媒体系统的形象性与交互性使学习者能主动地、创造性地学习。网络技术实现了计算机的联网，能使教学资源共享，信息交换与处理能力增强。

④教育信息的显示技术。显示技术直接影响教学效果的好坏，它不但要符合学生的认知特点，而且要符合教学规律。

（2）教育设计技术。教育技术除了包括教育中有形的物化形态的技术外，还包括无形的智能形态的教育设计技术，也称软件技术。教育设计技术是指在解决教育教学问题中起作用的方法、技巧和理论。它涉及如何选用教材和教具，安排教学活动的计划和分组，教学过程的控制、评价、管理、策略等问题。它主要反映在以下两个方面。

①教育系统技术。这是运用信息论、系统论、控制论的观点来研究教学过程的技术，学习过程是教育技术研究和实践的对象。从教育技术的观点看，"教学"是对信息和环境的安排与协调，其目的是促进学习。"学习"是指学习者通过与信息和环境的相互作用而得到知识和技能提高的过程。

②教育过程技术。这里主要指的是教育思想、方法和管理方面的技术，即把学理论、认知心理学和教育结合起来的技术。教育技术不能仅仅停留在对学习内容和提供学习材料的研究上，还要研究学生的学习过程和学习方法，在教学研究的基础上强调学法研究。

3.明确了教育技术的研究内容

教育技术的定义明确提出了教育技术的研究领域应当包括"学习过程"

和"学习资源"的"设计""开发""利用""处理"和"评价"5个方面的理论与实践。

（1）设计：教学系统设计、教学信息设计、教学策略设计和学习者特征分析。教学系统设计是一个包括分析、设计、实施和评价教学等步骤的有组织的过程。教学信息设计与媒体和学习任务的性质有关，主要是指设计传递信息与反馈信息的呈现内容、呈现方式以及人机交互等。教学策略设计是对具体的教学内容、教学活动程序、方法、媒体等因素的总体考虑。学习者特征是指影响学习过程的学习者经验背景的各个方面，包括智力因素、非智力因素以及文化背景等。

（2）利用：媒体的利用，成果的推广、实施并制度化，政策与法规。利用是指通过教与学的过程和资源来促进学习者学习活动的过程。为促进对教学过程和资源的利用，应强调对各类媒体和各种最新的信息技术手段的充分利用与传播，并要加以制度化和规范化，以保证教育技术手段的不断更新。[①]

（3）开发：印刷技术、视听技术、基于计算机的辅助教学技术和综合技术。这里的开发指为促进学习而对学习过程和资源所进行的开发。印刷技术主要是指机械或照相印刷过程的制作，包括文本、图形和照片等形式的呈现以及文本材料和视觉材料的开发。视听技术主要是指通过电子设备来进行制作以呈现听觉和视觉信息的方法。计算机辅助教学技术是指利用基于微型计算机和有关的教学资源来制作和发送材料的方法。随着计算机技术的进一步发展，特别是网络通信、多媒体、数据库、人工智能等技术在教学中的不断应用，基于计算机的教学系统正在朝着集成化方向发展，把信息资源、在线帮助、监测系统和教学管理等功能都综合在一个系统环境中，这种方法就是综合技术。这种技术的特征是学习者可以在各种信息资源中进行高度的交互活动。

（4）评价：问题分析、参照标准评价、形成性评价和总结性评价。这里指为促进学习而对教学过程和资源所做的评价。强调科学的测量和评价方法，主张形成性评价，并以此作为质量监控和不断优化教学系统与教学过程的主要措施。为此应及时对教育、教学过程中存在的问题进行分析，并参照规范的要求（标准）进行定量的测量与比较。

① 罗文浪 . 现代教育技术 [M]. 北京：北京理工大学出版社,2015：30–35.

（5）管理：项目管理、资源管理、教学系统管理和信息管理。管理指的是通过计划、组织、协调和监督来控制教学。项目管理是指计划、监督和控制教学设计和开发项目。资源管理是指计划、监督和控制资源分配以支持系统和服务。教学系统管理包括计划、监督和控制那些组织教学材料分发的方法，是用于向学习者呈现教学信息的媒体和使用方法的组合。信息管理包括计划、监视和控制信息的存储、转换或处理，其目的是为学习提供资源。

教育技术的 5 个范畴（即设计、开发、利用、管理和评价）既相互独立又相互渗透。其中，设计、开发和利用是教育技术研究中相对独立的内容或阶段，前者的输出是后者的输入，后者的输入又是前者的输出。管理和评价贯穿于上述内容和阶段之中。另外，这 5 个范畴之间的关系不是一个线性的关系，它们都围绕"理论与实践"开展工作，并通过"理论与实践"相互作用、相互联系。

4. 明确了教育技术的研究内涵

教育技术的定义强调教育技术的研究要同时注重"理论"和"实践"的研究。AECT'94 定义反映广。各国教育技术界的学者都在进行学习和研究，并且纷纷发表自己对这一定义的认识。

（二）教育技术的 AECT'05 定义

2005 年，美国教育传播与技术协会经过充分讨论后发表了新的定义（以下简称"AECT'05 定义"）。

此定义为教育技术是指通过创造、使用、管理适当的技术过程和资源，促进学习和改善绩效的研究与符合道德规范的实践。（Educational technology is the study and ethical practice of facilitating learning and improving performance by creating, using, and managing appropriate technological processes and resources.）AECT'05 教育技术定义与 AECT'94 定义的不同之处有如下几点。

1. 定义所处的背景与条件不同

首先是依据的理论基础不同。AECT'94 定义主要以认知主义学习理论为基础，以行为主义学习理论为辅，而 AECT'05 定义主要以违构主义学习理论为基础。其次是技术基础不同，发表 AECT'94 定义时网络技术和网络教育刚刚起步，而发表 AECT'05 定义时网络技术和网络教育已经得到了飞速发展。

2.定义中使用的术语不同

（1）将 instructional technology 改为 educational technology。用"教育技术"代替"教学技术"。"教育技术"定位在教育概念上，而"教学技术"则定位在教学概念上。教育指的是支持学习的各类活动和资源，而教学指的是由学习者以外的人组织的、指向特定目的的活动。

（2）将 theory 改为 study。用研究（study）代替理论（theory），原因在于 study 比 theory 更宽泛，特别是包含"反思实践（refleclive　practice）"的内容。研究指的是超越传统研究（research）意义上的知识收集和分析。教育技术需要不断地以"研究和反思性实践"来违构其理论体系。教师要学会反思，对自己的"所教"与"所做"进行反思。例如，我们在讲教学设计课程的时候，不应只是对教学进行设计，而是是进一步思考自己是不是真正做到了满足学习者的需求。再如，当我们讲课程整合的时候，不只要教会学生如何去整合，而是反思自己是不是把学科内容、信息技术与学习理论三者有机地结合起来了。① 另外，我们在帮助学生改善学习时是不是反思了"我自己是一名成功的学习者"。

（3）将 design，development, utilization，management and evaluation 改为 creating，using and managing。AECT'05 定义将 AECT'94 定义中的五个范畴（设计、开发、利用、管理和评价）整合为 3 个范畴（创造、使用和管理），这三个范畴形成一个统一的、互相衔接的整体，而评价贯穿于整个过程，如图 1-2 所示。

---

① 　罗文浪.现代教育技术 [M].北京：北京理工大学出版社,2015：167-168.

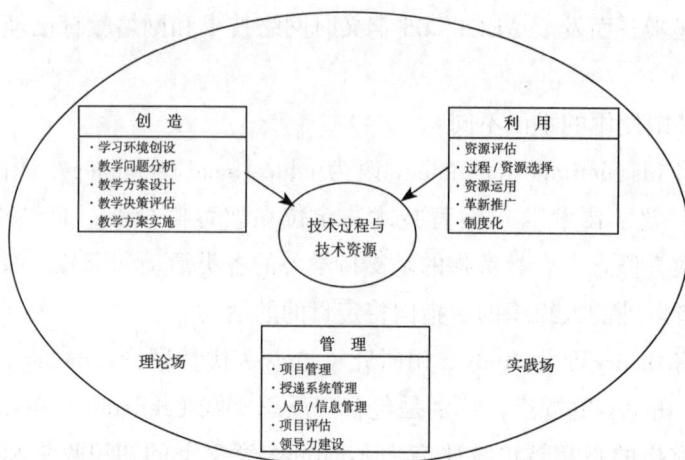

图1-2　AECT'05定义下的教育技术概念框架

（4）AECT'05定义中新增的内容。AECT'05定义特别强调了"提高绩效"与"符合伦理道德"，这是对AECT'94定义的进一步完善和发展。利用教育技术能更有效地学习，提高学习绩效（即学习者运用新获得的"知识与技能"的能力）。对于教育技术而言，"提高学习绩效"就意味着要求效力，追求学习效率，期望花更少的时间来达到学习的目的。学习绩效的提法强调学习的含义不单指获取知识，更注重培养和提高能力。AECT'05定义还特别明确地给出了实践要符合道德规范和职业规范，告诉我们技术人员一定要关心人文和道德问题。在《美国国家教育技术标准》中，无论学生标准、教师标准还是管理者标准这一内容都无一例外地被写了进去。道德和职业规范的问题不能轻视，因为这是从业人员与专业本身得以生存的基础。

二、现代教育技术的定义

教育技术随着教育理论、实践和信息技术的发展而发展。现代教育技术是20世纪90年代以后在国内被人们使用的一个术语，它与"教育技术"在本质上属于同一个概念。对此，国内学者对"现代教育技术"有代表性的解释如下：

（1）现代教育技术是以计算机为核心的信息技术在教育、教学中的运用（何克抗，1999）。

（2）现代教育技术是指运用现代教育理论和现代信息技术，通过对教与学过程和资源的设计、开发、应用、管理和评价，以实现教学优化的理论与实践（李克东，1999）。

一方面，现代教育技术以现代信息技术（计算机、多媒体、网络、数字音像、卫星广播、虚拟现实、人工智能等技术）的开发、应用为核心；另一方面，现代教育技术并不忽视或抛弃对传统媒体（黑板、挂图、标本、模型等）的开发与应用。

随着信息技术的发展，目前人们逐渐习惯于使用"现代教育技术"概念，这也使教育技术有了更加强烈的现代化、信息化色彩。

三、教育与技术的含义

在中国，一般认为"教育"一词始见于《孟子·尽心上》："君子有三乐，而王天下不与存焉。父母俱存，兄弟无故，一乐也；仰不愧于天，俯不怍于人，二乐也；得天下英才而教育之，三乐也。""教育"成为常用词，则是在19世纪末20世纪初。当时，辛亥革命元老、中国现代教育奠基人何子渊、丘逢甲等有识之士开风气之先，排除顽固势力的干扰，成功创办新式学校；随后清政府迫于形势压力，对教育进行了一系列改革。1905年年末颁布新学制，废除科举制，并在全国范围内推广新式学堂，西学逐渐成为学校教育的主要内容。现代汉语中"教育"一词的通行，与中国教育的现代化联系在一起，反映了中国教育话语由"以学为本"向"以教为本"的现代性转变。

在西方，"教育"一词源于拉丁文Educarl，指"引出""导出"，其英文为Education。西方社会侧重个体的发展，强调人人都要接受教育，而且通过教育可将个体的优势引导出来，使蕴藏在肌体中的潜力得以显露和发展。

什么是"教育"，其含义已经趋于一致。广义的教育泛指一切有目的地影响人的身心发展的社会实践活动；狭义的教育主要指学校教育，即教育者根据一定的社会要求和受教育者的发展规律，有目的、有计划、有组织地对受教育者的身心施加影响，期望受教育者发生预期变化的活动。

什么是技术？技术是一个历史范畴，其内涵随着社会的发展在不断地演变。人们对它的理解有两种：一种是狭义的理解，这种理解广泛应用在工业领域，把技术局限于有形的物质方面。在工业化社会的早期，人们认为技术是根据生产实践经验和自然科学原理而发展成的各种物资设备和生产工具。以这种观点来理解教育技术中的"技术"一词，人们会自然而然地把教育技术看作只包括硬件和软件的技术手段，认为教育技术就是物化技术在教育领域中的应用，甚至等同媒体的教育应用。这种认识在教育技术发展初期比较普遍，并且现在仍有一些人沿用这种旧的观点来看待教育技术。

另一种是信息社会中人们对技术的理解，人们认为技术基本上包含了两个方面的核心内容，即有形的物质工具手段和无形的非物质的智能方法。美国著名教育技术史学家赛特·勒在他最新的教育技术史专著中认为，技术的重点在于工作技能的提高和工作的组织，而不是工具和机器。有了这种对教育和技术的认识，我们再来理解何谓教育技术就不难了。

第二节　教育技术的发展简史

教育技术的发展历史虽然不长，但它的成长经历很复杂，主要体现在两个方面：一方面是教育技术不是在某个单一领域或方向上的逐渐深入，而是多条线索、多个领域并行交叉结合的过程；另一方面，教育技术的发展过程不是以自身原始细胞为基础，产生细胞裂变或功能扩张式的发展，而是兼收并蓄、有机整合的过程。它对外界相关因素的综合吸纳要大大多于自身机体的演变与派生。所以，研究教育技术的发展历史，既可以了解教育技术在不同时期的形态，也可以帮助我们更好地理解这一学科的综合性特征。

一、国外教育技术的发展

基于各个时期所使用的教育技术不同，可以把教育技术的发展历程总结为三条主线，分别是视听教学、个别化教学和系统设计教学。下面就按照这三条主线分别阐述它们发展的特点、形成的指导思想和实践模式，以及最终融合为一个整体——教育技术的发展过程。[1]

---

[1]　徐瑞媛.现代教育技术在高校教育改革中的应用[J].决策探索（下）,2019（11）:73.

（一）个别化教学的发展

在夸美纽斯提出班级授课制以前，个别化教学一直是教育的基本形式。产业革命出现以后，急需大批技术劳动力，因而需要扩大教育规模，个别化教学就逐渐被班级授课制取代。随着社会的发展和教育研究与实践工作的不断深入，教育工作者逐渐认识到班级授课制存在着种种不足。于是，开发适合学习者个别需要和特点的教学系统被提上了日程。

到了 20 世纪 50 年代，美国著名心理学家斯金纳又掀起了一场程序教学运动，使一度衰落的个别化教学重新兴起。程序教学就是将教学内容按一定的逻辑顺序分解成若干小的学习单元，编制成教学程序，由学习者自主学习。其特点如下：小的学习步骤；自定学习进度；积极反应；即时反馈。它有两个关键因素：一是制造程序教学机；二是编写程序课本。在微型计算机被广泛应用于教育教学领域之后，个别化教学得到了实质性的发展。最近几年，由于多媒体技术、网络通信技术、虚拟现实技术和人工智能技术的进一步发展，以及学习理论的进一步成熟，计算机不再只作为一种辅助教学的工具，而可作为认知工具、情感激励工具以及协作和交流的工具，并可作为学生的导师、伙伴。

综上所述，教育技术已经形成了一整套关于个别化教学的模式、方法和以学习者为中心的指导思想，特别是程序教学和计算机辅助教学的出现使个别化教学技术成为教育技术的一个重要的研究和实践领域。这一时期，教育技术不仅关注教学媒体和教学资源的设计与开发，还关注对学习者特征和学习过程的理论研究和实践探索。

（二）视听教学的发展

19 世纪末 20 世纪初，也就是在第二次产业革命期间，美国已从依靠密集劳动力的农业国家演变为以机械化农业和城市工业为基础的国家。为了工业化生产的大发展，急需大批有知识、有技能的劳动者，以语言文字、书籍为主要手段的教学越来越不适应社会的需求。与此同时，由于工业革命的推动和科学技术的迅猛发展，一些新的科技成果，如照相技术、幻灯机、无声电影等引入教学领域，给教学送来了新的技术手段。为了扩大教育规模，提高教学质量，满足社会对人素质和数量上的需求，美国的一些学校开始提倡和使用这些现代媒体作为直观教育，于是便产生了"视觉教学"或"视觉教育"。

综观媒体教育技术的发展，一方面可以看到社会进步对教学改革的要求，另一方面也可以看到教育的发展与新的科学技术进步及传播手段的改进密切相关。所以，即使对媒体技术在教学中应用的效果仍有不同看法，但是从传播理论的角度认识教学，媒体已经成为教学过程中的一个基本要素，并促使一种崭新的教学模式，即利用媒体促进有效教学的模式的形成。

（三）教学系统设计的发展

教学系统设计的前身是一种设计和改进教学实验的方法。20 世纪 20 年代，美国芝加哥大学的博比特和查特斯等人倡导用实验方法解决教育教学问题。1924 年，博比特在《课程建设》一书中提出了系统设计课程的理论及具体步骤。1945 年，查特斯在一篇文章中讨论了"教育工程"领域的方法问题，文章中写道："教育工程师接受一个要开发的计划、一个要解决的问题；下一步，他对问题做出逻辑的解释；问题明确后，教育工程师分析问题，以揭示应考虑的因素；接下来，他着手用已确定的方式执行计划和设计项目；教育工程方法的最后阶段是评价。"[①]

第二次世界大战期间，美国从关于学习过程、学习理论和人类行为理论方面的研究成果中总结出来一系列教学原则，并用于指导军训研究和教材开发。其结果不仅提高了军训的效率和效果，也使教学设计的一些重要原理，如任务分析、行为目标、标准参照测试、形成性评价和总结性评价等得到了进一步完善和发展。20 世纪 60 年代末至 70 年代初，教学系统日益受到重视。人们在实践中建立了许多系统设计教学的理论模型，使系统方法成为利用教育技术解决教育教学问题的根本性方法。

由此看来，教育技术是由视听教学、个别化教学和教学系统方法三个领域的发展整合而成的。这三个领域虽然起源不同，发展时期和过程也不尽相同，但在发展的过程中它们并没有互相孤立、毫无联系，也没有互相排斥或互相取代，而是逐渐交叉、融合，最终于 20 世纪 70 年代形成了一个独特的

---

① 徐瑞媛.现代教育技术在高校教育改革中的应用 [J].决策探索（下),2019（11）:73.

整体——教育技术。作为一个完整的理论研究和实践领域，教育技术在世界各国的教育改革和培训当中发挥着越来越大的作用。

二、我国教育技术的发展

"教育技术"这个概念是 1978 年以后传入我国的，作为正式的学科和专业名称使用则是 20 世纪 80 年代以后的事情。在此之前，我国一直把类似的理论研究与实践领域称为"电化教育"。到目前为止，在一些场合，"教育技术"和"电化教育"这两个名词仍交叉使用。用今天的观点看，"教育技术和电化教育是既有联系又有区别的两个概念"。

在我国，电化教育目前最有代表性的定义是"电化教育是根据教育理论，运用现代教育媒体，并与传统教育媒体恰当结合，有目的地传递教育信息，充分发挥多种感官功能，以实现最优化的教育活动"。

与前面教育技术的定义相比，教育技术与电化教育都是具有相同属性的新兴学科，在教育学科领域中具有相同或相近的地位与作用，但从概念的涵盖范围以及研究的层次、深度与广度等都是有所区别的。因此，既不能把电化教育看成游离于教育技术以外的一个学科，也不能简单地认为电化教育就是教育技术。准确地说，我国过去所谓的电化教育只是教育技术之中关于视听教学的那一部分内容。目前，随着我国在这一领域的理论研究和实践范围的扩展，名称还是应该以"教育技术"为好，一方面它可以反映我国电化教育的发展变化，另一方面也便于进行国际交流。

教育技术在我国的发展主要分为两个阶段，即电化教育的形成和发展以及 20 世纪 80 年代以后电化教育向教育技术的全面发展。

（一）电化教育的形成与发展

早在 20 世纪 20 年代，受美国视觉教育运动的影响，以及伴随电影、幻灯片等先进媒体的相继传入，我国一些大城市的学校和教育机构开始自发利用无声电影、幻灯等媒体进行教学活动，这标志着我国电化教育开始萌芽。

20 世纪 30 年代至 40 年代，上述活动受到当时政府教育部门和学者的注意，使视听教育媒体得到了初步的推广和应用，"电化教育"的名称得以确立，一些理论文章和专著也相继发表。但总的来讲，当时的电化教育还未能大面积推广。

1949 年 10 月中华人民并和国成立后，我国的电化教育事业才进入初步发展的新时期，主要表现在利用无线电广播大面积开展外语、文化补习、函授等社会教育。20 世纪 60 年代，一些省市创办了广播函授学校、电视大学等。与此同时，学校电化教育也在不同层次上开展起来。

20 世纪 70 年代后期，特别是进入 80 年代，我国的电化教育事业得到了迅速发展，主要表现在恢复并新建了各级电教机构，引进了大批先进的电教设备，逐步形成了一支具有一定专业知识和实践技能的电教队伍，编制了一批广播电视教育教材和学校电化教育教材，卫星电视教育网络逐步形成，等等。

这一时期，我国的教育技术主要是以电化教育的形成和发展为主要线索，理论研究与实践活动也一直在电化教育的名下进行。

（二）电化教育向教育技术的全面发展

20 世纪 80 年代以后，随着国际学术交流的增多，国外教育技术发展的新经验、理论研究的新成果不断地被介绍进来，以系统方法为核心的教育技术学在理论概念、指导思想、研究方法等方面对我国教育界产生了极大的影响，我国电化教育工作者在研究学习国外先进经验和理论成果，继续努力发展电化教育的同时，开始用新的观点来审视这个领域，通过开展现代教育媒体的应用来提高教学质量，扩大教育规模。[①]

从本质上讲，这只是相当于国外的视听教学和视听传播教学的范畴。而要想全面发展我国的电化教育事业，促进我国教育教学改革的深入发展，有必要全面学习和借鉴国外的教育技术的一套理论概念、指导思想和研究方法来指导和拓展我们的实践。在这种思想的指导下，我国电化教育领域出现了一系列新的变化。例如，电化教育的研究重心开始从电化教学与传统教学、现代媒体与传统媒体的优劣比较，转向了对"多媒体教学""系统方法""教学设计""整体教育技术"等原理的研究和实践。与此同时，在实践上也从视听设备在学校课堂中的应用，拓展到了计算机辅助教学和远距离教学等新

---

① 李方瑞. 基于现代教育技术下高校创新教育的方法研究 [J]. 智库时代,2019（48）: 280-281.

领域。自 20 世纪 80 年代中期起，在学科建设方面，一些高校陆续建立了教育技术专业，并开始招收本科生，后期又相继建立了教育技术学硕士点和博士点。为了搞好学科教学，在教育部的领导下，还成立了"全同高校教育技术学教学指导委员会"等机构。

电化教育工作重心的转移及其理论研究和实践范围的扩展，标志着我国电化教育的理论和实践已经向教育技术全面过渡，并逐步与国际接轨。

三、教育技术的发展趋势

教育技术的未来发展方向一方面取决于理论技术的发展状况，另一方面取决于教育的实际需求。从目前的情况来看，教育技术的发展方向将呈现以下几个特征。

（一）教育技术手段的多媒体化、网络化、智能化、虚拟化

随着信息技术的发展，尽管教育技术仍然会关注常规媒体的应用，但多媒体化、网络化、智能化、虚拟化的信息技术对教学手段、教学方法和教学模式的变革将产生史为深远的影响。

多媒体技术的应用使计算机能够很好地替代电视、录音录像技术等信息呈现、传播方式，而且教学与学习资源的储存、检索与利用都发生了根本的变化。网络已成为人们获取知识和信息交流的强有力工具，它将改变人们的学习、工作和生活方式，而基于网络的远程教育也正发挥着越来越重要的作用。与一般的信息处理技术相比，人工智能技术不仅可以使教育技术的应用更为灵活、更具有引用性，还可以降低教师的劳动强度，使很多教育教学工作变得自动化。虚拟技术则可以通过视、听、触等方式达到虚拟环境下的真实体验和交互，能有效地改变现有的教学、演示、设计等方面工作，大大拓展人们的学习经验。这些技术虽然还在不断地发展过程中，但必将会进一步改变现代教育技术的应用方式。

（二）现代教育技术的综合化和交叉性

教育技术融合了多种思想和理论，它的理论基础包括教育理论、学习理

论、传播学理论、系统理论等，教育技术是多学科交叉研究的领域，教育、心理、教学设计、计算机技术、媒体理论等不同背景的专家和学者的共同参与使教育技术发展更具潜力、更有实效。

从技术上来看，教育技术不再限于媒体技术的应用，它也十分关注教学设计和教学策略方面的技术，而且在技术应用过程中尽管逐渐以信息技术作为主要的支持工具，但并不排斥其他技术，更不会就此舍弃其他技术，如摄影、投影、电视等依然会在教育技术中占有重要地位。因为人们已经意识到在教育技术应用过程中的关键不是技术是否最先进，而是技术是否最合适。这就使教育技术的运用成为一项综合化、交叉性的活动，而且这种趋势将会越来越明显。

（三）现代教育技术是将教与学动态结合的有效手段

信息技术条件下的教学活动与教学设计需要充分考虑到学习者与学习环境的交互作用，因此不仅应重视学习资源和学习过程的设计，更重视学习活动的设计和支持。因为在这个条件下，学习者的学习过程和学习活动会更加灵活，教师在学习过程中的指导者角色将更为突出，学习过程中的支持作用将会变得更为重要。

正是由于这个原因，教育技术领域出现了一个重要的趋势，就是重视教学或学习支持软件系统的设计与开发，安装有教学或学习支持系统的中小学校越来越多。其实在硬件设备基本到位以后，必然会出现对软件系统的高要求，这可以使学习过程和教学过程的管理实现信息化和网络化。事实上，目前国际上已经出现了关于学习设计的标准，目的就是希望能够实现对学习活动的设计与动态支持。

（四）现代教育技术将深化对学习理论与教学理论的研究

随着教育技术的发展，粗放型的应用模式已经不能适应教育的需要，因此需要对教育技术使用者和应用对象进行更为细致的研究，才有可能创新现有的应用模式。而且，任何技术的有效应用都是通过学习者最终体现出来的，各种技术环境对学习者行为特征、内部信息加工过程和态度动机因素的影响，将成为决定技术最终应用成效的关键。

此外，传统的教育技术更为关注教学的应用，而信息技术的深入发展已经使它成为学生学习的基本环境和重要工具，使学生能够在开放、共享、协作的网络环境中进行新的学习和探索。

因此，如何创建适合于学生学习和交流的环境与工具已经成了人们关注的重点，这也是以学习为中心的各种教学理论（如建构主义）被广泛重视的主要原因。

第三节　现代教育技术对教育改革的影响

社会的信息化已改变了人们获取信息知识的方式方法。现在的学习者可以在任何地方通过互联网络的终端浏览下载任何知识和信息，而且其超文本方式的分类或模糊检索的速度、超媒体表现方式的易读易悟性是前所未有的、不可比拟的。信息技术的发展加速了高科技的迅速发展，高科技的迅速发展又促进了学科的分化和综合，知识老化迅速。这就要求教育的专业和学科课程进行更新和改造，学校教育不能仅仅从传授不断增长的知识来考虑，还要将开发学生的智力、培养学生掌握进一步获取知识的能力作为首要任务；知识更新加快与社会职业对知识和技能要求的提高扩大了对教育的需求，需要改变现有办学观念和模式，需要扩大教育的时空，教育要跨越学校教育、正规教育的单一模式，建立起终身教育的观念和多样化的办学模式。应该说，现代信息技术不仅在教学手段和方法上对传统教育教学产生了冲击，也在教育理念、教学目标等方面对传统教育教学产生很大影响。

一、现代教育技术对教学模式和学习方法的影响

利用现代教育技术的手段和方法不仅使班级教学中的信息呈现方式发生了重大的变化，也从根本上改变了单一的讲授模式，使教师可以充分利用各种媒体资源组织和实施新的教学模式，实现信息技术与课程的有效整合。比如，具有交互件的多媒体教学可以最大限度地调动学习者的主动性；各种专

家系统、学习软件都是根据教育教学科学原理和教学、学习规律专门设计的，标准学习软件都将应用于教学专家、特级教师讲课；虚拟现实技术将紧跟着网络技术和多媒体技术进入学校教育和学习者的学习环境中；虚拟现实技术的使用将使学习和培训成为在网络支持的、与真实情况相差无几的环境下的体验和操作，学生的学习与亲身体验融合在一起。

从学生的学习方式来看，信息技术已经变成了学生的认知工具和表达工具，他们也有可能从过去单纯接受老师的信息传递，变成主动地探索和获取信息，正如桑新民教授指出的，当代信息技术正是在传统文化——教育的基础中引发了一场强大的裂变。

（1）阅读方式的变革：从文本阅读走向超文本阅读；从单纯的阅读文字发展到多媒体电子读物；在电子资料库对话中进行高效检索式阅读。

（2）写作方式的变革：从手写走向键盘输入、扫描输入、语音输入等；从单纯的文字写作到图文并茂、声形并茂的多媒体写作方式；超文本结构的构思和写作。

（3）计算方式的变革：文字的数字化使计算机从语言上升为文化，并使教育的三大支柱——读、写、算融为一体。

二、现代教育技术的实施对教育体制产生的影响

教育技术得益于计算机信息网络，它使教育者不必按传统方式到固定课堂上课，可以在任何一个已设有终端的地方随时随地开展学习活动，新的远程教育与以往的广播教学和电视教学相比将大不相同。随着教育信息技术的发展，普通教育、成人教育、职业技术教育，甚至高等教育将逐渐趋于融合，从而促进教育体制的变革。①

社会职业的多元化要求职前职后培训的多元化。信息技术使信息呈现多元化，从而使各种注重发展人的个性的自主化学习系统日益增加。学习资源日益丰富，自学的有效性大大提高，终生教育将普遍推行，人类的学习将成为终生学习，学生概念的外延也在无限延伸。

---

① 贺虎山.现代远程教育技术与小学语文教学的优化整合[J].名师在线,2019(34):5-6.

三、现代教育技术对教师和学生的影响

（一）对学生的影响

学生是现代信息技术发展的最大受益者。信息技术提供的个别化、往络化的学习方式，可以使学生根据自身的特点和水平选择适合的学习进度，实现真正的教育平等。信息技术使学习成为一种大规模的各取所需的过程。学生的学习将成为十分个人化的事情。多媒体系统的应用激发了学生的求知欲和想象力，最大限度地调动了学习者的主动性、独立性与参与性。计算机辅助学习，使学生改变了对测验的看法。交互网络允许学生在任何时候、没有任何风险的环境下自己测验自己，测试成为学习过程中不可或缺的一部分。

（二）对教师的影响

教师的角色发生了变化，教师的注意力将更多地集中于解决问题而不是课堂讲授，教师要想给课堂带来活力和创造力，不仅要懂得教学，还要懂得教学程序设计、懂得现代信息技术的利用，特别是要懂得利用多媒体创作系统开发教学信息资源，为学生创设理想的学习环境。网络能对教学材料的被利用的次数进行计数，社会对能设计、策划编制高质量教学材料的教师的需求增加。

四、现代教育技术对教学目标和内容的影响

对信息技术的处理能力、问题解决能力、批判性思维能力、学习能力及合作能力等，即所谓的"信息素养"已成为信息时代的基本能力。这种素养要求学生以一种自然的方式对待信息技术，能将信息技术作为获取信息、探索问题、协作解决问题的认知工具。

信息技术不仅是人们进行教学与学习的工具、手段，也是人们必须学习的内容。信息技术已经成为人类文化的一个重要部分，它是现代文明人的一项重要标志。因此，学校必须把信息技术作为学校教育教学的一项重要内容。[1]

可以说，信息技术不仅给教育带来了崭新的信息环境，而且引起了教学方

---

[1]　徐瑞媛.现代教育技术在高校教育改革中的应用[J].决策探索（下）,2019（11）:73.

式与手段、教学媒体、教学内容、教学效果乃至教育价值等方面的全面革新。

　　教育需要改革，需要更新观念，需要建立全民、全时空的大教育观，需要对学科结构、课程结构和教学内容进行重组和整合，需要利用各种各样的传播手段寻求新的教育教学模式，需要充分利用新信息技术提供新的传播手段和方法，开发更多、更有效、更方便的教学和学习资源，使更多的人获得学习的机会。只有这样，才能适应终身教育、全民教育的需求。

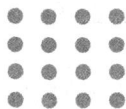

第二章　人脑认知概述

第一节　脑与认知的科学研究意义

一、智能的概念

（一）智能

什么是"智能"？这个问题目前还没有一个统一的结论。《现代汉语词典》对"智能"的解释是"智慧和才能；或者具有人的某些智慧和才能"。《牛津高阶词典》对智能的解释是"以逻辑方式学习、理解、思考事物的能力"（the ability to learn、understand and think in a logical way about things）。

从唯物主义哲学来说，智能是大脑特别是人脑运动的结果或产物。由于人类对自身以及脑的功能原理还没有认识清楚，所以很难对智能给出确切的定义。表2-1列举了解释智能的几种理论。

表2-1　智能理论的列举

理　论	主要观点
知识理论	认为智能的基础是知识；一个系统之所以有智能是因为它具有可运用的知识，没有知识就不可能有智能

续　表

理　　论	主要观点
思维理论	认为智能的关键是思维；人的一切智能都来自大脑的思维活动，人类的一切知识都是人类思维的产物
进化理论	认为只能取决于感知和行为，智能就是系统与周围环境不断"感知—动作"的交互中发展和进化的

　　一般认为，智能是知识与智力的总和。其中，知识是一切行为的基础，而智力是获取知识并运用知识解决问题的能力，是头脑中思维活动的具体体现。

　　人们对智能的科学原理还未完全弄清楚，所以在这种情况下研究和实现人工智能的一个自然的思路就是模拟自然智能。人们知道自然智能源于人脑，于是模拟人脑智能成为研究人工智能的一个首要途径和方法。

（二）人工智能

　　人工智能也称机器智能。它是计算机科学、控制论、信息论、神经生理学、心理学、语言学等多种学科互相渗透而发展起来的一门综合性学科。[①]人工智能是相对于人的自然智能而言的，即通过人工的方法和技术，研制智能机器或智能系统来模仿、延伸和扩展人的智能，实现智能行为和"机器思维"活动，解决需要人类专家才能处理的问题。人工智能是人工制品（artifact）中所涉及的智能行为。其中，智能行为包括感知（perception）、推理（reasoning）、学习（learning）、通信（communicating）和复杂环境下的动作行为（acting）。作为一门科学，人工智能研究智能是行为的计算模型，研制具有感知、推理、学习、联想和决策等思维活动的计算系统。从本质上讲，人工智能是研究怎样让计算机模仿人脑从事推理、规划、设计、思考和学习等思维活动，解决需要人类的智能才能处理的复杂问题的计算系统。简单地讲，人工智能就是由计算机来表示和执行人类的智能活动。当然，这只是对人工智能的字面解释。关于人工智能的科学定义，学术界目前还没有统一的认识。

---

① 　杨毅.跨媒体信息技术与应用 [M].北京：电子工业出版社,2014：50-58.

（三）自然智能

自然智能，又叫人类智能，主要包含 3 个方面：感知能力、思维能力、行为能力。当人们动用全身的感觉器官感受到外界的信息刺激之后，能够通过大脑进行记忆、联想、分析、判断等一系列思维活动，其结果就是做出一种决策，最后再通过具体的行动把这一决策体现出来。

自然智能又指人的智力和能力的总和。智力是人的智慧和聪明才智，能力是人的本领和由此产生的行为。人的智能也可以说是人认识自然的能力和改造自然的本领的综合表现。人的智能今天仍在发展，甚至其发展的速度远远超出了人类自身其他能力的进化速度。人的智能在当今的社会实践中起着绝对的主导作用。

人的智能构成应当是有层次的。位于最高层的就是能动的意识能力，其下是学习、记忆、语言、推理和运算等认知能力以及在处理实际问题中表现出的各种技能。如果没有认知层次的智能的支持和表现，意识的能动作用就无法体现出来，因为意识不能直接作用于外部环境；

相反，如果失去了意识的自觉监控和指导，人就等同于一个具有复杂功能的机器。所以，人类智能的层次性是客观存在的。关于人类智能认识的差别主要源于对意识的能动作用的认识程度。

（四）人工智能与自然智能的关系

人工智能是以机器为主体，模拟人的智能而人工地制作出来的。人工智能的核心是对脑的功能的模拟，作为模拟，它就不是机器作为主体的智能，而是人的智能向机器的传导和转移。[①] 机器本身没有智能，它不能自我控制和自我调节，不能作为智能活动的主体。人与机器的智能效应是互补互促的关系，彼此相互作用、取长补短、互相推动、携手并进，因而既要发挥人的主导作用，又要充分利用机器的高效处理信息的特长。这样，人类才会更好地认识世界和改造世界。可见，用人工智能系统来模拟人、模拟思维，是自然科学中唯物主义路线的体现。

---

① 艾方哲 . 基于知识追踪的智能导学算法设计 [D]. 北京：北京交通大学,2019.

二、21 世纪是智能科学与技术的世纪

智能科学与技术研究智能的本质和实现技术，是由脑科学（Brain Science）、认知科学（Cognition Science）、人工智能（Artificial Intelligence，AI）等学科组成的交叉学科。脑科学从分子水平、细胞水平、行为水平研究自然智能机理，建立脑模型，揭示人脑的本质；认知科学是研究人类感知、学习、记忆、思维、意识等人脑心智活动过程的科学；人工智能研究用人工的方法和技术，模仿、延伸和扩展人的智能，实现机器智能。智能科学在探究智能产生机理的基础上，探索对智能的抽象和表示以实现对智能的模拟与演化。三门学科综合研究，探索智能科学的新概念、新理论、新方法。若在智能科学的清晰指导下，人们所期待的智能社会将自然存在。为了达到这样的目标，各相关学科必须分工协作，共同发展。

智能科学与技术是生命科学与技术的精华，是信息科学与技术的核心，是现代科学技术的前沿和制高点，涉及自然科学的深层奥秘，触及哲学的基本命题。因此，一旦取得突破，将对国民经济、社会进步、国家安全产生深刻和巨大的影响。目前，智能科学正处在方法论的转变期、理论创新的高潮期和大规模应用的开创期，充满原创性机遇。

2001 年，美国商务部技术管理局、国家科学基金会（NSF）、国家科学技术委员会纳米科学工程与技术分委会（NSTCNSEC）在华盛顿联合发起了一次有科学家、政府官员等各界顶级人物参加的圆桌会议。会议就"会聚四大技术、提升人类能力"这一议题进行了研讨，并首次提出了"NI3IC 会聚技术"的概念。会聚技术（Converging Technologies）是指当前四个迅速发展的科学技术领域的协同和融合。[①] 这四个领域分别是纳米科技（Nanotechnology）、生物技术（包括生物制药及基因工程）（Biotechnology）、信息技术（包括先进计算机与通信）（Informational Technology）、认知科学（包括认知神经科学）（Cognitive Science）。其简化英文的联式为（Nano-Bio-Info-Cognition），缩写为 NBIC。NBIC 会聚技术代表着研究与开发新的前沿领域，其发展将显著改善人类生命质量，提升和扩展人的技能，这四大前沿技

---

① 朱珂，王玮，李倩楠. 跨媒体智能的发展现状及教育应用研究 [J]. 远程教育杂志，2018，36（5）:60-68.

术的融合还将缔造全新的研究思路和全新的经济模式，将大大提高整个社会的创新能力和社会生产力水平，从而增强国家的竞争力，也将对国家安全提供更强有力的保障。同时，NBIC 融合技术一旦实现，将大大地促进整个社会的变革，包括新的科学技术的产生、社会体制的改革等，进而大大地促进人类社会的发展。

21 世纪是智能革命的世纪，人们正沿着信息高速公路迈向智能时代的入口处。以智能科学技术为核心、生命科学为主导的高科技将掀起一次新的高科技革命——智能技术革命。特别是智能技术、生物技术与纳米技术相结合，研制具有生物特征的智能机将是高技术革命的突破口。生物智能机的体积可以很小，又与生物体同质，能够植入人脑，成为人机共生体，真正出现人机共同思考的新时代。

三、智能科学与技术的生物基础——脑科学

大脑是人类的核心，是人类高级于其他物种的本质所在，是人类的智能发源地。人们的一切思维、行为都受到了大脑的控制，这是人尽皆知的事实。在日常生活、工作、交流、思考的过程中，人们都会自然透明地受到它的支配来完成各种事务。智能的产生与运作是如此自然而简单。人类文明的发展就是在不断地认识自我，解放自我。智能科学要探究智能产生的机理，来赋予机器这样的智能机制，让机器智能更好地服务于人类。人的智能源头在大脑，对智能的揭示必须对大脑进行探究，所以脑科学是智能科学的本质基础。

大脑思维机制至今是谜，不同思维下大脑活动区域尚无确定的标准。研究发现，同一个思维不同人的活跃区域并不完全一致，同一个人不同时间也有差别，且大脑经常变化组织神经元的连接，修正信息处理方式。如此看来，要想解释剖析大脑的智能产生机理，必须在脑科学的研究基础上结合人类构建智能的过程，揭示智能的触发及生成。

四、智能科学与技术的中间件——认知科学

大脑是认知功能的生理基质，对此科学界已达成共识。诺贝尔奖得主弗兰西斯·克里克在其著作《惊人的假说——灵魂的科学探索》中提出"人的精神活动完全由神经细胞、胶质细胞的行为和构成及影响它们的原子、离子

和分子的性质所决定"。因此，建立认知科学的一个更深刻的原因是，人们要深入研究人自己的大脑和精神世界。顾名思义，认知科学是研究人认识和适应周围世界的过程以及与认知过程有关的神经系统及大脑的机理，人类感知和思维信息处理过程的科学。研究人类大脑的思维活动，包括从感觉的输入到复杂问题求解，从人类个体到人类社会的智能活动，以及人类智能和机器智能的性质。认知科学也必然是在脑科学研究的基础上，研究人脑认知的过程与机制，进一步揭示大脑下智能的产生与发展。① 同时，它的研究成果也必然促进脑科学的进步。认知科学通过对感知、语言、记忆、意识等人类高等活动的研究，完成人类智能处理的建模，抽象了人类智能的发生和发展。

认知科学是在多学科交界面上发展起来的新兴科学，专家认为认知科学的"新"在于它使我们对人类的认知和智力的研究不再只是直觉式的、思辨式的、哲学式的讨论，而是开始建立在现代科学的基础之上。其理论以实验的验证和数学的描述、分析为依托，不再只是哲学式的。故而把一些深刻的而不是肤浅的、实质的而不是表面的、准确的而不是模糊知觉的关于人类认知和智力的规律件揭示出来。目前，认知科学已得到越来越多的重视，各国纷纷把此研究作为其重大的科学战略计划。作为智能科学的中间件，它以脑科学研究为基础，同时反作用于脑科学，并为智能科学的应用提供了重要的基础。

第二节　脑科学概述

科学家预言 21 世纪生命科学的走向是基因组—蛋白组—脑—认知—行为。脑科学是研究人脑的结构与功能的综合性学科。由于脑并不是孤立存在的，研究的对象不只局限于脑，而是包括与脑密不可分的整个神经系统，甚至包括感觉和效应器官。脑科学属于综合性学科，需要各学科相互渗透，哲学家试图理解思维的脑或脑的思维；物理学家试图理解物理的脑或脑的物理学；计算机专家试图理解计算的脑或脑的计算。当然，生物学家也试图理解生物的脑或脑的生物学……但是，脑同时是物质的、精神的、思维的、物理

---

① 王心薇. 多元智能理论视域下继续教育人才培养研究 [D]. 太原：山西大学, 2016.

的、生物的……脑将是一切科学家最终攻克的巨型堡垒，由此而产生了脑科学这一神秘而又有时代和超时代意义的科学领域。

脑科学的研究范围很广泛，可以涉及生命科学各个领域，如数学、物理学、化学、信息学等当今任何一个学科。

一、脑科学的研究现状

人脑被认为是自然界中最复杂、最高级的智能系统。揭示脑的奥秘已成为当代自然科学面临的最大挑战。对人脑的探索，人类走过漫长的道路。对人脑的认识与研究的历史是一个涉及面很广、争论最多的一个重大课题。

人类对大脑的关注肇始于早期文化普遍具有的灵魂观念。而西方人类对大脑的探索要从古希腊文明时期开始，表 2-2 是对早期西方对人脑的探索、评价和进步做出的简单总结。

表2-2　早期西方对人脑原始思维的探索

代表人物	主要观点或评价
希腊文明时期，柏拉图等人	猜测大脑正是灵魂的居所
古希腊医学家希波克拉底（公元前460——公元前377年）	提出脑是精神活动的器官，认为人的一切感觉和情感都是由脑产生的；由于脑，人们思维、理解、听见、知道丑和美、善和恶、适意和不适意
哲学家亚里士多德（公元前384——公元前322年）	从哲学的角度来分析和认识脑，认为人的大脑只是一个空气调节器，其功用在于冷却过热的血液。显而易见，亚里士多德的这种对脑的认识充满了唯心主义的猜测是一种错误、倒退的理念
罗马名医加仑（Galen）	通过对脑的一些解剖，批判了邓里士多德的关于脑是空气调节器，是用于冷却过热的血液，以协调心脏的理性活动的观点，认为脑是理性灵魂的器官，感觉、记忆、思维、想象、判断等都是脑的功能
英国医师托马斯·威利斯（Thomas Willisa，621—1675年）	《脑的解剖学·兼述神经及其功能》一书对神经系统作了当时最完整、最精确的描述，它把人的记忆和意志定位在脉的沟回内，把某些情绪定位在人脑的基部，同时对想象和感官知觉也作了相应的定位
瑞士生理学家阿尔勃莱希特·冯·哈勒（Albrecht Von Haller，1708—1777年）	在其《人体生理学原理》中指出，感知是神经的特性，它们在脑髓中有一个并问的汇合点

　　中国古代也有诸多学者试图探究人脑与心理活动的关系。战国时期的《黄帝内经》提出萌芽状态的"脑髓说"。清代的刘智（约 1655—1745 年）在其哲学、心理学著作《天方性理》中，详细探讨了人脑皮层不同部位的功能差异，提出与西方弗朗茨·约瑟夫·加尔（F·J·Gall，1758—1828 年）类似的脑功能定位思想。名医王清任曾对百余具因瘟疫而死的小儿尸体和刑事犯的尸体进行解剖研究，在《医林改错》中进一步发展了脑髓学说。[①] 总之，古代对脑的认识有其合理的地方，但由于当时科学的限制以及宗教神学思想的束缚，人们不可能真正了解大脑的结构和功能。当然，就更谈不上通过学校教育挖掘大脑的潜力和功能。

　　随着科学的进步，17 世纪以后，人们对脑科学的认识有了很大的进步。

　　17 世纪笛卡尔（Descartes）借用物理学中的反射概念来解释人体的活动并由此创立了神经反射论。他认为人和动物只有在神经系统的参与下，才会实现对外界刺激的应答反应。

　　19 世纪末，卡赫尔（Cajal）发明的以他的名字命名的染色法奠定了神经元学说基础。20 世纪后，巴甫洛夫（Ivan Petrovich Pavlov）创立了高级神经活动的条件反射学说；20 世纪 40 年代，微电极的发明开创了神经生理研究，对神经活动的认识出现了重大的飞跃；20 世纪 60 年代，神经科学蓬勃发展，从细胞与分子水平研究脑科学；无创伤大脑成像技术为人们认识活体脑的活动及分析其机制提供了前所未有的强大工具。20 世纪 90 年代开始，人们开始重视脑科学研究中整合性的观点。1989 年，美国率先推出了全国性的脑科学计划，并把 20 世纪最后十年命名为"脑的十年"。人类在探求脑的崎岖之路上迤逦而行，取得了辉煌成就，一群脑科学家获得了诺贝尔奖。

　　自 20 世纪 50 年代以来，众多的科学家，如心理学家、分子生物学家、生理心理学家、神经生理学家等，立足于前人的研究基础，不断地丰富和发展脑科学的研究，形成了一系列的脑科学理论和假说，如表 2-3 所示。

① 　白亮，郭金林，老松杨．基于深度认知神经网络的跨媒体情报大数据智能处理技术 [J]．指挥与控制学报,2016,2（4）:345-349.

表2-3　20世纪50年代以来形成的脑科学理论和假说

脑科学理论和假说	提出人	基本思想
脑半球功能定位学说	20世纪60年代，美国神经生理学家斯佩利和他的学生米凯尔·加拉尼加与杰尔·莱伊	进行了著名的"裂脑实验"，提出了脑半球功能定位学说，发现：大脑两半球离度专门化，每一部分都有篇独立的意识、思维序列以及其自身的记忆。其中，左脑倾向于用话语表达思维，右脑则侧重于用感性表象表达思维。大脑两部分由胖脂体联结起来，对大脑两半球的信息进行协调活动
脑的等级式结构假说	麦克莱思	认为脑的结构功能区是彼此联系且具有三种等级式结构。这三种等级是最"原始的爬行类"、较高级的"旧哺育类"和最复杂的"新哺育类"。爬行类脑相当于脑干，控制者本能行为，即由边缘系统组成。它控制着情绪行为特别是侵犯行为和性行为。新哺育类的主要用于控制理性思维过程
全脑模型说	20世纪70年代后期，奈德·赫曼	赫曼认为，应该用一个四分结构的模型来表示整个的思维大脑，这个四分结构的模型可以当作大脑运行方式的一个组织原则，即四大思维类型分别比拟大脑皮层的两个半球（斯佩利的理论）以及边缘系统两个半球（灰克莱思的理论）
大脑发育的关键期假说	戴维·林伯尔等人	根据视觉剥夺实验的结果而提出来的，之后的研究形成一致的结论：脑的不同功能的发展有不同的关键期，某些能力在大脑发展的某一时期容易获得，而过了这个时期，其可塑性和复原能力将有可能大打折扣。一般而言，大脑是按照"用进废退"的原则行事。用得越多，大脑发展得就越好；用得越少或者根本不用，那么大脑发展就越慢，甚至是停止发展
多元智力结构说	哈佛大学心理学教授华盛顿·加德纳	加德纳认为人的大脑至少由8种智能组成，且每一种智能都在大脑中有相应的位置，存在着脑功能的不同定位。这8种智能如下：①语言智能；②音乐智能；③逻辑——数学智能；④空间智能；⑤身体觉智能；⑥人际智能；⑦内省智能；⑧自然智能

　　继20世纪90年代初美国和欧洲分别提出各自的"脑的十年"计划之后，1995年日本学术会议设立"脑科学和意识问题"特别委员会。1996年日本科学技术厅在总结它和通产省等1986年所提出"人类前沿科学计划"十年实践结果的基础上提出了"脑科学时代——脑科学研究推进计划"，正式提出了

"了解脑、保护脑、创造脑"的口号，并指出"了解脑也就是了解人类本身"。1997 年 11 月在理化学研究所中耗资 6 100 万美元建立起一个新的脑科学研究所（BSI）以此作为全日本脑科学研究的中心，由它来协调研究所、大学以至产业界的有关研究活动，并使大型设备得到更为充分的利用。[①]

在这一时期人们对脑的研究中，表现出了两个非常明显的特点：其一是"全脑研究"，即侧重于对大脑的整体功能研究；其二是"应用型"的脑研究，即侧重于将脑科学理论成果应用于实践中，最明显的是脑科学研究与教育实践相结合，通过教育的介入发挥和挖掘大脑的功能与潜力，以促进人类自身的不断发展和进步。从理论到实践，这是脑科学研究的一个质的飞跃。

20 世纪末，在欧洲和日本的"脑的十年"研究计划的推动下，对人脑认知功能及其神经机制进行多学科、多层次的综合研究已经成为当代科学发展的主流方向之一。西方几乎所有著名的大学都设有脑科学或认知科学研究机构，我国政府在《国家中长期科学和技术发展纲要（2006—2020 年）》中，将"脑与认知科学"列为我国基础研究中的重大科学前沿问题。有关人脑高级认知过程及其神经机制的研究正以几何级数增长，解决大脑—心灵或物质—意识关系问题这一人类之谜，似乎不再那样可望而不可即。

21 世纪许多科学家称为"生物科学、脑科学的百年"。近年来，脑科学研究已取得重大的进展。分子神经生物学从基因和生物大分子的角度，对神经活动基本过程的分子调控机制进行了探索。通过在细胞水平上对神经元网络结构与功能之间的关系进行研究，对突触传递及神经系统可塑性以及神经元与神经胶质之间的相互作用有了更深入的了解。脑功能成像技术的出现使在正常状态下整体研究脑的高级功能活动成为可能。高级脑功能的研究如感觉信息加工、学习与记忆的机理、语言文字的理解等方面也都取得了重大进展。

二、脑科学的研究内容

脑科学，也称为神经科学（Neuro Science），是 20 世纪 60 年代末形成的一门边缘科学。它融合了神经生理学、生物化学、神经解剖学、组织胚胎

① 瞿心昱. 基于仿人脑认知计算模型的机器人视觉学习方法 [D].杭州：浙江工业大学,2012.

学、药理学、精神病学，甚至信息科学、计算机科学等学科来研究人和动物神经系统的结构和功能，其目的是揭示人脑的奥秘，防治神经和精神疾患，发展模拟人脑部分功能的神经计算机。

目前，人类从三个不同层面全面地研究大脑。第一个层面是生物学家和神经网络专家的战场，第二个层面是脑波技术专家和系统论专家的战场，第三个层面是哲学家和物理学家的战场。[①] 人类试图从三个不同的层面对大脑的工作原理和思维的本质做出回答。脑科学涉及的研究范围很广，现仅将其中几个方面做简单的概述。

（1）脑科学研究的一个重要方面是对神经网络复杂构建中的单个元件神经元和神经元通信问题的研究。

（2）脑科学对有关学习、记忆、语言、思维等高级神经活动的机制的研究。

（3）发育神经生物学的研究是脑研究的一个重要领域。

（4）脑高级功能的研究主要包括感觉整合与认知的形成机理；多电极阵列记录技术和多种脑功能成像技术的综合；脑高级功能（认知、学习、记忆、思维、语言、控制、决策、情绪、意识等）的功能定位及其动态变化过程与机理；计算神经科学与大脑神经网络的仿真与模拟；神经信息的编码方式与神经信息加工规律；大脑神经网络功能连接属性及其动态分析。

（5）脑科学的研究是实现超级人工智能的必要前提。

脑科学从分子水平、细胞水平、行为水平和整体水平对脑功能和疾病进行综合研究，并从脑的发育过程了解脑的构造和工作原理。人工智能是研究怎样使计算机来模仿人脑所从事的推理、学习、思考、规划等思维活动，解决人类专家才能处理的复杂问题。应该说，对于人脑的研究是人工智能的必要前提。脑科学今后的任务仍将是从多层次来研究脑的整合功能，包括脑如何感知、如何思维、如何理解语言、如何产生情感，并将对神经活动的认识推向细胞和分子水平。这些研究都将大大推动人工智能科学的发展。如何全面揭示人脑结构、功能和活动规律，这是发展超级人工智能的科学前提，并为其发展提供必要的思路和依据。目前，脑科学，特别是认知脑科学已成为

---

① 王日凤,钟宁.高级认知过程对人脑信号活动模式的影响及认知系统仿真[J].计算机应用研究,2011,28（9）:3279-3283,3304.

研究的主要热点之一。尽管"脑科学十年计划"的研究仍然没有能够解开意识的本质之谜，正在执行的"行为科学十年计划"仍然想通过生命科学研究发明出"读心机""记忆丸""聪明丸"等，但这更有可能促进人们用机器去模拟人的智能。脑科学研究的进展对人工智能的影响是毋庸置疑的，在对待脑科学与人工智能关系的问题上，要树立共同揭示脑功能的本质、模拟预防和治疗脑的疾病的机理，树立创造具备人脑局部特点的智能计算机的学科交叉意识。

三、脑科学的研究方法

在研究人脑功能的过程中，早期的研究者通常只能在人脑处于非正常状态下加以考察。现代脑科学的研究有两个大的潮流：一是从细胞乃至分子的水平入手，由基础向上，把功能与结构研究结合起来，即所谓的 bottom-up；二是从整体入手，用系统的观点，在整体水平以及整体各部分之间的相互联系和相互作用中，逐渐向下深入，逼近脑研究的答案，称其为 top-bottom。值得注意的是，这两个研究方向是互补关系的，不是相互排斥的，不可相互替代。神经生物学比较偏重 bottom-up 的方法，而心理学则较为偏重 top-bottom。随着科学技术的发展，现在出现一些新的研究技术和方法。这些新技术和方法包括单细胞记录、脑电活动记录法、正电子发射断层摄影术、核磁共振技术等，如表 2-4 所示。

表2-4 脑与认知科学的研究实验方法

脑科学的研究方法或实验技术	基本定义或特点
单细胞记录（Single-unitre-cording）	记录单个神经元活动，直径约为万分之一毫米的微电极被插进动物大脑，以获得细胞膜外电位记录。它的优点包括：单细胞记录技术对提供脑功能在神经元水平上的具体活动信息非常有效，因而相对其他技术而言也就更加精细一些；关于神经元活动的信息叫在一个非常广泛的时间范围内（从几毫秒到几小时或几天）采集。缺点包括由于贯穿透神经组织，所以当运用于人类时不受欢迎；另一个局限是它只能提供神经元水平的活动信息
脑电图与脑功能成像技术（Electronen cephalogram，EEG）	通过在头皮表面记录大脑内部的电活动情况而获得脑电图

脑科学的研究方法或实验技术	基本定义或特点
功能性磁共振成像技术（Function Magnetic Resonance Imaging，FMRI）	局部神经元兴奋将引起该区域的血流量的增加，而血液中含有氧和葡萄糖，FMRI 能检测到大脑的功能性氧的消耗变化情况，清晰地显示高活动量区域的三维图像
正电子发射断层摄影术（Posi-tion Emission Tomograghy，PET）	根据对正电子的检测而获得有关大脑活动的信息的实验技术
脑磁图（Magneto-encephalog-raphy，MEG）	运用一个超导量子干扰装置来测量脑电活动的磁场变化
ERP 的技术原理（Event Related Potentials）	事件相关电位是与实际刺激或预期刺激（声、光、电）有固定时间关系的脑反应所形成的一系列脑电波；利用 ERP 的固定时间关系，经过计算机的叠加处理，提取 ERP 成分。在评估某些认知活动的时间特点上尤为有效
脑研究的新技术——脑涨落图技术（Encephalloflucyuogram Tech-nology，ET）	一项新建立的脑功能研究技术。ET 已能超越传统的脑波研究。在完全自然和绝对无损伤的条件下，对调制在原始脑波中的涨落消息进行分析。它是非线性的，对人脉进行超慢波扫描，能揭示传统脑波所不能揭露的很多规律，可被应用于所有与神经介质活动有关的研究中
计算机辅助轴向扫描（Com-puterized Axial Tomograph）	利用 X 射线对脑部进行断层扫描

第三节　认知科学概述

认知科学是探索人类的智力如何由物质产生和人脑信息处理的过程。具体地说，认知科学是研究人类的认知和智力的本质和规律的前沿科学。认知科学研究的范围包括知觉、注意、记忆、动作、语言、推理、思考、意识乃至情感动机在内的各个层面的认知活动。为了使信息向知识的转变由盲目走向自觉、由经验走向科学，必须研究和理解人类知识的认知结构及其过程。

人的智能的研究牵涉到脑的功能、意识与思维等十分复杂的问题。对脑功能、意识与思维的研究，国内外的评论认为有两个途径：一是研究人脑——脑科学的道路；二是从心理学、人工智能和认知科学着手。

认知科学就是要发现智能的表达和计算的规律，要揭示认知系统的结构、功能和操作要素的特点。认知科学的发展会促使人们改变原来对智能机器操作方式的看法。认知系统的最根本的认知功能就是对信息的重构。任何一个具有智能的认知系统都具有能执行信息重构的功能。人脑具有智能，当然能表现出信息重构功能的认知系统。计算机也具有信息重构的功能，同样是表现出智能的认知系统。从这个意义上看，也可以认为认知科学就是研究智能系统科学的科学。

一、认知科学的研究现状

关于认知科学的兴起，要追溯到古代。早在古希腊时代，柏拉图和亚里士多德等都曾对人的认知性质和起源进行探讨，并且发表了有关记忆和思维的论述。他们的一些论点后来发展成为经验论与唯理论之间的争论焦点。

1879 年，德国人冯特建立了第一个心理学实验室，标志着把认知问题从思辨哲学的领域转移到实验研究园地。一般认为，"认知心理学"一词是 1967 年美国心理学家奈塞在他的《认知心理学》中正式提出来的。因此，心理学界公认他为"认知心理学之父"。现代认知科学是从认知心理学发展起来的。"认知科学"这个词汇首次出现于公开发行物，可能是在 1975 年 D·G·Bobrow 和 A·Collins 编著的 *Representation and Understanding: Studies in Cognitive Science* 一书上。1977 年 Cognitive Science 创刊，1979 年在加州大学圣地亚哥分校召开了第一届认知科学会议，比人工智能的"达特茅斯"会议晚了 23 年。在那次会议上，主持人诺尔曼（D·A·Norman）所作的报告《认知科学的 12 个主题》为认知科学的研究选择了目标，成为认知科学的纲领性文献。

认知科学的发展得到国际科技界尤其是发达国家政府的高度重视和大规模支持。1979 年，美国的认知科学学会成立。认知科学研究是"国际人类前沿科学计划"的重点。在世界各国的"脑科学时代"计划中，脑的认知功能及其信息处理的研究是重中之重[①]，包括知觉、注意、记忆、动作、语言、推理和思考、意识乃至情感动机在内的各个层次和各个方面的人类认知和智

---

① 杨苏琴，张晋峰.基于现代教育技术与高校体育课堂教学整合的研究思考 [J].经济师,2019（12）:209-210.

力活动都被列入研究重点，将认知科学和信息科学相结合来研究新型计算机和智能系统也被列为该计划的三个方面之一。

美国海军支持认知科学的规划——"认知科学基础规划"已有 20 多年的历史。"认知科学基础规划"的基本目标包括五个方面：①确定人类的认知构造；②提供知识和技能的准确认知结构特性；③发展复杂学习的理论、解释获得知识结构和复杂认知处理的过程；④提供教导性理论以刻画如何帮助和优化学习过程；⑤利用人类行为的计算模型，提供建立有效的人—系统交互作用的认知工程的科学基础。

21 世纪初，美国国家科学基金会和美国商务部共同资助了一个雄心勃勃的计划——"提高人类素质的聚合技术"（convergent technology for improving human performance），将纳米技术、生物技术、信息技术和认知科学看作 21 世纪四大前沿科技，并将认知科学视为最优先发展的领域。

世界一流大学都已经开展了认知科学的研究，并在各自的研究范围取得了丰硕的成果。

目前，世界上最有影响力的认知研究机构有哈佛大学、加州大学圣地亚哥分校的认知科学系、加州大学伯克利分校的认知科学研究所、麻省理工学院的脑与认知科学系、布朗大学的认知与语言科学系、华盛顿大学的 PNP、伊利诺依大学、英国医学研究理事会的认知与语言科学系、华盛顿大学的 PNP、伊利诺依大学、英国医学研究理事会的认知与脑科学所等。它们对认知科学的研究情况如表 2-5 所示。

表2-5　世界一流大学或研究机构对认知科学的研究情况

大学或研究机构	脑与认知研究情况
哈佛大学	将心智与身体、社会、地球、太空、技术并列为 6 大研究分类
麻省理工学院	将"神经与认知科学"作为主要研究领域；强调"神经科学与认知科学"是麻省理工学院今后 10 ~ 20 年最重要的增长领域"，学院设有"脑与认知科学系""麻省脑科学研究所"等机构，并出版杂志《认知神经科学》

续 表

大学或研究机构	脑与认知研究情况
加州大学圣地亚哥分校认知科学系	主要从事以下三个领域的研究工作：①脑。强调对神经生物学过程和现象的理解。②行为。注重心理学和社会文化环境的研究。③计算。结合计算机制的研究考察各种认知能力及其限制。该系既进行实验室控制情境下的认知研究，也进行日常生活中自然情景下的认知研究，并对两类情景下的认知活动建模。下设认知发展实验室（Cognitive Development Laboratory）和发展认知神经科学实验室（Developmental Cognitive Neuroscience Laboratory），这两个实验室专门针对认知的动态变化过程进行研究
加州大学伯克利分校认知科学研究所	研究在实际生活中的认知行为，并试图对这些现象给予理论上的说明；提出了许多有特色的认知理论。例如，Lakoff 等人的原型理论和心象图式，Fillmore 等人的格语法和构造语法，Slobin 的语言获取的操作法则，Feldman 的整体平行连接网络，等等。这些理论在认知科学研究领域产生了广泛的影响
麻省理工学院的脑与认知研究系	有以下五个重点研究领域：①分子和细胞神经领域。②系统神经科学领域。研究问题包括感觉刺激的转换和编码、感觉运动系统的组织、脑与行为的循环交互作用等。③认知科学领域。主要研究心理语言学、视知觉和认知、概念和推理以及儿童认知能力的发展等计算领域，主要研究机器人技术和运动控制、视觉、神经网络学、基于知识的知觉和推理。④认知神经科学领域
布朗大学的认知与语言科学系	美国最早建立的认知科学系之一。该系的教授有着不同的学科背景，分别来自应用数学、计算机科学、神经科学和心理学等系。例如，视觉研究组可以同时采用计算、心理学和生态学三种研究方法对知觉和行动进行研究；言语组则同时从实验、发展、神经语言学和进化论的观点来研究言语知觉。视觉和言语是该系的主要研究领域
华盛顿大学的 PNP（Philosophy Ncuro-sciencc Psy-chology）计划	创立于 1993 年，最初是一个创新项目，2003 年成立 PNP 研究中心，PNP 项目将哲学、神经科学与心理学结合在一起研究，该项目现在不仅包括研究生的培养计划，也扩展到本科生的培养计划，已经取得一批在认知科学和相关学科中具有重要的学术价值和影响的研究成果
伊利诺依大学的贝克曼学院（Bech-man Institute）	贝克曼学院是融合物理科学、计算机科学、工程学、生物学、行为研究、认知和神经科学为一体的跨学科研究实体。贝克曼学院在认知科学的交叉领域取得众多令人目的研究成果，包括著作、论文、专利和各种奖励
英国医学研究理事会的认知与脑科学所	主要有四个研究方向：①注意。主要研究选择性注意的基本过程和这些过程依赖的分布式脑系统。②认知和情绪。主要研究唤起和调节情绪的基本认知和神经过程的性质。③语言和交流。该项目把人类语言看作一个涉及认知、计算和神经的复杂系统进行研究。④记忆和知识。该项主要从事记忆的理论与临床研究

续　表

大学或研究机构	脑与认知研究情况
美国国家科学基金会	组织的"跨部门太空脑科学实验计划（Interagency Neurolab）"利用对环境的操纵——太空飞行观察人类神经系统的反应以及人类行为、知觉和学习所受到的影响，从而试图阐明神经发育、信号处理和感觉运动整合之间的基本联系

其他如斯坦福大学、剑桥大学、东京大学等也都在积极开展这一领域的研究。如今，北美和欧洲已有 60 多所世界知名大学成立了认知科学系或研究中心。

我国也很重视对认知科学的研究，已建立了若干个与认知科学和智能信息处理密切相关的国家重点实验室和一批省部级重点实验室，形成了包括若干个知名院士和一批优秀中青年科学家在内的研究队伍，相关实验室的软硬件装备已接近或达到世界先进水平。我国在认知科学和智能信息处理方面的整体研究实力正在迅速提升，并在世界上有一定的影响。1988 年，在北京成立"中国科学技术大学北京认知科学开放研究实验室"。1996 年，实验室与北京磁共振室联合成立了"中国科学院—北京医院脑认知成像中心"，这也是我国首个脑成像研究实体。我国于 2001 年正式成为"人类脑计划"的会员国之一；国内认知科学界组织了 2001 年在北京召开的第三届国际认知科学大会，一批国际认知科学界最有影响的学术带头人出席了这次大会。2005 年，国家科技部批准成立了两个与智能科学有关的国家重点实验室：一个是脑与认知科学国家重点实验室，依托单位是中国科学院生物物理研究所；另一个是认知神经科学与学习国家重点实验室，依托单位是北京师范大学。我国认知科学界已建立了广泛和实质性的国际合作与交流。脑与认知科学国家重点实验室的研究得到了"国际人类前沿科学计划"的资助。

二、认知科学的研究内容

认知科学是一门正在形成的科学。D.A.Norman 在《什么是认知科学？》一文中指出，认知科学是心的科学、智能的科学、思维的科学，并且是关于知识及其应用的科学。认知科学是为了探索了解认知，包括真实的和抽象的、人类的或者机器的，其目的是了解智能、认知行为的原理，以便更好地了解人的心理，了解教育和学习，了解智力的能力，开发智能设备，扩充人的能力。

H.A.Simon 主张认知科学是为了探究了解智能系统和智能性质的学科。智能系统既包括人也包括机器。他在《认知科学：人工最新的科学》一文中指出："直到最近，智能的提法经常与脑和心理联系在一起，特别是与人的心理联系在一起。但是，人工智能和人类思维计算机模拟研究程序已经教会我们怎么样去建造非人的智能系统，以及如何从人脑和显示智能的电子箱的硬件中抽取智能行为的必需品和标志。"

认知科学是研究心智和智能的交义学科，是现代心理学、人工智能、神经科学、语言学、人类学乃至自然哲学等学科交叉发展的结果。认知科学研究目标旨在探索智力和智能的本质，建立认知科学和新型智能系统的计算理论，解决对认知科学和信息科学具有重大意义的若干理论基础和智能系统实现的关键技术问题。以知觉表达、学习和记忆过程中的信息处理、思维、语言模型和基于环境的认知为突破口，在认知的计算理论与科学实验方法与策略等方向实现原始创新；探讨创新学习机制，建立脑功能成像数据库，提出新的机器学习和方法。

下面对认知科学的几个研究方面进行简要介绍，如表 2-6 所示。

表2-6　认知科学研究的几个方面

认知科学的研究方面	具体研究内容
学习与记忆过程的信息处理	揭示学习心理学与神经生物学的基本规律，研究记忆过程中的信息编码、存储和提取问题
思维、语言认知问题	探讨多层次思维模型，讨论语言与形象表示的互补与转换性质，给出语言加工的认知和脑机制描述，以及相应的信息处理模型
基于环境的认知	探讨多主体的构造、通信和行为协调的新理论，在权利智能进化的实现、自组织、自适应与环境认知方面获得突破
计算认知学的感知信息获取与处理	研究新的脑认知成像信息获取的新手段与新装备，建立具有自主知识产权的脑成像数据库，提出脑认知成像数据、视听觉感知数据的数学建模与分析方法（形成了我国独创而有外挂人再跟进的原创性科学成果）

续　表

认知科学的研究方面	具体研究内容
意识问题	意识是生物体对外部世界和自身心理、生理活动等客观事物的知觉或体验。意识具有从感觉体验（视、听、体感觉等）到非反觉体验（意志、情绪、记忆、思维等）的多种因素。意识研究的内容可以包括神经生理机制、意识模型、人工模拟和机器再现

人工智能要想在知识的表示、学习、存储、搜索、优化、预测、计划、判断、自适应等方面取得突破性成果，必然要把研究目标拓展到整个认知科学的理论、实验和实证中去。

三、认知科学的研究方法

认知科学对认知现象的研究，按方法论大体可以归结为三种：认知内在主义方法、认知外在主义方法和认知语境主义方法。以下将简要介绍认知内在主义和认知外在主义的方法。认知内在主义是指从心智内在因素的关联中研究认知问题，不考虑外在因素对心智的影响的方法论。

认知内在主义主要有四种：来自物理学的还原主义；来自计算机科学的功能主义；来自现象学的内省主义或知觉主义；来自人工智能的认知主义。

计算机科学的功能主义立足于功能角度，强调心理活动的功能表现，认为心智是机体与环境之间的中介。心理上的因果关系就是一种功能关系。功能主义是某种形式的实证主义，它强调功能分析方法，认为可以从心理事件之间的功能关系来研究心理现象，智能的功能就是机体对环境的适应。功能主义可分为本体论功能主义、功能分析主义、计算表征主义功能主义和意向论功能主义。

人工智能的认知主义方法的核心思想是认知的信息加工理论，西蒙和明斯基是认知主义的代表，其中，心命题就是智能行为可以从内在的认知过程进行解释，对于人来说就是通过理性思维过程来解释。它将心智与计算机相类比，把认知过程理解为信息加工、处理同化的过程，把一切智能系统理解为物理符号运算系统。这种研究方法汲取了控制论、信息论和系统论的精华，又兼顾了内省主义和行为主义的长处，使人们能从环境到心智到环境的信息流中来分析问题，使心智问题研究具有实验上的严格性和理论上的一贯性的特点，但其机械性的缺陷也十分明显。心智是极其复杂的，人类的信息加工与机器的信息加工方式有根本上的不同。例如，人具有在语境中灵活地处理歧义的能力，机器则要求不受语境约束的精确性。这种明显的矛盾是认知主义最大的困惑。

认知外在主义方法是指从心智之外的行为、文化等因素来解释心智的功能的方法论。[①] 认知语境主义方法是指从心智的内在和外在因素整合上认识心智的方法论，这种整合也即相关认知多因素的整合，表现出认知内在主义和认知外在主义方法的整合。

当代认知科学研究积极吸收相关学科的新成果，不断调整研究思路，在原有基础上进行扩充和发展，表现出勃勃生机。

认知科学的研究思路可从以下几个方向考虑：

（一）"人工神经网络"（Artificial Intelligence）路径

人的认知可以看作神经网络的活动，但这种神经网络模型是人工的，与真正的神经及其突触连接并不相同。该研究采用一个从下向上（bottom up）的策略，先建立一个简单的或理想化的神经网络模型，然后再考察这个模型所具有的认知功能。从最简单的模型入手，不断增加它的复杂性，就有可能模拟出真正的神经网络，最终再现人脑工作机理，了解认知的真相。

（二）"认知心理学"（Cognitive Psychology）路径

把人脑与计算机进行类比，将人脑看作与计算机相类似的信息加工系统。用计算机的一般特征来解析人的心理：人对知识的获得，如计算机一样，也是对各种信息的输入、转换、存储和提高的过程。人的认识的各种具体形式就是整个信息加工的不同阶段。但这种类比只是机能性质的，而不管脑的生物细胞和电子元件之间的区别。这类研究采用从上向下（top-down）的策略，也就是先确认一种心理能力，再去寻找它所具有的计算结构。

（三）"认知神经科学"（Cognitive Neuroscience）路径

采用从下自上的研究策略，但与人工神经网络不同，它立足于功能定位

---

① 艾方哲.基于知识追踪的智能导学算法设计 [D].北京：北京交通大学,2019.

和神经元理论。

它从真正的大脑工作入手，运用一些技术手段（如脑功能成像）来研究。各种无损伤技术手段（如 ERP、MEG、PET 和 FMRI）的出现使研究者可以直接观察到大脑活动的功能区域、加工过程及特点。

第四节　脑与认知科学的发展前景

虽然计算机技术有了突飞猛进的发展，但是以"认知即计算"的认知计算理论为基础的、关于智力的基本概念和理论没有大的变化。要在认知科学领域有实质性突破，应当注重研究一个比符号处理更本质的问题，应当重新思考作为计算机科学基础的、图灵意义下的计算概念在认知和智力过程中的意义，特别是重新思考把认知和智能本质上看成是计算的、目前占统治地位的"认知的计算理论"。这方面基础理论的核心问题大概可以概括成"计算与智力（认知）的关系问题"。一方面，由于我们对离散的计算已有了理论上相当成熟的理解，我们要科学地研究和正确地理解图灵意义下的计算在认知和智能中的作用和意义。另一方面，我们要研究人类认知和智力与认知的计算理论可能存在的基本区别，从而探索认知和智力的新的原则和概念模型。

近年来，越来越多的学者开始从不同的角度、不同的层面关注计算与智力的关系。其中，诺贝尔奖获得者 G.M.Edehron 教授从进化论的角度明确声称图灵机不是人类进化和认知的恰当模型；斯坦福大学的 T.Wiongrad 教授，对认知的计算理论和理论基础提出了引起广泛关注的批评；加州大学圣地亚哥分校认知科学系主任 D.N.Aornion 教授及同事从"认知的人工制品"对人的认知作用的角度，批评把由人脑产生的"计算"的概念看成是人脑的全部功能的观点是本末倒置的。认知科学的最新发展趋势突出地反映在"认知神经科学"的研究方向和"基于环境的认知"研究方向，这些新的发展趋势表明，仅仅基于计算的、把大脑的认知活动跟环境隔离开来的认知研究是不够的。因此，强调认知和智力的大脑的生物学约束，强调大脑和环境的相互作用的约束对理解认知和智力本质十分重要。"通过人工神经网络，联结主义者看到机器体现的思维如何从连接的各种模式中以一种涌现的方式产生。"

当前，计算机和人脑相比还有很大的差别。平均约 1.5 kg 重的人脑中总共有万亿（1 012）个神经元，每个神经元有上千个突触，每一个突触都有运算功能。有人认为一个神经元相当于一台微型计算机。一片超大规模集成电路只有数百万个晶体管。但是，突触的反应速度只有千分之几秒，计算机门电路的开关速率可达每秒数十亿次；神经中的电脉冲的传导速度只有每秒几十米，而计算机中电信号的传播速度接近于光速。^① 随着速度更快、集成度更大、消耗功率更少的计算机元件的研制成功，计算机的能力还将大大提高。有专家认为，当前机器人的智能相当于昆虫，或接近于爬虫类动物。预计到 2030 年前后，机器人的智能可以和老鼠相比，2040 年相当于猴子。到 2050 年，机器人的智能和行为就可以和人相比了。不知这个预言是否真的可以实现，但是我们必须认识到以下两点。

第一，人是一个有机的整体，是生物长期进化的产物。除大脑以外还有分布全身的无数感觉细胞为大脑收集信息，还必须有各种功能的器官相互配合、相互支持。也正因如此，人类才得以在大自然的环境中进化发展成为高度智慧的现代人类。大脑不可能孤立地发展，只有大脑而没其他器官的生物是难以想象的。

第二，社会是人类发展中不可忽略的因素，每一个人都是社会中的人，离开了社会，也不可能发展成现在的人类。从猿人进化到有人形的人类出现在大约 10 万年以前，从生物学的角度来看，当时大脑就已定型，不再有质的变化。但在这 10 万年中，人类通过个体和社会的各种活动，不断开发大脑，越变越聪明。有人认为，人的大脑还只被开发了一小部分，人类将在未来的漫长岁月中不断开发大脑中更多的部分，变得比现在更聪明。

计算机的计算能力将会变得更强大，功能也会更完善，成为人们研究大自然、为人类造福的有力工具。科学家正在努力设计和发展有高度智能和学习能力的机器人为人类服务。机器人会越来越像真人那样思想和行动。这需要计算机科学家、心理学家、神经生理和脑科学家、语言学家、哲学家和人类学家等诸多领域的专家共同努力来实现。

---

① 瞿心昱 . 基于仿人脑认知计算模型的机器人视觉学习方法 [D]. 杭州：浙江工业大学 ,2012.

第三章　人工大脑与相关技术

第一节　人工大脑概述

一、人工大脑的基本概念

人工器官（Artificial Organs）是用人工材料制成，能部分或全部代替人体自然器官功能的机械装置，如人工肾、人工心肺、人工耳蜗等。这些人工器官中有很多已经在现实生活中应用。

人体最复杂的部位是大脑，所以对大脑的仿制代表了人造器官的最高水平。人工大脑这个概念最早是在英国著名小说家玛丽·雪莱（Mary Shelley）创作的文学史上第一部科幻小说《弗兰肯斯坦》中提出的。人工大脑就是人工器官的一种，具体来说，人工大脑是人脑（或动物脑）的模型、延伸和扩展，是具有人脑（或动物脑）的现象、行为和特性、功能的人造系统。

人类社会的每一次飞跃都伴随着科技上的进步，按时间顺序基本可以分为机械化（应用机器系统）、电气化（加人电机、网络）、自动化（如自动控制器）、计算机化（应用数字计算机）、网络化（实现计算机网络）、先进自动化（系统、管理）、智能化（引入智能）和知识化（处理知识）这8个阶段。现在所处的先进自动化阶段已经发展到趋近顶峰，下一个阶段——智能社会开始逐步进入人们的视野。人工智能是智能化社会的标志，而人工大脑可以说是人工智能领域的一个具体应用。

现在世界上很多国家都开展了人工大脑的研究，抢占下一个时代的制高点。在瑞士政府、欧盟、IBM 公司的鼎力支持下，瑞士洛桑综合理工学院电脑工程师亨利·马克拉姆（Henry Markram）教授正在和他团队一起向着"蓝脑"计划稳步推进。他在日内瓦表示他的团队将在 2018 年前开发出世界上第一个具有意识和智能的人造大脑。

按照他的设想，人造大脑由硅、金和铜等金属制成。最终的结果会是一个"人"——如果可以这样称呼的话，马克拉姆相信在十年内，此人可能会具备思维、感觉等能力，甚至还能坠入爱河。一旦成功，马克拉姆的"蓝脑"（Blue Brain）计划一定会成为科学史上最非同寻常的项目之一。

被誉为"人工大脑之父"的雨果·德从 1992 年就致力于人工大脑的研究，他对人工大脑的发展持有乐观而谨慎的态度。他曾在清华大学给学生做演讲时表示，"可能 20 年、30 年后人工智能机器就可以和人做朋友了，但 50 年后，人工智能将成为人类最大的威胁。世界最终会因人工智能超过人类而爆发一场战争，这场智能战争也许会夺去某些人的生命。"或许今后人工大脑的智商真的能超过人类，就像很多科幻电影里所展现的那样实现智能叛变，但目前人工大脑的研究仍处于初级阶段，面临着很多的问题，解决这些问题将是一个漫长的过程。

二、人工大脑的分类

按不同的分类标准，人工人脑可分为不同的类型。

按人工大脑的实现方式可分为类似生命的模型人工大脑和社会模型人工大脑。人工大脑包括传统的用于神经系统的学习模型，如人工神经网络。在类似生命的模型中，系统有一个类似于生命系统胚胎发育的功能，使系统的结构和组成单元能够发生变化，形成复杂系统。在社会模型中，系统被视为一个动态过程，在这个过程中，局部的、各个单元之间的连接使整体的、全局的功能、次序、状态发生突现。反过来，各个单元也受到全局状态的影响。

按人工大脑的人造方法和技术可分生物人工脑（Biological Artificial Brain，BAB）、工程人工脑（Engineering Artificial Brain，EAB）、生物工程人工脑（Biological-Engineering Artificial Brain，BEAB）。生物人工脑是用生

物方法和技术（如克隆技术、转基因技术等）生成的。例如，"人工羊"多莉的脑显然就是用人工方法得到的"人造脑"。工程人工脑是用工程技术的方法（如计算机软件、光、机、电硬件等）制造的。例如，ART 的"细胞自动机——仿脑机"（CAM-Brain Machine，CBM）。生物工程人工脑则是由生物方法技术与工程技术相结合而可以生成或制造的。这种方法有两类典型代表。

（1）计算机微芯片，即将一个可以模拟人类神经系统的电子电路——"计算机微芯片"成功地植入大脑，利用仿生学的原理对人体神经进行修复。它与大脑协作发出复杂的指令给电子装置，监测大脑的活动或者是代替一部分大脑的功能。

（ ）生物电子人。佐治亚理工学院的研究人员近来已经利用取自动物脑部的组织细胞与计算机硬件进行结合，这样研制而成的机器就被称为"生物电子人"或者"半机器人"。如果芯片与神经末稍相吻合，就可将芯片通过神经纤维和身体上的神经系统连接起来。这样就通过计算机提高人的大脑功能。

按人工大脑的工程实现方法可分为基于神经工程（NE）的人工大脑、基于 AI 的人工大脑和基于超级计算机的人工大脑。

①基于神经工程的人工大脑。人工神经网络（Artificial Neutral Network，ANN）由许多简单的、并行工作的处理单元组成，单元之间按照一定的结构相互连接，构成神经计算机。神经计算机采用众多类似的简单处理单元（相当于人脑中的神经细胞）有机地结合在一起，以并行的"集体工作"方式进行工作。信息的存储、传播和处理都与生物神经网络类似。

②基于 AI 的人工大脑。这种实现方法主要采用人工智能技术中的启发式算法（IIA）、专家系统（ES）、通用问题求解（GPS）和知识信息处理系统（KIPS）等，从功能上而不是刻意从结构上模拟人脑的功能。例如，通过借鉴人脑信息处理的特点综合运用模糊逻辑、人工神经网络、以及遗传算法（CA）来建立具有专家素质的仿生人脑模型。采用知识挖掘技术，获取外部信息，丰富和更新专家大脑模型的知识。通过模糊推理得到评价准则。这样的人脑模型已经在专家系统中得到了良好的应用。

③基于超级计算机的人工人脑。严格说来，超级计算机只有并行操作和资料搜寻的能力，谈不上"智能"二字。但是，在特定的领域（"简单"问题），借助优良的软件完全可以与人脑匹敌，故可以充当"人工脑"的角色，

如 1997 年，超级计算机"深蓝"击败了当时世界头号国际象棋大师卡斯帕罗夫。超级计算机取得的成就虽然客观，但要解决接下来所面临的问题，需要具有自我学习的技能，即使在下棋方面也是如此。凭直观获得知识是人类智慧的特征之一。要想比计算机掌握这种分析的方法，编程人员肯定会遇到人工智能领域的根本问题。

第二节　人工大脑与相关数学模型

大脑是一个十分复杂的系统，迄今为止人们对它的了解还是非常少。目前认为，大脑从下到上可以分为 7 个层次：分子、神经元、神经元群、神经网络、大脑皮层、功能分区和神经枢。正是这 7 个层次，按照他们的产生机理，又可将大脑网络分为 3 种类型：①结构性网络（smmtund network），结构性网络是基于神经解剖学原理，由神经元突触之间的电连接或化学连接构成的，一般通过实体解剖或通过核磁影响等方法确定。②功能性网络（functional network），功能性网络描述神经云集群（如皮层区域）各节点之间的统计性连接关系所产生的信息结果，为无向网络。③效用性网络（effective network），效用性网络描述皮层神经网络各节点非线性动力学行为之间的相互影响或信息流向，为有向网络。生物神经系统作为产生感觉、学习、记忆和思维等认知功能的器官系统，是多层次的超大型信息网络，也是目前发现的最复杂的非线性网络系统。

对于人工大脑的研究必须先建立大脑的模型，但想要完整再现大脑的所有功能是几乎不可能实现的，下面仅从几个角度谈谈与大脑相关的人工模型。

与大脑相关的人工模型有几种，一种是模塑与原塑形状完全相似，只是大小不同或所用的材料不同，目的在于研究原型的几何特性，如模具的外表面形状，这种模型叫几何模型；如果要研究原型的物理特性，而用与原型一样的材料制成的模塑，叫物理模型，如风洞。在长期生产实践中人们发展出了一种新型的模型工具，就是建立数学模型，把实际物体或器件的几何形状或物理特性、运动变化过程等与数字的变换规则建立对应关系，只要对数字变化的规律研究清楚，原型的特性就能完全被掌握。

人脑的功能可以概括成利用收集到的环境信息构造与环境中的实物相对应的模型过程，以及通过已经存在的实物模型素材构造现实中还不存在的事物的模型，然后把模型变为事实。这是人脑使用模型的工作方式。

人脑中的模型可以分为三个层次。第一个层次是完全由神经元的连接方式决定模型，这与通常理解的模型有很大的不同，模型的意义融合在对运动的指导过程中呈隐含状态。这种模型在计算机程序中见到的最多，在其中人们看不到事物的本来面目，也看不到数学方程式，看到的是一行行的运动指令，指挥计算机的动作，动作的结果反映了一定的运动模型。同样神经系统的最终目的是控制生物体的运动，直接给出运动控制指令的过程比经过其他复杂的处理然后得出运动方法的过程要高效和节省能量，所以生物神经系统进化的方向之一就是尽量用直接的、简单的神经连接代替复杂的控制过程，在这个过程中模型的成分就逐步从台前走到幕后。

第二个层次是像数学模型那样使用抽象的模型。抽象模型不反映原型的每一个细节，而使用一组规律或规则，加上一组参数反映原型的具体形态，可以用比较少的设施处理很复杂的问题，对大量重复出现的信息这种方式有很高的处理效率。视觉听觉信息的初级处理过程中有这类模型的影子，它们单从处理过程的神经联系来看很像第一层次模型，原始信息不再以它们的本来面目与化学物质或神经冲动相联系，不过在处理过程中仍然能看出信息的整体轮廓和变换过程，在这些过程中原始信息以各种抽象形式表现出来，而处理网络看起来就像是一种专门处理数学问题的处理器。

第三个层次是接近物理模型的层次，就是用大量的资源尽量逼真地反映原型的每一个细节。人脑中与感觉思维有关的绝大部分模型都属于这一类，这也是在人脑中存在量最大的一类。

考虑到大脑模型的三个层次，这里将大脑的工作模型简化为神经元模型、感知模型、记忆模型、学习模型、思维模型和情绪模型这六个主要部分。下面将对大脑的统一模型和大脑的六个主要模块加以详细介绍。

一、大脑的统一模型

在详细介绍大脑各个主要模型之前需要先了解大脑的统一模型。人脑位于颅腔内，有大脑、间脑、中脑、脑桥和延髓等部分构成。神经细胞是大脑的功能单元，大脑是脑的最大一部分，它的重要特征是外面有一层薄薄的膜——大脑皮层，它是人脑中最发达的部分，人类思想的知、情、意都是在它的作用下产生的。

脑的主要功能是接受和处理来自体内外环境的各种信息，并以此为依据调节、控制机体活动，实现个体的生存和发展。科学研究发现，脑在心理活动中可以区分为四个基本机能联合区，任何一种心理活动的实现都必须要有它们参与。①保证、调节紧张度和觉醒状态的联合区；②接受、加工和存储信息的联合区；③制定程序、调节控制心理活动和行为的联合区；④评估信息和产生情绪体验的联合区。

意识问题是一个涉及心智—身体的问题，这一问题相当复杂，这里我们主要从信息处理的角度对意识理论进行分析，从而建立可仿真实现的信息流程，得到大脑的统一模型。

大脑是一个并行分布的信息处理机构，外部环境通过人的感觉、视觉、听觉等外部器官将多种信息传入大脑，开始了信息处理的第一个阶段——信息融合。

（一）信息融合机制

在意识的作用下，外部环境输入大脑的原始信息，按照一定的规则对信息进行分类、综合，并通过抽象形成概念，进而在脑内形成有效的信息存储结构。这种结构通过整合新、旧信息，提取和构造出有效的信息。最终基于脑信息处理的模式，根据马斯洛的"需求层次"理论，建立了可实现的知识规则库和数据规则库。

（二）信息加工机制

科学研究表明，人类的大脑会不时地发出电波——脑波。按照发出脑波的频率，科学家们把它分成了 α、β、ϕ、δ 四类，当 β 出现时说明大脑皮质处于兴奋、清醒状态；当 β 波出现时说明健康人处于安静、闭目状态；当 ϕ 波出现时说明处于困倦、缺氧状态；当 δ 波出现时说明处于睡眠状态。通过 ERP 检测装置检测脑波，借助脑波理论判断大脑所处的状态。

而认知心理学认为，在人脑的认知过程中，脑内信息加工分为受控加工模式和自动加工模式。其中，受控加工模式是受控制的、有注意参与的加工模式，自动加工模式是不受控制的、不需要注意参与的加工模式。同时，这两种加工模式又可以相互转变。

再根据注意与否决定人脑的工作模式，当人脑工作在非注意模式时，说明大脑可以使熟悉的任务转为自动化处理，发挥并行系统中无意识活动的作用。反之，则进入受控加工模式，发挥并行系统的有意识活动的作用。

（三）情绪和行为的输出

人脑是一个非常复杂的并行处理系统，每一个动作和表情都不能用单纯的拥有意识和无意识来划分。例如，对于一个射手来说，射箭这个动作既包含了有意识的活动，也包含了无意识的活动。由于长时间的训练，弯弓搭箭这种动作已经逐渐成为大脑所熟悉的内容，通常是作为无意识来处理的，射手自己也没有意识到大脑正在对他的身体的姿势、肌肉的紧张度以及双眼的焦距进行调整，此时他的注意力都集中于靶心，以便准确判断出最佳发射时间，而后一种动作明显是有意识的。

（四）有意识和无意识行为决策机制

意识是脑的四个联合区中许多联合区协同活动的结果，脑内信息加工系统中大脑皮层相关区域的激发是大脑进行信息的有意识和无意识加工的基本脑机制。[1] 在这一模型里引入阈值的概念，认为当人脑工作在受控加工模式状态的情况下，对周围事物注意的程度决定了人类大脑的激发区域的位置，当某一种激发使某些区域处于激活状态，并且激活的能量超过人们设定的阈值时，就认为这种信息进入了有意识状态。反之，就认为进入了无意识状态。

另外，人的情绪和行为输出后，自身会对此做出评价，以便不断调整自己的行为、举止，提高个人的素质。这里，根据人们的这一行为，设计了一套数据库自动更新机制。这一更新机制主要是依据人类的自我评价能力给出

---

① 王心薇. 多元智能理论视域下继续教育人才培养研究 [D]. 太原：山西大学,2016.

的，它引入了人类的行为趋避度、情绪愉悦度、生理唤醒度和心理满足度等几个参考量，使系统能够在仿真过程中不断地进化、学习，以实现更新决策、智能升级的功能。

二、神经元模型

神经元即神经细胞是神经系统的结构与功能的基本单位。神经细胞与机体中其他细胞一样，有细胞核、细胞器、细胞膜等结构，但神经细胞是为实现信息传递和处理而特化了的细胞。图3-1为典型的神经元模式图，其中胞体提供细胞活动所需物质和能量；轴突为神经元信息的传出通路；树突从胞体发出，为细胞收集和接受信息的场所；突触为神经元间信息转换的关键部位。神经元是组成神经系统的基本单元，要建立反映脑功能、特别是脑的高级功能的神经网络，先要建立神经元模型。

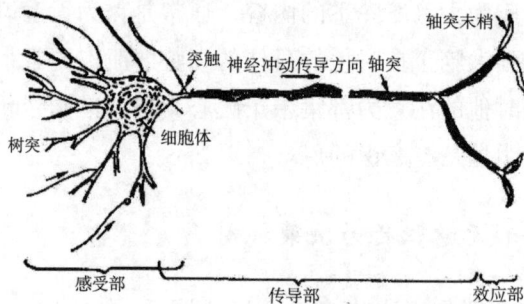

图 3-1　神经元形态构造的模式图

神经元模型应能反映在神经元中信息变换的过程，因此模型应以神经元的结构和功能为基础。神经元的树突有许多分支，可以接收多个信息的传入，而其轴突则是传出信息的通路，因此从基本结构形式看，神经元为多输入和单输出的元件。电脉冲的发生是神经元活动的主要方式。神经脉冲的产生过程大致如下：神经细胞无外来刺激的"静息"时，处于极化状态，细胞内相对于胞外有负约70 mV的静息电位，这是由细胞膜对钾离子和钠离子通透性不同引起的。当外来神经冲动到达突触，使突触小泡释放递质并扩散到突触后膜，与特异性受体结合，从而改变了对不同离子的通透性，使突触后膜去极化，产生兴奋性突触后电位（EPSP），当此点位达到某一阈值

（约 −60 mV）时，电位快速上升产生神经脉冲，或称为动作脉冲，脉冲宽度约 1 ms，最高电位可达 40 mV，动作电位可由轴突传递到其他神经元。但如神经冲动到达抑制性突触时，递质的释放造成突触后膜的超极化，产生一致性突触后电位（IPSP），使神经元处于抑制状态。这一动作电位产生的过程大致可用图 3−2 来表示。

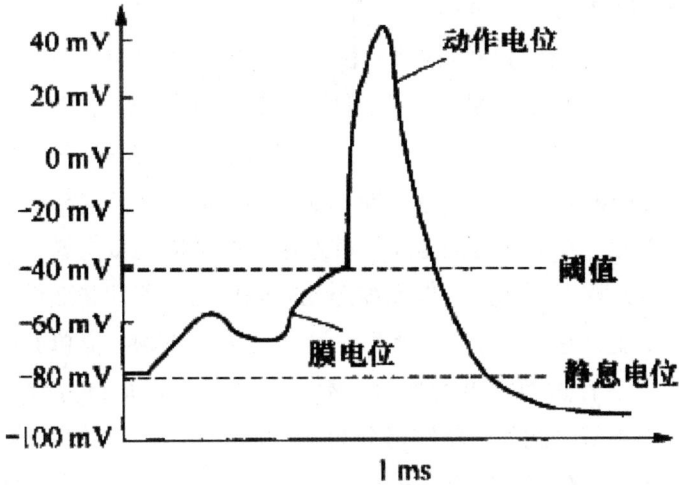

图 3−2　神经元电位活动

一般动作电位到达峰值后很快下降，并在一段时间内低于静息电位，这一段时间为神经元的不应期。1943 年，McCulloch 和 Pitt 提出了一个 M−P 神经元模型。该模型主要反映了神经元产生动作电位的性质，假定神经元只处于静息和动作电位两种状态。图 3−3 为 M−P 模型示意图。神经元是一个多输入单输出的阈值逻辑元件。

图 3−3　M−P 模型

这样的神经元模型虽然简单，但已能反映神经元信息加工的重要方面，即空间总合和阈值非线件。M-P模型也忽略了神经元的许多特性，如时间总和、不应期等。但这一模型是用模型研究神经系统的开端，对神经网络模型研究有重要影响。

三、感知模型

20世纪50年代末，Rosenblatt提出著名的视知觉模型——感知机（Perceptron）。它具有与脑结构部分相似的结构，共分为三层，信息由感知层输入（相当于视皮层原感区），经过联合层最后到决策层，由决策层输出，每一层都是由一组神经元所组成的。感知层与联合层的联接是随机的，联合层与输出层之间的联系是可塑的，即可通过学习而改变。这样的感知机以神经元模型为单元，在某些方面考虑了神经系统的可能连接方式，如多层的结构，各层神经元有不同作用，以及神经元间联接的可塑性和随机性等。感知机有明确的功能，它能通过"示教"学会正确分类事物。简单的感知机可分别两类事物，不管这两类事物如何，都可能通过学习加以分辨。这与人类对事物的辨识相似。例如，将字母分为A和非A两类，感知机输出为1时，则认为是字母A。在联合层有n个神经元，而决策层只有一个神经元时，采用如下的学习规律，就能达到此目的。

$$\begin{cases} w_i(k+1)=w_i(k)+c\cdot(z-y)\cdot x_i(k) & i=1,2,\cdots,n \\ y=1\left(\sum_{j=1}^{n}a_jx_j-\theta\right) \end{cases} \tag{3-1}$$

其中，z为"教师"信号，c为常数；x_i为第i个联合神经元状态，y为输出。应用上述规则，当被分开的模式是线性可分时，即能用一个超平面将分属两类输入模式分隔开时，感知机就可以通过有限次的学习，学会正确分开两类模式，这就是感知机的收敛定理。

四、记忆模型

短时记忆是特殊的神经兴奋以电活动方式在突触处造成的暂时的变化，神经生理学的研究认为，短时记忆是由神经元存储的，当神经元受到一个短暂的刺激后，它就会有规律的持续发放一段时间，把信息短暂地保存下来。

对乙酰胆碱、5-羟色胺的生物学研究发现它们是短时记忆保持持续发放的原因。它们在特定的脑电振荡存在的前提下被释放出来（Steriade，1991），如图 3-4 所示，这样神经元发放过后产生后去极化电位（Afterde-polarization Potential，ADP），使神经元的兴奋性提高。这样的神经元构成的网络，在脑电振荡的背景下，当电位超过阈值，就会再次发放，接着又产生一个后去极化电位，并在随后的每个脑电周期上激发出 ADP 使发放保持下去，由这样的神经元构成一个网络，网络中第 i 个元的膜电位可以表示为（不考虑时延）

$$V_i(t) = V_{\text{rest}} + V^{\text{ose}}(t) + V_i^{\text{ADP}}(t) + V_i^{\text{inh}}(t) \qquad (3-2)$$

其中，V_{rest}=60 mV 是静息电位；$V^{\text{soc}}(t) = B\sin(2\pi ft)$ 为脑电（θ-π 波）的振荡输入；f=6 Hz、B=5 mV；后去极化电位 RADP (1) 在第一个元发放后的函数为

$$V_i^{\text{ADP}}(t) = a_i(t - t_i) = V_{\text{adp}} \frac{(t - t_i)}{t_{\text{adp}}^*} \exp\left[1 - \frac{(t - t_i)}{t_{\text{adp}}^*}\right] \qquad (3-3)$$

其中，t_i 是第 i 个元最近一次发放的时刻，V_{adp}^* =10 mV，t_{adp}^* =200 ms。抑制件反馈假设为 j 个抑制性后突触电位的线性叠加：

$$\begin{aligned} V_{j+1}^{inh}(t) &= \sum_j a_j(t - t_{nj}) \\ &= \sum_j V_{inh}^* \frac{(t - t_{nj})}{t_{inh}^*} \exp\left[1 - \frac{(t - t_{nj})}{t_{inh}^*}\right] \end{aligned} \qquad (3-4)$$

其中，第 j+1 个神经元受到前面发放的 j 个元的共同抑制，V_{inb}^* =4 mV，t_{inb}^* =5 ms，t_{nj}是第 j 个元第 n 次发放的时刻。

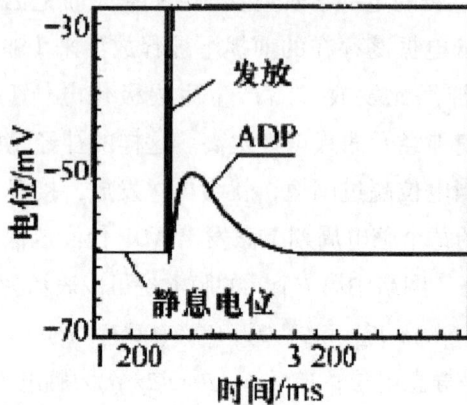

图 3-4　神经元的一次发放产生后去极化电位

　　短时记忆具有存储时间短\存储容量有限以及可以用适当组块提高其信息存储容量等特点。短时记忆脑机制研究已明确大脑前、后部等多个脑区参与短时记忆过程。实际上，组块是利用原已学得的长期记忆的信息的结果。因此，将长时记忆与短时记忆过程联系起来，将多个脑区联系起来，是使短时记忆模型具有接近于实际人脑性能的必要步骤。基于此，提出了一个指针式的短时记忆神经网络模型，发展了神经元环路模型的思想，这里神经元环路不存储信息内容，而只是存储被存信息的指针，信息内容存储在与长时记忆共有的信息表达区。[①]

　　根据这一设想，短时记忆的神经网络模型由两部分组成。第一部分为存储信息内容的指针的网络，它由多个长度有限的神经元环路组成。由于有多个环路，所以可以使容量极大的共有记忆表达区（大脑皮层后部联合 K）的全体都能与其中一个环路建立突触联系。各个指针环路间有相互抑制存在，故在短时任务激发下，仅少数（或一个）环路可以兴奋，并成为当前记忆信息内容的指针。第二部分为信息内容表达区，它是容量极大的多级联想记忆神经网络。其中的神经元兴奋模式表示一个事件被感知，即信息输入脑中或被取出。当短时记忆任务出现时，被记忆的信息内容（或事件）在表达区中以神经元兴奋模式的形式出现。与此同时，指针神经元环路中的神经元群被

---

① 瞿心昱. 基于仿人脑认知计算模型的机器人视觉学习方法 [D]. 杭州：浙江工业大学,2012.

依次兴奋，从而与表达区中的兴奋神经元建立短时的突触联系，长时记忆是通过表达区内神经元间的突触联系的建立而实现。而短时记忆则是由指针环路神经元与表达区间的突触联系的建立而达到。在这一模型中，假定其间联系已先确定，并假定当有高层次网络兴奋模式出现时，指针环路优先与高层次网络建立联系。因而在回忆过程中，高层次表达可先通过指针神经元兴奋而兴奋，然后通过层次间联系使低层次的神经元兴奋模式出现，即提取了基本事件。图 3-5 为短时记忆基本神经网络的机构框图。

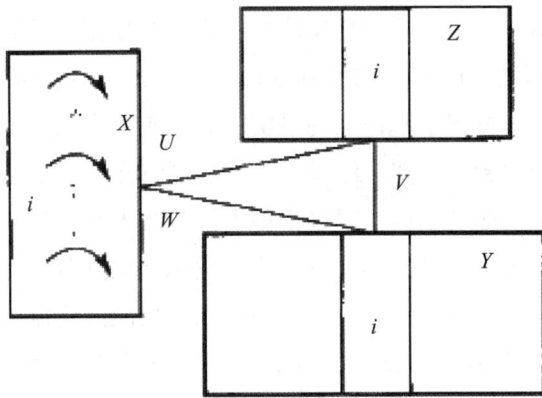

图 3-5　短时记忆基本神经网络模型结构

图中每一方框均为一个神经网络。X 为指针神经网络，Y、Z 为两级联想神经网络，为记忆内容表达区。Y 中存储基本事件，Z 存储高一级的抽象事件。每一框内又可分为若干部分，对应于多个指针环路；第一个指针对应于 Y、Z 中的第 i 个部分。各部分间可以有一些交叉。

U、V、W 分别表示 X 与 Z、Y 与 Z、X 与 Y 神经网络间的突触联接权重。假定 V 为已知，即长期记忆已由经验所确立。在进行短时记忆时，W 或 U 按 Hebb 律快速增加，然后逐渐衰减。U 优先于 W 增长，从而建立起指针环路与表达区间神经元的暂时联系。在回忆时，指针环路的兴奋通过暂时联系，使相应表达区神经元兴奋而取出所记忆的内容。在形成组块的情况下，由于 U 优先，Z 中兴奋模式先取出，再通过 V 使相应 Y 中的神经元模式被兴奋，即取出原来存入的信息。由于每一环路神经元数 H 有限，因此短时

记忆的容 M 是有限的。

海马在记忆过程中起着相当重要的作用。它是大脑半球内测的一个神经结构，由于其外形与海洋生物海马相似而得名。海马内部神经元排列规整，为中枢神经系统中较易深入研究的结构，近 10 余年来，神经心理学和神经生理学研究日益揭示它在人类记忆中的重要作用，目前已成为脑科学研究中的一个热点。

为了揭示海马在记忆功能中的作用，人们用控制论的观点，综合神经心理学、神经生理学、神经解剖学及神经网络的知识，将海马看作整个记忆系统的一部分，建立实现海马记忆功能的神经网络模型。首先，根据神经心理学成果，海马不是长时记忆的实际脑区，大脑皮 S 联合 K 是 K 时记忆的场所。海马只在巩固过程中起作用的事实，确定应将大脑皮层包含在模型系统之内。而由神经解剖学可知，海马与大脑皮层许多区域有双向联系，各种不同信息可以汇聚到海马结构，故该模型不但包含大脑皮层，而且将它划分为若干区域。[①] 由海马内部有不同的结构，提示不同部分有不同的功能，因此将海马划分为不同部分并指定各部分的功能。功能的指派是依据其结构特点的。在模型中，突出 CA_3 和 CA_1 两个结构，由于 CA_3 的大量反馈联系，可以假定它是一个联想记忆网络。CA_1 无反馈联系，且 CA_3 到 CA_1 的发散联系，使 CA_1 可能将 CA_3 综合结果形成各事件的单一表示。模型中假定齿状回有预处理作用，使在海马中的兴奋模式间是近似正交的；而近似正交模式使联想记忆存储容量得到充分利用。齿状回正在进入联想存储器的入口处。由此，用两级联想神经网络表示大脑皮层。图 3-6 为提出的海马记忆功能神经网络模型的框图。图中，A、B、C 三个神经网络组成两级联想记忆模型，A、B 中兴奋模式表示不同的感觉事件，C 为高级结构，C 中的兴奋模式表示事件的全体。CA_1，与 CA_3 为相应海马的不同部分。CA_3 中有不同部分分别对应于皮层的 A、B 区（实际皮层有多个区域，模型中为简化起见而只表示出两个区）。

① 龚怡宏．人工智能是否终将超越人类智能——基于机器学习与人脑认知基本原理的探讨 [J]．人民论坛·学术前沿,2016（7）:12-21.

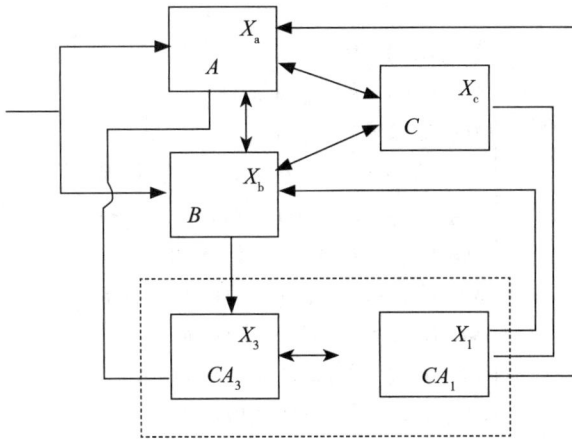

图 3-6　海马记忆功能神经网络模型

　　这里用神经兴奋模式（PF）表示信息（神经元兴奋模式指在神经网络内，同一时间兴奋神经元组成的空间模式）。在 A 和 B 神经网络中的 PF 表示在脑内出现的事件的属性或组成部分。C 中 PF 表示事件的全体。外部的信息经感觉系统的预处理后进入大脑皮层 A、B 区。然后到达 CA_3 区，CA_3 为联想记忆神经网络，它将事件的各个组份联结起来，并保留各组份的特殊表示。CA_1 为竞争网络仅对应一个 PF，它代表事件的整体。CA_1 输出到大脑皮层，并在 C 中出现新的 PF，它是整个事件在皮层的表示。当 A（B）中有 PF 出现时，随机地使 CA_3 中的某一 PF 被激活，由于 LTP 效应，使此两区的 PF 之间建立了相对稳定的联系。在 LTP 随时间衰减后，这一个 PF 才可能与其他 A（B）中 PF（对应其他事件）建立联系；因而又在不同时间内可以和皮层中多个 PF 建立联系。这就使海马中有限的神经元可以暂时存储由皮层表示的大量事实。如果用向量表示神经元兴奋模式，则在模型中用向量 X_a、X_b、X_c、X_1、X_3 分别表示在 A、B、C、CA_1、CA_3 各神经网络中的 PF。各神经网络间神经元的突出联接权重可用相应的联接矩阵来表示。突触的联系（各联接权重矩阵）的变化可以用下列各方程式表示：

$$\begin{cases} \Delta m_{ab}(i,j) = 0 \\ \Delta m_{ac}(i,j) = k_2 \cdot x_n(i) \cdot x_c(j) \\ \Delta m_{bc}(i,j) = k_b \cdot x_b(i) \cdot x_c(j) \\ \Delta m_{a3}(i,j) = K \cdot x_a(i) \cdot x_3(j) - k_p \cdot x_a(i) - k_3 \\ \Delta m_{b3}(i,j) = K \cdot x_b(i) \cdot x_3(j) - k_p \cdot x_b(i) - k_3 \\ \Delta m_{33}(i,j) = K \cdot x_3(i) \cdot x_3(j) - k_3 \\ \Delta m_{31}(i,j) = K \cdot x_3(i) \cdot x_1(j) - k_p \cdot x_3(i) - k_1 \\ \Delta m_{1c}(i,j) = K \cdot x_1(i) \cdot x_c(j) - k_1 \\ \Delta m_{1a}(i,j) = K \cdot x_1(i) \cdot x_2(j) - k_1 \\ \Delta m_{1b}(i,j) = K \cdot x_1(i) \cdot x_b(j) - k_1 \end{cases} \qquad (3\text{-}5)$$

其中，$m_{cf}(i,j)$ 为矩阵 m_{cf} 的第 i 和第 j 列的元素。而 $x_g(i)$ 为向量 x_g 的第 i 个元素。

k_a、k_b、K 为学习常数；k_1、k_3 为遗忘因子，k_p 为突触竞争系数。CA_3 中神经元有随即输入存在，其输出可用下式表示：

$$x_i = 1\left(\sum m_{ij} \cdot x_j + r_i - t_i\right) \qquad (3\text{-}6)$$

其他脑区神经元的运动方程均用下列表示：

$$x_i = 1\left(\sum m_{ij} \cdot x_j - t_i\right) \qquad (3\text{-}7)$$

其中，$1(x)$ 为单位阶跃函数。r_i 为随机输入，t_i 为神经元 x_i 的阈值，m_{ij} 为神经元与其相连的神经元之突触联接权重。上述几个方程为海马记忆的数学模型。

近年来，由于对海马记忆功能研究的深入，除却前面所说的海马记忆功能的模型外，已提出了一些相应的神经网络模型。Squire 等较全面分析了记忆的巩固及 MTL（内侧颞叶）与新皮层间相互作用的假设，提出了关于海马功能的建议，设计了一个记忆巩固的简单的神经网络模型，其模型结构如图 3-7 所示。

McClelland 等从海马系统损伤影响新近记忆而远期记忆完好的事实出发，提出海马记忆的神经网络模型。其中，记忆优先通过海马内突触快速变化而存储，此存储又支持在新皮层中代表存贮事件的神经兴奋的重现，每一次重现使新皮层间联系有小的改变，这些变化积累就形成了长时记忆。其模型结构如图 3-8 所示，其中 $Sh(0)$ 和 $St(0)$ 为反映初始记忆的存储常数，C 为巩固常数，Dh 和 Dc 为反映遗忘的常数。

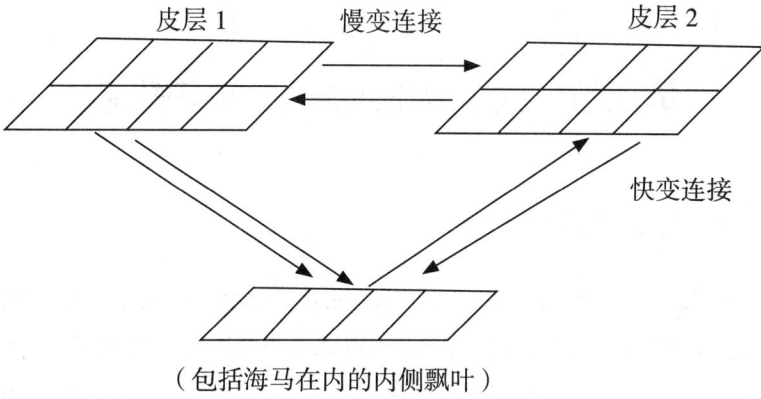

图 3-7 Squire 等的记忆巩固神经网络模型

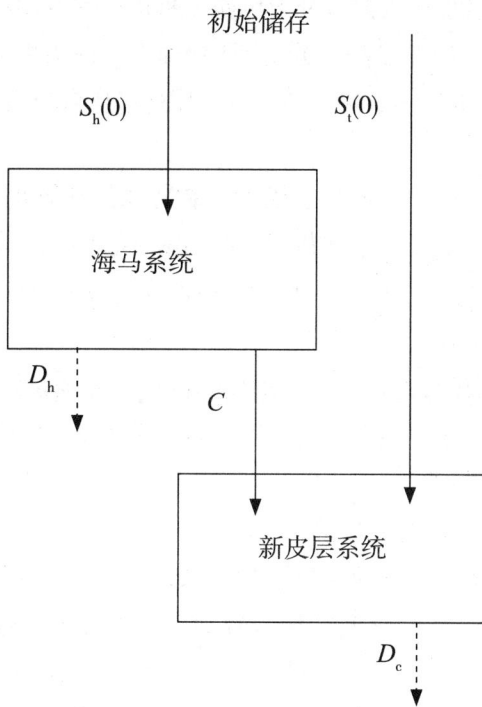

图 3-8 McCelland 等的模型

第三节　人工大脑与相关实现技术

一、脑机接口技术

脑机接口技术（Brain-Computer Interface，BCI）是在人或动物脑（或者脑细胞的培养物）与外部设备间建立的直接连接通路。在该定义中，"脑"一词意指存机生命形式的脑或神经系统，而并非仅仅是"mind"。"机"意指任何处理或计算的设备，其形式可以从简单电路到硅芯片。

脑机接口按信息传递方向可分为单向脑机接口和双向脑机接口。对于单向脑机接口而言，计算机或者接受脑传来的命令，或者发送信号到脑（如视频重建），但不能同时发送和接收信号。双向脑机接口允许脑和外部设备间的双向信息交换。

BCI 是一种可以让用户通过思想来控制特殊的计算机设备的通信方式。目前，大部分的实现都是基于 EEG 记录。EEG 是测量、分类人想象时的不同信号。通过 BCI 技术，能够监测不同 EEG 信号对应的特定任务，用来控制外部设备或进行交互。

原理上，BCI 系统一般由输入、输出和信号处理及转换等功能环节组成。输入环节的功能是产生、检测包含有某种特性脑电活动特征信号，以及对这种特征用参数加以描述。

信号处理的作用是对源信号进行处理分析，把连续的模信号转换成用某些特征参数（如幅值、自回归模型的系数）表示的数字信号，以便于计算机的读取和处理，并对这些特征信号进行识别分类，确定其对应的意念活动。[①]

信号转换是根据信号分析、分类之后得到的特征信号产生驱动或操作命令，对输出装置进行操作，达到与外界交流的目的。作为连接输入输出的中间环节，信号分析与转换是 BCI 系统的重要组成分。在训练强度不变的情况

---

① 　周凯. 多元智能理论在高校体育教育专业排球普修教学课中的应用研究 [D]. 延安：延安大学,2010.

下，改进信号分析与转换的算法可以提高分类的准确性，以优化 BCI 系统的控制性能。

BCI 系统的输出装置包括指针运动、字符选择、神经假体运动以及对其他设备的控制等。

BCI 的关键技术包括源信号的获取和信号的处理方法。

BCI 源信号的获取过程包括信号的产生、检测（电极记录）、信号放大、去噪和数字化处理等。人类大脑能够产生多种信号，包括电的、磁的、化学的以及对大脑活动的机械反应等各种形式。这些信号可以通过相应的传感器进行检测，从而使 BCI 的实施成为可能。由于对磁和化学等信号的检测技术需要更高的要求，目前 BCI 信号的获取主要基于技术相对简单、费用较为低廉的 EEG 检测技术。

BCI 系统中的信号处理包括信号预处理、特征提取、识别分类等过程。传统的脑电信号分析方法是对信号进行多次检测并进行均值滤波，再用统计学的方法寻找 EEG 的变化规律。这种方法信息传输率低，也不能满足实时控制的需求。目前对 EEG 信号的处理一般采用对单次训练信号进行研究。其中，特征提取和识别分类是 BCI 信号处理最为关键的环节。

许多国家的实验室都在探索和开发技术，这项技术是为帮助那些因神经肌肉损伤而行动受到阻碍的人（如肌肉萎缩，中枢神经系统损伤、重度中风的病人等），使他们不需要依靠周围的神经和肌肉，只利用脑部的信号达到与外界沟通、传递信息、自主活动以及自我照顾等目的。而这项技术的基础是，当大脑活动时，会产生特定的脑波变化，由此可以利用 EEG 对脑波进行检测与辨别，进而控制仪器或进行交互。BCI 脑机接口技术的发展不但能够节省社会负担，减轻病人及其家庭的痛苦，还能让病人独立行动，建立患者与外界的沟通桥梁，提高病人的生活品质，有着很大的经济效益和社会效益。目前，BCI 技术已经引起了世界上很多国家的充分重视，特别是计算机技术在全世界独占鳌头的美国投入了巨大的人力、物力，并且也取得很大进展。最近由美国科学家研制的"思考帽子"（Thinking Cap）已经可以直接用人的思想控制计算机。BCI 技术的全面成熟有赖于广泛的多学科合作，需要神经学科学家、工程师、心理学家、软件专家和行为学专家的通力合作。

1999 年第一次 BCI 国际大会召开之后，对 BCI 的脑机交互技术的研究开始活跃，各国从事脑科学的科学家都对这项新兴的技术投入了巨大的热情。到 2002 年第二次 BCI 国际大会召开时，已经有 38 个实验室专门从事这方面的研究，而在 1994 年只有 6 个实验室在这方面有所涉猎。许多实验室都取得重大的突破，如传统的 BCI 多让使用者通过头顶记录 EEG 或皮层内记录神经单位活动提供信号控制设备。这两种方法都有缺陷，EEG 只能提供有限的信息，并且还需要对使用者进行广泛的训练；而后者带着极大的临床危险，也使信号缺乏稳定性。由 Eric.C Leuthardt 提出的利用皮层脑电波（Electrocorticographic，ECOG）技术比 EEG 要更加有效，它比后者有更高的频宽（ECOG：0 ~ 200 Hz，EEG：0 ~ 40 Hz），更大的电压振幅（ECOG：50 ~ 100 μV，EEG：10 ~ 20 μV）。同时，由于 ECOG 只使用硬脑膜下的电极方阵，不需要把电极插入表皮层内，这就比皮层内记录神经单位活动更加安全。虽然 ECOG 技术并不十分成熟，但是由于它本身的优越性，所以该项技术的未来还是非常光明的。

与其他的交互控制系统相似，一个 BCI 系统由输入、输出以及将输入信号转换成输出信号的脑电信号处理算法来实现。目前，BCI 输入信号的方法分为非嵌入头皮层和嵌入头皮层方法。非嵌入式使用头顶记录 EEG 或诱发电位，而嵌入式使用皮层内记录神经单位活动或 EEG 硬脑膜记录。

不同的 BCI 系统使用不同的脑电信号处理算法，这些算法可能包括线性的和非线性的。输出信息包括光标移动、字符选择、图形选择和一些其他的设备控制，还包括将信息反馈给患病者，使其能与外界达到最完美的交互效果。[①] 除以上主要部分外，还可能配有开关、反应时间显示、速度、精度，以及由它们共同影响的脑电信号处理率这些参数等。

（一）不同 BCI 系统的性能比较

不同的 BCI 系统在其输入、输出和脑电信号处理算法上都存在很大的差异，通常比较两个不同的 BCI 系统是非常困难的，但必须注意到，没有统一的标准来衡量是不利于 BCI 技术的发展的。在 2000 年第一次召开的 BCI 技术国际会议上提出了将比特率作为一个标准尺度。比特率是每个单位时间内信息成功传送的数量，依靠的是传送信息的速度和准确率。传输速度越快，

---

① 张圳. 人工智能时代高校教师个性化培训研究 [D]. 山东师范大学, 2019.

传输准确率也相应越高。比如，当可能选择为二选一时，如果想要把准确率从80%提高到90%，速度就必须提高一倍。如果可能的选择由两个增加为四个时，如果想保持与前者一致的传输速度，就只能以将准确率降到65%为代价。应该说，比特率是不同于BCI系统的一个非常客观的参数。

信息传输率用bit/trial和bit/min表示，准确率用%表示。

（二）BCI 的脑电信号处理算法

脑电信号处理算法就是把BCI获得的输入信号转换成实际设备控制的一系列计算过程。

任意的一个脑电信号处理算法都需要有三个关键特征来划分：脑电信号处理函数、适应能力和输出。其中，脑电信号处理函数可以是线性的（线性方程）或非线性的（神经网络）；算法可以是适应的或非适应的；适应算法可利用手动规律或更精密的机器算法。算法的输出可以是离散的或连续的。不同的现实世界应用是这些脑电信号处理算法不同的根本原因。

目前，大量的BCI算法都是服务于头顶记录的EEG，而这种现状都是由于EEG技术是目前唯一可以广泛应用的BCI技术。EEG反映的是众多神经皮质的整体活动，如果想把这种活动所抽象出的输入特征用于有效的沟通，就必须有两个以上可分辨的状态来反映使用者的意志。但是，随着电极嵌入技术的发展，现在的算法将得到更大的发展。

（三）BCI 技术的应用领域

20世纪40年代以来，关于脑模型或人工大脑的研究，人们已在仿生学、人工智能、人工神经网络、模式识别、超级计算机等领域进行了大量的探索，取得了一系列研究成果。例如，从感知机、联想机、认知机、细胞自动机到星脑等，都是某种简化的、局部的人工大脑模型。[①] 近几十年来，对人工大脑的研究进入了一个新的阶段，尤其是在欧、美、日等发达国家，许多著名的国际公司和著名的科研院所都把对人工脑的研究列为专门的研究课题，并取得了丰硕的成果。BCI技术在医学、交通、军事、工业、农业等领

---

① 　王金洲. 基于深度相关性挖掘的跨媒体检索研究 [D]. 武汉：武汉科技大学,2018.

域具有广阔的应用前景。例如，让四肢瘫痪的患者重新恢复行动自由、解读人的思想、利用脑波驾驶飞机、控制航天器、控制周围的环境、建立虚拟现实系统等。

下面介绍 BCI 技术的具体应用实例。

1. 猴子脑控机械臂

美国科学家将极细微的电极分别植入两只雌性恒河猴大脑的额叶和顶叶部位，每个电极不到人的一根头发丝粗细。它们发出的微弱电信号通过导线进入一套独特计算机系统。该系统能识别与动物手臂特定运动相关的大脑信号模式，信号经脑电信号处理后用来对机械手运动进行控制。

2. 电信号刺激增强记忆力

美国的神经学专家在 2005 年于圣地亚哥举行的神经学会年度学术会议上，提交了一项研究成果。他们在人的前额装上小电池，将很微弱的电流作用于人的前额部位脑神经，20 min 以后，试验对象的语言能力就会提高 20%。这主要是由于该装置所发出的轻微的电流刺激了前额部位的头皮，激发了该部位的腕神经活力，使其反应能力迅速增强，从而提高了语言和记忆能力。

3. 脑控驾驶飞机

美国佛罗里达人学的科学家利用 2.5 万个老鼠脑神经细胞创造了一个活"大脑"，它可以驾驶模拟高速飞机。科学家将一个电极栅格放于玻璃盘子底部，栅格上面覆盖老鼠的神经元细胞。细胞最初像一盘散沙一样漂浮于培养液中，但是通过显微镜很快可以看到它们开始互相聚集，慢慢地形成了一个有机的神经系统网络，也就是类似大脑一样的东西，这种东西被迪马斯称作"活着的计算装置"。然后大脑通过一台计算机和飞机模拟装置连接在一起。就像人类的大脑一样，人造大脑也可以学习。最初的时候，人造大脑并不知道怎样控制飞机，它没有任何经验。但是，"随着时间的推移，正确的反复刺激修正了神经网络的反应，慢慢地（15。min 后）神经元学会了控制飞机。最后的结果是神经网络系统可以控制飞机在相对稳定的路线和高度成功飞行。"

4. 模仿大脑的电子线路

美国麻省理工学院的科学家创造了一种电子线路，和传统的电子线路不同，它可以模仿大脑的生物线路。该电子线路是由很多人造的神经单元组成，这些人造的神经单元可以通过一些人造的神经原的神经线连接，相互通信。

5. 将电机头植入大脑皮层，病人不动手就能玩电子游戏

美国华盛顿大学的埃里科·来塔德特等科学家首次成功地将电子栅格植入人的大脑皮层，用来传出病人大脑的信号，使病人不动手就能玩最简单的电子游戏。借助类似技术，瘫痪的人将来也许可以用思维控制机器或工具，或者重新获得对手脚运动的控制能力。这种技术甚至还有可能用于开发出微型机器人，它们会直接被人脑信号操纵。

6. 神经计算机

人脑有 140 亿个神经元及 10 亿多个神经键，每个神经元都与许多个神经元交叉相连，它们协力工作。科学家认为，每个神经元都相当于一台微型计算机。人脑总体运行速度相当于每秒 1 000 万亿次的计算机功能。如果用许多微处理机模仿人的神经元结构，采用大量的并行分布式网络就构成了神经计算机。神经计算机还有类似神经的节点，每个节点与许多节点相连。若把每一步运算分配给每台微处理机，它们同时运算，其他信息处理速度和智能会大大地提高。

神经计算机的研究开发势头令人鼓舞。1989 年，美国贝尔实验室制成可供神经计算机使用的集成电路；三菱电机公司开发出神经计算机用的人规模集成电路芯片、它在 1.5 cm^2 的硅片上设置了 400 个神经元和 40 000 个神经键。应用这种芯片实现了每秒 2 亿次的运算速度。它的学习能力很强。日本电气公司还推出一种神经网络声音识别系统，能够识别出任何人的声音，正确率已达 99.8%。俄罗斯科学家声称 1991 年成功地研制出首个人工电子大脑——一个拥有与人类大脑同等智力潜能的"神经计算机"。科学家瓦利采夫说，这个俄罗斯新计算机比以往的人工大脑更优越，因为它是利用神经生理学和神经形态学的尖端技术制造出的能够真正思考的机器。他说我们必须把这种机器当作刚出世的婴儿那样训练，必须把它当作朋友，不要把它视作犯人或敌人，这是非常重要的。

神经计算机将来会有更广泛的应用，如完成识别文字、符号、图形、语言以及声纳和雷达接收的信号，判读支票；实现知识处理，如对市场进行估计、顾客情况分析、新产品分析、进行医学诊断等；进行运动控制，如控制智能机器人、实现汽车自动驾驶和飞行器的自动驾驶等；在军事上，用来发

现、识别来犯之敌，判定攻击目标，进行智能决策和智能指挥等。神经计算机的发展前景是不可估量的，其研究也在不断地创新、前进。

二、神经机器接口技术

神经—机器接口（Neural-Machine Interface，NMI）是人或动物神经系统和外界设备之间进行直接通信和控制的双向通道。外部设备可以向神经系统发送电刺激，达到控制或修复神经通路的目的，也可以获得神经元发放电信号，对其进行解码、分类，进而把分类后的结果编码成各种控制命令来控制外部设备。根据信息传输方向的不同，神经接口可以分成两类。

第一类神经接口是输入神经接口，负责从外界环境接收控制信号，即通过特定模式的电刺激刺激指定区域的神经团，神经电信号经过神经网络的传递和作用后实现感觉信息（视觉、听觉或触觉等）的替代或者模拟特定的神经学功能。现有的主要应用有人工耳蜗、电子视网膜、动物机器人、触觉刺激器和深部脑刺激器（治疗帕金森病）等。2002 年，*Nature* 杂志报道了研究者使用植入式微电极，可在大鼠大脑体感皮层上产生虚拟触觉提示和虚拟奖励，通过遥控方式引导实验大鼠穿越复杂的迷宫。

第二类神经接口是输出神经接口，负责记录和解读神经元发放电信号，即记录皮层脑电（非植入式）或神经元放电信号（植入式），并对其进行分类，提取出可用于控制的信号，将控制信号应用于控制计算机、假肢或其他智能器械，实现神经信号对外部环境的控制，主要应用于运动功能的修复和重建等。早期研究人员主要利用 EEG 信号实现打字、光标控制和动作想象等工作。近年来随着研究的深入，通过神经集群记录和分析技术可进一步解读大鼠、猕猴等实验动物大脑运动皮层的神经活动信息，用于光标和机械臂的控制。2004 年用于临床实验的 Braingate 系统通过了美国 FDA 的认证，并先后在 6 例临床实验中获得了成功。

2004 年美国国防先进研究项目局（Defense Advanced Research Projects Agency，DARPA）投入 5 480 万美元启动为期 5 年的 "Revolutionizing Prosthetics"（革命性假肢）项目，取得了一系列令人瞩目的成就。这些假肢可以通过线路对手指与脚趾的动作产生反应。这些先进假肢将会与佩戴者的神经系统整合在一起，从而能够完全对各种神经信号做出反应。在 DARPA 的资助下，美国约翰霍普金斯大学的科学家将对他们的模型假肢进行人体试验。微阵列将被植入用户大脑中，用户可以通过思维控制假肢进行多种操作，如独立的手指动作以及负重操作等。

2002 年，《Nature》杂志报道，纽约州立大学 Chapin 教授领导的科研团队在大鼠的不同脑区植入电极，在给予适当的刺激下，实验动物可按照控制者指定的路线行进。2006 年，《New Scientist》杂志报道，波士顿大学 Atema 教授领导的研究小组将微型芯片植入鲨鱼大脑，通过无线电刺激鲨鱼脑内的嗅觉敏感区，操控它在水中游动的方向，使其变成"秘密特工"，跟踪来往船只。[①] 2008 年 1 月，美国杜克大学 Migulc 教授和日本 Gordon Cheng 教授合作实现了美国猴子用脑信号控制日本机器人行走的实验。

神经机器接口技术的研究有着重要的意义。首先，在社会发展方面，神经机器接口技术可以用于视觉和听觉残疾人士，还可用于修复和重建因中风或神经退行性病变造成的运动功能障碍和缺失的残障人士，有利于社会主义和谐社会的构建。此外，对高端医疗设备国产化、低成本化，解决看病贵等问题具有重要研究意义。神经接口技术在未来我国医药、健康产业中也将扮演非常关键的角色。此外，在国防安全方面，基于神经接口的生物机器人相比传统的机电式机器人，不仅在运动机能和动力供应方面更具优势，而且其极佳的隐蔽性、机动性和适应性使它在众多特殊环境下，如反恐侦查、危险环境搜救以及狭小空间内探测等方面有着广泛的应用前景和重大的应用价值。

神经接口技术研究的一个重要研究应用是生物机器人系统，其通过动物脑电生理特征及其与特定行为关系的研究，分析和建立信号编码及其与行为的关系，提高接收/刺激脑神经元细胞电信号准确性，提高通信速率，改善信号采集处理方法。

赛博格（Cyborg）是以无机物所构成的机器作为身体的一部份生物（包括人与其他动物在内）。通常这样做的目的是借由人工科技来增加或强化生物体的能力。俗称有机械化人、改造人、生化人等。这个名词的普及化是由纽约罗克兰州立医院（Rockland State Hospital）动态模拟研究室（Dynamic

① 寇菲菲. 基于语义学习与时空特性的在线社交网络跨媒体搜索研究 [D]. 北京：北京邮电大学,2019.

Simulation Laboratory）的首席研究科学家曼菲德·E·克莱恩斯（Manfred E. Clyncs）与内森·S. 克莱恩（Nathan S. Kline）在 1960 年称呼他们想象中的一种人类，这些人类经过强化之后能够在地球以外的环境中生存。之所以会提出这种概念，是他们觉得当人类开始进行航天的新领域时，某种人类与机械之间的亲密关系将成为必要。

在信息社会中生活，由于大脑受先天容量的限制，将难以负荷越来越庞杂的信息并对其做有效的处理分析。面对这种情况，开发脑力是其中一个途径，而依靠甚至结合计算机则是另一个途径。相对于人类自身的条件，第一条途径是有限的，而第二条途径则是无限的。正是在这种背景下赛博格技术应运而生。

赛博格这个概念有广义和狭义两个范畴。狭义上的赛博格是指神经机械装置（cybe-rnetic device）和有机体（organism）在语言上和材料上的混合体。对赛博格最初进行研究正是为了"修补"人类的不足，也可以认为这个概念就是从第一条途径到第二条途径的跨越，从有限到无限的进一步延伸。

目前就赛博格范围来论述，可以被称为赛博格一族的大致有四种类型。

（1）恢复功能型：指的是替换失去的器官组织。

（2）标准型：利用辅助工具辅助丧失的功能或是利用设备监控某些生理机能以使其不至于失控。

（3）重新装配型：这是象征赛博格的分类范围，当通过电话、E-mail 进行沟通时，赛博格才开始存在，当挂上电话或是下线时，"我"就不在这里了。利用外在选择性的机械或是电子装置以辅助人的基本能力。

（4）增强型：人类的能力由于科技在人类本身的应用而得到增强，发展到极致即在科幻小说中经常出现的超人。

第四节　互联网与神经学的交叉对比

互联网已经成为我们日常工作和生活中必不可少的工具，相关文献已经通过将互联网与神经学进行交叉对比研究，提出互联网类神经、互联网虚拟大脑、互联网虚拟神经元、互联网神经系统等新概念。

一、互联网的新定义

无论是 1995 年 10 月 24 日,"联合网络委员会"(FNC)关于"互联网定义"的决议,还是计算机网络的七层结构,一般认为,互联网是由计算机、通信线路,以及在它们中传输和运行的信息、数据、资料和应用组成。

传统的互联网和网络定义往往忽略了"人"和"人脑中的数据"这两个要素。纵观人类的发展历史和互联网诞生后的进化过程,可以看到人类进步就是一部包含了其感觉和运动器官不断延长的历史。棍棒延伸了双臂,石头延伸了拳头,汽车、火车延伸了双腿,望远镜、显微镜延伸了眼睛,传递信号的锣、鼓、电话线延伸了耳朵,大工业革命后出现的公路网、铁路网、飞机航线、海运航线的出现最终使人类四肢实现联网。

与此同时,人类大脑的延伸也一刻没有停止。结绳、算盘、数筹的出现就是早期的例证。1946 年,在美国诞生的电子计算机使人类大脑实现质的延伸。1969 年互联网诞生后,台式机、笔记本电脑、3G 手机的出现无一不是增加人脑与互联网的连接时间。人脑中的信息和知识不断与互联网中的信息和知识进行交互。人类和互联网的发展史告诉我们,互联网不仅仅是机器的联网,它更是为了加强人脑之间的连接。因此,可以认为,互联网是由网络线路、计算机节点、人脑和在它们之间储存、流动和运行的数据这四个部分组成的网络结构,这个定义的特点是把人脑和人脑中的数据也作为互联网的一部分。

二、互联网类神经元现象

在知识管理领域,知识可以划分为显性知识和隐性知识。对这种划分方法进行扩充,可以将人脑的功能从知识层面划分成:①共享知识区,如免费给人指路的信息;②可交易知识区,如医生的专业知识必须等病人挂号后才能表达;③问题区,如学生不知道答案的数学难题;④隐私区,如个人或几个朋友之间的隐私信息;⑤运动控制功能,如人用筷子夹菜的能力或者用手指打键盘的能力。把这些区域组合起来就形成如图 3-9 所示的左边的人脑知识功能。

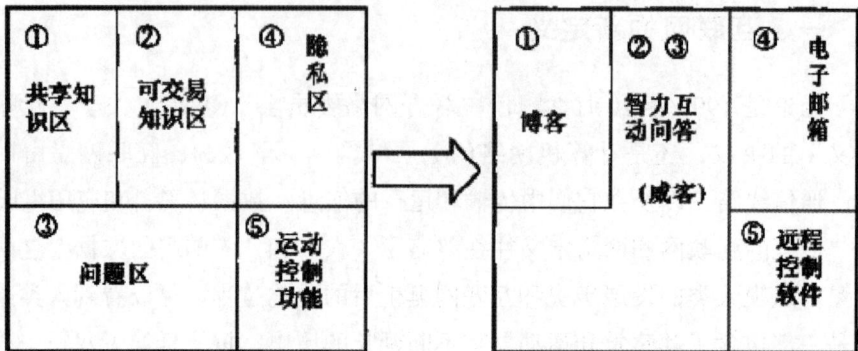

人脑的功能区　　　　　　　　互联网个人空间中的应用

图 3-9　人脑知识功能区与互联网个人空间的对应关系图

如果将人脑知识功能区与互联网个人空间进行对比，可以看到共享知识区对应了博客，可交易知识区和问题区对应了智力互动问答，隐私区对应了电子邮箱，运动控制功能对应了网络软件。由于互联网进化的目标是使人类的大脑充分联网，但是目前互联网不可能通过物理手段直接将线路和信号接入人的大脑中。通过上述对应关系的描述可以看出，人脑的知识功能区通过互联网个人空间被映射到互联网中。

在互联网中，电子邮件和网络远程软件需要通过光纤及电话线里的数据通道与其他人或设备进行联系。这个数据线路如图 3-10（a）所示，可以看出它与图 3-10（b）中真实的神经元十分相似。在神经学中，神经元的胞体是信息处理中心，树突和轴突负责与外界进行信息沟通。因此，可以这样类比，互联网个人空间对应了神经元的胞体，电子邮件和网络软件的远程数据线路对应了神经元的树突和轴突。人们将互联网这一结构命名为互联网的映射型神经元。

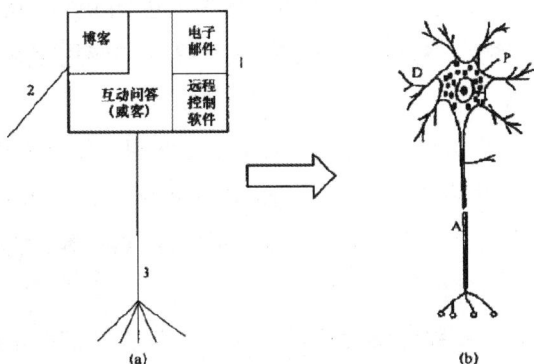

1—个人空间；2—在线访问；3—电子邮件或远程软件通信通道；P—胞体；D—树突；A—轴突

图3-10　互联网虚拟神经元与人类大脑神经元

三、互联网虚拟大脑的结构组成

互联网正在从一个原始的、不完善的、相对分裂的网络进化成一个统一的、与人类大脑结构高度相似的组织结构，它将同样具备自己的虚拟神经元，虚拟感觉、视觉、听觉、运动，中枢，自主和记忆神经系统。将互联网这一结构命名为互联网虚拟大脑，并由此绘制出互联网虚拟大脑结构。

更为详细的互联网虚拟大脑将互联网从低端到高端划分为硬件层、软件层和信息层。其中，互联网硬件层包括互联网核心硬件层、互联网远程传感和运动设备、互联网个人终端、互联网网络线路4个组成部分。互联网软件层包含互联网操作系统和互联网应用软件，其中互联网的应用软件根据其特点又被划分为人脑映射型虚拟神经元、数据整理和挖掘虚拟神经元、感觉和运动虚拟神经元、特异类虚拟神经元，互联网的信息层包含文字、二维图片、文档、视频、声音、三维图像等，分布在互联网的服务器、路由器、交换机、用户终端和互联网虚拟神经系统里。这些分布在互联网中的信息统称为互联网数据海洋。

四、互联网虚拟神经元

根据互联网应用程序的特点，提出4种互联网的虚拟神经元，分别如下：

（1）融合博客、威客（智力互动问答）、电子邮件的互联网应用，如新浪、雅虎的用户系统，将这种与互联网用户交互的应用定义为人脑映射型虚拟神经元。

（2）对互联网的信息、数据和资料进行整理、挖掘和知识发现的互联网应用程序，如谷歌的搜索引擎、ANGOSS 软件公司的 KnowledgeSTUDIO、Comshare 公司的 Comshare Decision and Decision Web 等，将这些软件定义为数据整理和挖掘虚拟神经元。

（3）控制互联网远程传感和运动设备，并且将它们产生的数据传输给互联网信息层的应用软件，将它们定义为感觉和运动虚拟神经元。

（4）其他类型的互联网应用软件，如网络游戏、防病毒软件等，将它们定义为特异类虚拟神经元。

五、互联网虚拟神经系统

（一）互联网虚拟感觉和运动神经系统

互联网虚拟感觉和运动神经系统主要有两种运行模式。第一种是互联网用户直接操控模式，流程如下：①互联网用户登录个人终端；②个人终端运行个人空间应用程序（映射型虚拟神经元）；③个人空间相关应用程序与远方传感器；④互联网用户通过个人空间界面直接操控传感器、视频、音频和办公设备进行活动。

第二种是互联网用户的间接获取模式。流程如下：①传感器、视频、音频采集器、工作设备在本身的程序（或在数据整理和挖掘虚拟神经元）的驱动下，自动运行；②传感器、视频、音频采集器、工作设备在运行中得到的相关数据进入互联网的数据海洋中；③互联网用户通过个人终端的个人空间应用程序（映射型虚拟神经元）与数据整理和挖掘虚拟神经元接驳并获取数据。

（二）互联网虚拟自主神经系统

互联网软件层包含了一种虚拟神经元——数据整理和挖掘虚拟神经元，

这种神经元应用了人工智能、知识发现和数据挖掘领域的算法，针对互联网中的信息、数据和资料进行处理。其处理的结果通过互联网供个人用户和机构用户查阅和研究。因为这一类神经元包含了预先存放的算法和知识，在运行时并不需要人的主动控制。

数据整理和挖掘虚拟神经元与互联网虚拟感觉、视觉、听觉、运动系统的结合。设计者可以将算法和规则放入数据整理和挖掘虚拟神经元（或直接放入到感觉或运动神经元）中，当从互联网虚拟感觉、视觉、听觉系统获得信号触发，数据整理和挖掘虚拟神经元便开始驱动互联网虚拟运动系统或其他系统完成特定功能。例如，连接到互联网的传感器将气压、湿度、温度等参数发送给互联网的特定应用程序（数据整理和挖掘虚拟神经元），经过运算如果符合下雨的条件设定，程序受到触发，激活互联网虚拟运动神经元，远程控制野外设备如收割机、挖掘机打开防雨设备。上述互联网现象可将其归纳为互联网的类自主神经系统。

（三）互联网虚拟中枢神经系统

互联网中枢神经系统的硬件基础是互联网的核心服务器以及联结它们的路由器和交换机，在这些硬件设备上统一运行的虚拟感觉神经元、听觉神经元、视觉神经元、运动神经元、数据整理和挖掘神经元、映射型神经元等互联网应用程序将构成互联网中枢神经系统的软件基础，包含文字、音频、视频、文档等信息的数据海洋将组成互联网中枢神经系统的信息基础。

从 2007 年开始，互联网的核心服务器和应用也开始出现集中化的趋势，2007 年 9 月 Google 和 IBM 提出和推广的云计算就代表了这种趋势。通俗地讲，云计算就是将传统上分散在个人计算机上的应用集中在若干个大型服务器中，互联网用户通过终端使用大型服务器提供的互联网服务。从云计算的这些特点看，它具备了互联网虚拟中枢神经系统的雏形。

（四）互联网与人脑功能结构对比

目前，共形成 11 个互联网虚拟大脑与人脑，功能结构的对比应用表如表 3-1 所示。

表3-1　互联网与人脑功能结构对比表

互联网的结构	人脑功能结构
SNS	类 SNS 应用
电子商务	类电子商务应用
Twitter	类 Twitter
威客（Witkey）	类威客（Witkey）
博客应用	类博客应用
维基百科应用	类维基百科应用
互联网的地址编码系统（IPv4、IPv6）	人脑的地址编码系统
互联网的搜索引擎（Google、百度）	人脑的搜索引幣
互联网网络的路由协议（TCP,RIP,BGP）	人脑的路由协议
互联网的信用体系	人脑的作用体系
互联网的信息筛选，整理和推荐机制	人脑的信息筛选，整理和推荐机制

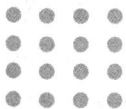

第四章　跨媒体智能

第一节　跨媒体概述

一、跨媒体简介

传统人工智能通过谓词、命题、规则等方法在充分定义的前提下进行推理。由于现实世界中的事例知识和推理过程通常会有语言、视觉、听觉等不同类型媒体参与，跨媒体推理将着力解决如何形成跨越不同类型媒体数据而进行更泛化推理的模型、方法和技术的问题。符号系统是经典人工智能的代表，但未能解决符号系统和实体世界的对应问题；Cyc 试图建立最庞大的、最完备的常识库与常识推理引擎，无源头活水，日渐式微。近年来，互联网、物联网和大数据快速发展，正在通过海量传感器和多模态数据对我们所在的物理学界进行全天候描述，为建立物理实体世界的统一语义表达创造了外部条件。

跨媒体智能引擎是支撑信息系统智能化的"大脑"，是人工智能 2.0 的核心技术和重要标志。就像人类大脑通过视、听、触、语言等多种感知通道把外部世界转换为内部模型一样，跨媒体智能引擎通过视听感知、机器学习和语言计算等理论和方法，构建出实体世界的统一语义表达，再通过跨媒体分析和推理把数据转换为智能，从而成为各类信息系统实现智能化的"使能器"。

跨媒体智能引擎研究可在现有计算平台上进行，但是需要研制类脑的神经计算系统，跨媒体智能引擎才能像人脑那样以极低功耗来高效地表达外部世界的复杂结构。幽居于颅骨内的人类大脑，通过视觉、听觉、语言等感知通道高效地表达和理解外部世界的复杂结构，这是人类智能和意识的基础。面向各种智能应用对数据和媒体内容统一分析处理的需要，模仿大脑神经网络结构及其通用智能模型，构建新型智能计算机体系结构、基础软件和应用软件平台，实现逼近生物甚至超越生物的视听感知、自主学习、自然会话等通用智能，是建立跨媒体智能引擎的基础。

二、跨媒体必然性

如果要给跨媒体传播下个定义，它至少包含两层涵义：一是指相同信息在不同媒体之间的交叉传播与整合二是指媒体之间的合作、共生、互动与协调。跨媒体传播在近几年来的发展与蔓延，有其一定的社会历史必然性，是媒介市场发育和发展的结果。

首先，受众需求是跨媒体传播产生的社会基础。在数字信息时代，人们对信息的需求表现出前所未有的强烈。当单一形式的传播媒介不能满足受众的需求时，跨媒体传播便应运而生了；其次，新技术（尤其是网络技术）的迅速发展为跨媒体传播提供了必要的技术保障。人类从来没有感觉到媒介技术的力量如此巨大，以至于它能极大地改变和影响着现代人的生活；最后，各种媒体寻求更好的生存环境和发展机会是跨媒体传播的市场动因。

传媒一体化与合作化倾向正在成为历史潮流。跨媒体传播只是这种一体化与合作化的外部表象。许多传媒巨子不仅插手各种传播领域，也将传播范围覆盖到全世界。澳大利亚的默多克新闻集团简直就是一个没有国界的传媒帝国。美国的 CNN（美国有线电视新闻广播公司），英国的 BBC 等都是世界上传媒领域的大型"航空母舰"。在跨媒体传播方面，它们是最早的实践者，也是最大的受益者。

说跨媒体传播预示着传媒领域将进入"大同世界"，它标示着一种发展趋势和方向。它的真正涵义在于，不同媒体之间的交叉与融合、合作与共生将越来越普遍，媒介之间的界限将越来越模糊。最终出现的结果可能是，这个世界上不再有什么单纯的报纸、广播、电视和网络，而只有一个东西：大众传播媒介。

三、人脑多模态信息的认知特性

人类通过视觉、听觉、触觉等不同感官形成对事物的感知，实际上，人脑所处理的信息本身就具有"跨媒体特性"。1976年，英国的心理学家McGiirk和MacDmiald用实验验证了人类对外界信息的认知是通过不同的感觉器官（如听觉和视觉等）传递的信息，形成整体性的理解。同时，如果缺乏来自某个感官的信息，或者信息传递不准确，将会导致大脑对外界信息的理解产生偏差。实验过程如下：

首先，录制一段某个人正在说话的视频，其说话内容是重复简单的"ga，ga，ga"的音节；然后，对录制的视频进行处理，保留原来的画面，去除声音信息，同时配上"ba，ba，ba"的声音；接着，将处理好的视频播放给实验者观看，结果，他们认为自己听到的声音是"da，da，da"或"ga，ga，ga"。这个实验说明了实验者明明听到了"ba"的声音，却受到了视频图像中说话人"ga"口形的欺骗，也就是说，人脑接收到的听觉信息会受到视觉信息的影响。这个现象被称为"McGurk效应"。

由上述实验可以看到，大脑在进行感知时，不同感官被无意识地、自动地结合到了一起进行处理。更为重要的是，神经系统科学的研究也揭示了，在大脑皮层的颞上沟和脑顶内沟等部位，不同感官信息的处理神经存在相互交融，人脑生理组织结构决定了对外界的认知过程是通过跨越多种感官信息的融合处理。"MrGurk效应"和神经系统科学领域的研究分别从不同角度揭示了人脑认知的跨媒体特性。

另外，从人工智能研究的角度来看，1976年，学者Newell和Simon提出了物理符号系统假设，认为物理符号系统是表现智能行为必要和充分的条件，任何信息加工系统可以看成一个具体的物理系统，如人的神经系统、计算机的构造系统等；之后，以McCarthy和Nilsson等为代表，主张任何事物都可以用统一的逻辑框架来表示，即用形式化的方法描述客观世界；20世纪70年代后期提出的知识系统，作为人工智能学科最重要的工业化和商业化产物，可以辅助人们进行问题求解，如产品质量的评价、辅助医疗诊断、金融决策支持等。

从上述发展过程可以归纳得到，传统的人工智能研究的目标是让机器模仿人，认为人脑的思维活动可以通过一些公式和规则来定义，希望通过把人类的思维方式翻译成程序语言输入机器，使机器有朝一日具有像人类一样的思维能力。然而，人脑得到的信息中可以符号化的只占很小一部分，85%以上是符号以外的形象数据，如一幅花红柳绿的风景图、一段余音绕梁的音乐等。传统的人工智能研究面对多媒体的信息环境，不能自如地模拟人脑的智能活动。跨媒体思想对人工智能研究的重要意义正体现在着眼于对"85%"以上的非符号信息的综合理解和有效利用，以使计算机可以更好地模拟人类感知。

第二节　跨媒体分析推理技术

研究跨媒体分析推理技术，首先要研究跨媒体统一表征理论和模型，突破跨媒体数据之间的异构鸿沟。其次要研究跨媒体关联理解与知识挖掘，实现跨媒体数据之间的语义关联与融合。在此基础上，研究跨媒体知识图谱构建与学习，并进一步研究跨媒体知识演化及推理。再次要研究符合人类思维逻辑的跨媒体智能描述与生成。最后，基于上述基础理论和方法的研究，研发跨媒体分析推理引擎，并通过跨媒体内容监管、跨媒体态势分析和跨模态医疗数据融合推理等应用进行系统验证。

一、跨媒休统一表征理论和模型

（一）研究背景

人工智能对外部世界的感知均是以媒体的形式记录的，不同的感知类型自然地反映为不同的媒体表示形式。目前，在跨媒体分析领域，人工智能能够充分利用的基本媒体表示形式主要有文本、图像和音频三种。例如，对于人工智能的视觉而言，媒体的表示形式为图像，可直接利用的具体存储形式为位图或位图序列；对于听觉而言，媒体的表示形式为音频；特别地，对于人工智能十分重要的一种感知类型是自然语言，通常以文本的形式记录。这些媒体的类型十分不同，存储形式也多种多样。如果能以统一的形式表示这些媒体，形成跨媒体的统一表征，将对人工智能的进一步发展大有裨益。

跨媒体统一表征属于跨媒体研究领域的一个重要分支，具体研究如何为不同模态数据生成统一的表征描述。相比于传统单一模态数据的特征学习，跨媒体统一表征学习具有更大的挑战性。对于单一模态数据，系统只需通过唯一特征提取模型，即可获得一致的特征描述；而在跨媒体统一表征学习中，系统需要为不同模态数据学习不同的特征提取模型，并最终生成统一的特征描述。如何跨越特征之间的"异构鸿沟"，即建立特征空间的一致性，是这一研究领域的根本任务。

（二）研究现状

跨媒体统一表征的直接应用是跨媒体检索。在跨媒体检索中，系统一般遵循先特征提取再排序的过程：为不同模态数据提取维度相同的同构特征，再利用欧式距离、余弦距离等计算特征之间的相似度，进而将数据库中的数据按照其与查询数据的语义相关程度进行排序。在模型训练过程中，要在指定距离度量中尽量保持特征对应数据之间的语义相似关系，从而使提取的不同模态数据的特征存在于同一特征空间中。这类方法的一般思路为统一表征方法的思路。多模态数据（目前绝大多数方法针对的数据是图像和文本）被映射到同一空间中，从而使它们具有相同的特征表示。

根据任务的不同，目前跨媒体统一表征方法可以分为类别一致性特征学习和实例一致性特征学习。

早期的方法大多为类别一致性特征学习，即希望属于同一类别的数据具有相同的特征描述，而属于不同类别的数据具有差异较大的特征描述。在这一类方法中，Rasiwasia 等提出了跨媒体统一表征的开创性工作。他们利用典型相关分析（canonical correlation analysis, CCA）和多类逻辑回归为图像和文本学习一致性描述，也为后续的工作设计了基本思路，即为数据学习统一表征。在这一工作的基础上，研究者尝试将类别信息加入训练中，以提高特征的准确性。其中，较典型的方法是三视角典型相关分析。该方法直接将类别向量看成第三种模态的数据，并将其映射到共享空间中；在共享空间中，同时缩小同一类别数据与对应类别向量的特征差异，从而使数据的表征更加准确。随着深度学习在图像分类上的成功，神经网络被利用在计算机视觉研究的各个方面。在跨媒体统一表征中，典型工作是深度语义匹配模型。该模型直接用两个神经网络对图像和文本进行分类，从而将数据直接映射到语义空间中。Yuan 等则利用双模态自动编码器，在语义空间中维持不同模态数据的原有特性，增强了深度语义匹配模型的鲁棒性。随着多媒体大数据的出现，哈希技术量化跨媒体数据到统一的二值编码表征，使跨模态数据间的匹配可以通过汉明距离快速计算。例如，监督矩阵分解哈希模型通过标签图约束的非负矩阵分解模型，将图像和文本进行一致性二值编码，从而将数据直接映射到离散的汉明空间中。随着研究者对这一研究领域的理解日益深入，他们发现类别一致性描述并没有从本质上解决异构数据统一表征问题。LiiiR 等提出，在类别一致性描述中，之前提出的方法的主要贡献是进行分类，而不是进行特征学习，而另一系列的表征学习任务恰巧并不依赖类别信息，它就是实例一致性特征学习。WangD 等提出了多模态深度学习哈希模型，该模型可以在语义空间对多媒体数据进行关联学习，从而进一步提高多模态哈希表征的检索效果。

在实例一致性特征学习任务中，系统追求更加严格的相似语义关系。它要求描述相同语义的数据具有相似的特征描述，并且希望语义的微小差距能够在特征上有所体现。在这一学习任务中，描述不同语义内容的数据可以被看成一个个实例对象，而学习任务要保证同一实例的数据特征的相似性和不同实例数据之间特征的差异。目前的实例一致性特征学习方法基本上是利用深度学习来建立模型，分别利用两个子网络对图像、文本等数据进行特征提取，并在最终提取的特征的基础上建立联系。Fmme 等率先发表了这一研究的成果，将图像映射到文本空间中。Faghri 等利用卷积神经网络、循环神经网络、三元损失函数等简单模型取得了目前最好的结果。

除了学习图像与文本之间的统一表征，研究者开始尝试更多模态数据的统一描述学习。目前的多模态数据库之一 XMedia 包含五种模态数据。可以预期，未来将会有更多的数据集合涌现。

（三）研究内容

图像与文本的一致性描述已经趋于成熟，并且为跨媒体统一表征学习向其他模态组合的扩展提供了有效经验。未来的研究工作应专注于将一致性描述学习应用到其他模态数据上，包括音频、视频等。具体地，关于跨媒体统一表征理论和模型的研究应包含如下几点。

（1）图像与音频的统一表征学习。图像是视觉感受信号，音频是听觉感受信号。古诗云："空山不见人，但闻人语响。"凭借声音，人们能够在脑海里呈现出对应的画面，可见声音与图像之间具有高度的语义相关性。虽然音频数据的结构较简单，为一维信号，但是从音频中分离混杂在一起的多重语义，并使其与图像中多个语义目标对应，具有较高的挑战性。应结合数字音频处理、数字图像处理、目标检测等多重技术来实现这一研究目标。

（2）视频与音频的统一表征学习。视频是图像的连续性表达，为图像加上了时序信息，从而能够表达更加复杂的语义信息（如行为、事件等）。相比图像与音频，视频与音频的统一表征学习具有固有的优势与劣势。优势在于视频和音频都属于时序信号，视频包含的信息比图像更多，因此更容易与音频建立对应关系。劣势在于目前对视频（这里一般指短视频）内容的特征描述还在研究初期，缺少有效的视频特征提取方法。这一研究内容的关键和难点是如何有效地对视频与音频两种时序信号进行有效编码，并建立它们之间的联系。

（3）文本与视频的统一表征学习。在传统的文本与图像的统一表征学习中，文本描述的内容往往是一个状态，而非时序性内容。为了进一步构建更复杂的文本与视频内容的对应关系，建议研究文本与视频的统一表征学习模型。在这一任务中，可以结合视频分析中的事件监测等技术，构建与文本内容更加一致的视频特征。

（4）跨媒体数据的二值编码表征学习。在传统的跨媒体数据的表征学习中，数据的特征表示往往以实数向量的方式表述，再通过欧式距离等方法计算特征之间的相似度，进而实现跨媒体数据之间的搜索。然而，面对海量跨媒体数据，传统方法将不能满足高效实时的跨媒体数据搜索，因此应研究跨媒体数据的二值编码表征学习模型。这一研究内容的关键和难点是如何有效保证离散化的二值编码能够更好地保留多媒体之间的关联性，如何减少二值量化带来的信息损失。

二、跨媒体关联理解与知识挖掘

（一）研究背景

随着信息技术日新月异的发展，人类社会步入了一个高度信息化的时代。先进的数字化设备和层出不穷的媒体手段，每天都会生成大量的文字、图像、声音、视频等数据，而互联网的广泛普及又使这些数据得以在全球范围内快速传输、分享与应用，促使人类迈入一个真正意义上的"信息爆炸时代"。数据越来越明显地体现出如下三方面特征：①增长迅速，体量大；②来源丰富，类型多样；③价值密度低。前两个特征向数据关联理解提出了挑战，而价值密度低的特征则对知识挖掘提出了需求，这些都阻碍了对数据的深入分析和大规模应用。表4-1中列举了跨媒体关联理解和知识挖掘的研究现状和人工智能 2.0 时代目标的对比。跨媒体数据越是丰富，想要快速、全面地为用户提供相关且有价值的信息，就变得越困难。对数据进行有效、全面的跨媒体关联理解与知识挖掘，使其真正做到为民所需、为民所用，成为一个迫切需要解决的问题。

表4-1　跨媒体关联理解和知识挖掘的现状与AI 2.0对比

项目		现状	AI2.0
关联理解	数据结构	跨模态	跨媒体（模态、平台、空间）
	数据粒度	底层、单一粒度	多层、多粒度
	并行计算	GPU 并行加速	适配 GPU 固话的算法
知识挖掘	感知和表达	语言系统感知，文本表达	融合视听觉感知，跨媒体表达
	复用程度	问题、模型、数据一一对应	结构化存储、迁移和分享知识

（二）研究现状

1.跨媒体关联理解

目前，跨媒体数据的关联主要集中于跨模态数据的关联，即在一个公共子空间寻找不同模态数据的语义关联。多媒体领域在这方面有很多代表性工作和成果。例如，有学者将两种模态数据分别映射到一个平行场嵌入空间，并应用流形对其实现两个嵌入空间的映射，从而构建不同模态的相似性度量模型；Feng 等采用自编码器深层网络，对不同模态的原始特征分别训练，并提取跨模态特征在公共空间的表达形式，实现不同模态的相关性度量；LiuS 等提出非对称多任务卷积神经网络模型，将社会化行为信息嵌入图像表征空间，实现图像空间与用户行为的关联；另有学者基于图形特征和声音特征的统计相关性，度量图像模态和声音模态的相关关系；等等。

在数据库领域，学者对非结构化、半结构化以及结构化数据的关联和融合进行过一些研究，但都是面向底层的格式展开的。对于文档内容以及更高层面的关联融合还鲜有研究。跨媒体涉及不同结构和来源的数据。除了对上述介绍的不同模态和不同结构化程度的数据进行关联理解和融合处理，在社会媒体背景下，还需要考虑关联客观数据和用户主观数据以及来源于不同社会媒体网络的数据。此外，还需要在更高的粒度上考虑分别来源于网络和物理空间的跨媒体数据。

此外，现有研究成果尚无法满足高通量跨媒体关联理解的需求，尤其是互联网真实高并发跨媒体数据环境的要求。传统数据和任务的相关性研究多是为了提高学习任务的性能，并不适用于跨媒体数据中的图像视频这种高维数据，也无法实现高通量计算这一目标。图像视频的并行计算主要依赖于 GPU，只是一种简单的并行加速，要想适配 GPU 固化的并行度层次非常困难。

2. 跨媒体知识挖掘

知识的表示、获取、推理和学习是下一代人工智能研究的核心问题。在传统人工智能专家系统中，知识库一般由专家手工编写。目前，很多工作着眼于如何从数据中自动获取和完善知识，如谷歌公司正致力于打造全球最大、最全面的知识库 KnowledgeVault 等。然而，如同数据具有多模态和跨媒体特性一样，知识本身也应该是多模态和跨媒体的。

近年来，以视觉、听觉为代表的智能感知手段获得了长足发展。通用知识图谱被嵌入图像表征空间中，大幅度提升了图像空间中的知识推理能力。视觉感知可用于感知周围环境，如 VisualSLAM 方面的研究；也可用于人机交互，如手势、动作识别等。基于泛在物联网信号的智能感知手段也日益受到人们的关注。在网络化人工智能系统中，大量异构智能体具有不同的感知和计算能力，因此需要进行多源感知信息跨域关联，充分利用感知信息间的隐藏特性，进一步提高网络化认知效率。如何结合视听觉感知领域工作的进展，从多模态和跨媒体数据中挖掘视听觉知识，补充和完善现有的知识体系，并为构建跨媒体知识提供数据和理论基础是当前该方向研究的重大挑战。

（三）研究内容

基于高通量计算建立异构多源数据的关联并在多粒度实现跨媒体数据融合，通过视听觉感知补充传统基于文本的知识体系并实现不同智能体的知识迁移与分享。为了达到这一目的，需要加强如下几点的研究（图4-1）。

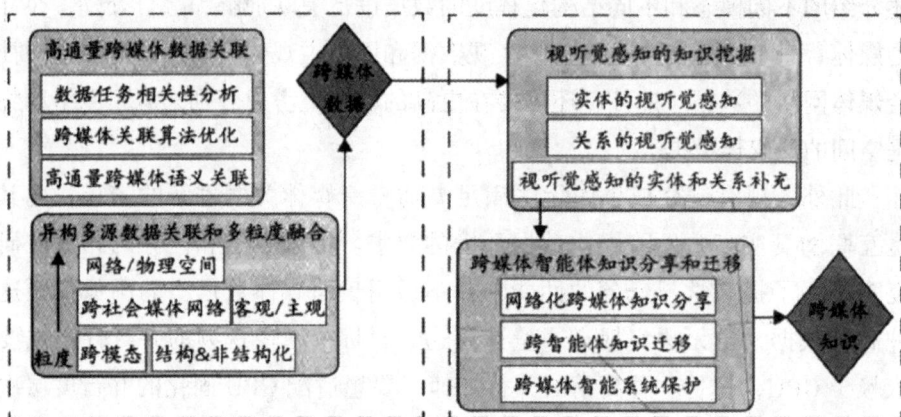

图 4-1 跨媒体关联理解和知识挖掘的研究内容

高通量跨媒体数据关联。研究高通量跨媒体数据关联方法，结合新型硬件结构，建立并行理论模型，提升数据中心的跨媒体数据处理的效率，提出一系列实用的高通量跨媒体关联理解算法，突破高通量跨媒体计算的瓶颈。

异构多源数据关联和多粒度融合。研究异构多源数据关联方法，建立不同模态、不同结构化程度、不同社会媒体网络的来源于网络和物理空间的异构多源数据之间的关联；研究跨媒体数据多粒度融合方法，在对异构多源数据建立关联后从多个粒度进行融合处理。

视听觉感知的知识挖掘。研究实体的视听觉感知方法，为现有的义本实体增加视听觉感知功能；研究关系的视听觉感知方法，通过视听觉感知手段更新和完善现有实体关系中缺失的关系；研究基于视听觉感知的实体和关系补充方法，基于视听觉系统定义新的实体和关系，如文本知识中的实体基于名词定义，在跨媒体知识中可以基于视觉检测识别器定义动词实体。

跨媒体智能体知识分享与迁移。研究跨媒体智能体知识分享与迁移方法，通过构建基于网络的跨媒体知识分享以及获取机制，实现不同智能体的知识迁移及分享，并在此基础之上探索具有主动学习能力的跨媒体智能体工作模式。

三、跨媒体知识演化及推理

（一）研究背景

随着计算机网络、多媒体以及数字传输技术的不断发展，图像、视频、音频、文本等多媒体数据快速增长，成为信息传播的主要形式。跨媒体知识演化及推理是跨媒体智能的核心技术，如何获取跨媒体大数据中蕴含的知识并实现知识推理与演化，成为跨媒体研究面临的一个巨大挑战，其解决方案也将是跨媒体智能的重要支撑。传统人工智能主要以文本为处理对象，通过谓词、命题和规则等方法在充分定义的前提下进行推理。例如，通过文本句法和因果规则提取事件及其因果关系，构建特定模型，对事件发展进行推理和预测。然而，现实世界中的知识以及推理过程通常会有语言、视觉和听觉等不同模态参与，传统以文本（语言）为主的知识体系不能直接表示多媒体数据中的实体及其关系，因此无法应对跨媒体大数据的分析和推理。此外，由于跨媒体知识存在很强的动态演化特性，为控制泛化风险及推理错误，需要构建具备动态更新与自我完善能力的知识演化机制。然而，目前学术界对跨媒体知识演化及推理的研究还比较少，主要集中于初步的关联分析，尚未实现从关联到因果等复杂关系的有效转化。为此，有必要将传统基于文本数据和规则定义的推理方式扩展到跨媒体协同处理，并研究适合跨媒体推理的知识演化方法体系，构建泛化的跨媒体推理规则和概率化因果推断范式集合。这是实现永不终止的知识获取和演化过程的基础，也是跨媒体智能走向实际应用的关键。

（二）研究现状

传统人工智能主要以文本为处理对象，在充分定义的前提下，通过谓词、命题、规则等方法进行推理。美国国家工程院院士 Judea Pearl 提出了概率和因果推理算法，他也凭此成果获得了图灵奖。微软以色列研究院的 Radinsky 研究小组利用文句以及因果关键词的分析提取事件及其因果关系，实现了对事件的回溯和预测。美国伊利诺伊州立大学、密歇根州立大学等研究机构提出了基于社交媒体内容分析的国民健康指数、失业率等推理机制。通过网络搜索引擎的搜索模式分析，谷歌推出了一种预测流感的产品"谷歌流感趋势"（Google Flu Trend, GFT）。美国西北大学的 Lazer 研究团队深入分析了 GFT 模型后，发现其预测的流感爆发概率存在较高的虚警率，进而指出大数据推理系统必须具备多源融合和演化学习机制，才能有效降低由于虚假关联带来的预测虚警问题。对于演化学习问题，现有研究一般将其形式化为时序学习或者跨域学习问题，进而提出相应的序列模型学习策略以实现模型的更新和演进，如在线学习、递归神经网络、马尔可夫决策过程等。

此外，研究者提出了一些针对特定场景的定向推理方法，如演化博弈、增强学习等。研究表明，增强学习和迁移学习等机制有助于实现复杂的智能系统，而终身学习则是高级智能的一种关键能力。在语言学习和视觉分析等研究中，有研究者提出了视觉知识的获取和终身学习方法，不仅能够有效发现新的视觉实体，还能利用已有实体之间的关系实现半监督终身学习过程，不断地从互联网图像中发现新的对象、属性和场景，并学习不同视觉实体之间的关系。此外，迁移学习也被应用于跨媒体分析中，其思想是将蕴含于源域的已知丰富信息迁移到目标域，实现跨域的知识共享。

现实世界中的知识以及推理过程通常有语言、视觉和听觉等不同模态参与。由于数据多源异构和用户需求复杂多样，其内容、关联、主题和语义等方面存在极强的动态演化特性，仅依靠文本难以充分利用多种媒体蕴含的语义信息，无法应对复杂的跨媒体大数据分析和推理。因此，如何将传统的文本推理方法体系扩展到多种媒体类型的综合分析成为新的研究与应用热点。目前，国内外在跨媒体知识演化及推理方向的研究还比较少，主要集中于初步的关联分析（如图像—文本语义关联、跨媒体事件的时空关联等）。例如，将深度网络作为基本模型，进行基于图像—文本语义关联的视觉内容问答，尚未实现从关联到因果等复杂关系的有效转化。跨媒体知识演化及推理涉及跨媒体知识表征、跨媒体知识图谱、相关统计分析等多个领域，很多关键问题的研究尚处于起步阶段，如跨媒体数据的知识如何获取、表征、挖掘、学习与推理等。因此，研究能够实际应用的跨媒体推理系统还存在诸多挑战。

（三）研究内容

跨媒体知识演化及推理旨在跨越语言、视觉、听觉等不同类型的媒体数据，对现实世界的知识进行泛化的获取、表征、挖掘、学习和推理，为跨媒体推理引擎等公共技术与服务平台的建设提供模型、方法和技术支撑。为实现上述目标，关于跨媒体知识演化及推理的研究内容主要包括以下几项（图4-2）。

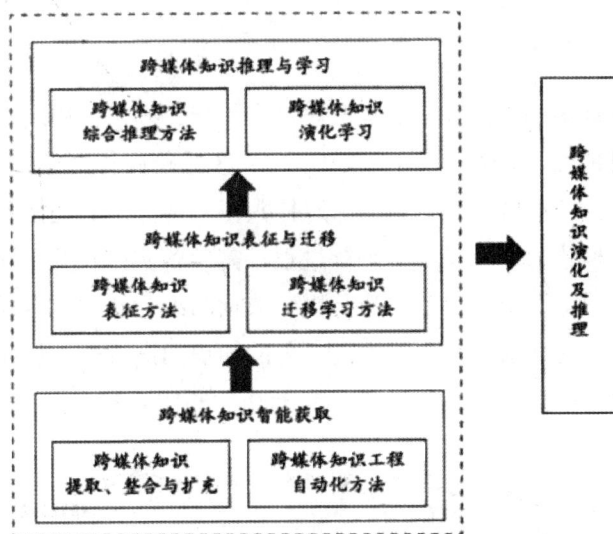

图4-2 跨媒体知识演化及推理的主要研究内容

跨媒体知识智能获取。研究数据驱动和知识引导相结合的跨媒体知识获取方法，具体包括大规模跨媒体知识的提取、整合与扩充机制等；研究大数据驱动下的跨媒体知识工程自动化方法，使跨媒体知识库可以自主产生新知识，实现跨媒体知识的动态更新与自我完善。

跨媒体知识表征与迁移。研究具有域适应能力的跨媒体知识表征方法与技术，实现跨媒体的统一知识表征；为支持泛化、通用的跨媒体知识推理，需要研究基于跨媒体知识表征的迁移学习方法，探索知识关联与迁移的原理，实现从已知数据域到未知数据域的知识迁移。

跨媒体知识推理与学习。在传统人工智能通过谓词、命题和规则等方法进行推理的基础上，研究演绎逻辑、类比推理等技术手段在跨媒体中的应用和发展，建立基于知识逻辑的定向推理和一般性推理方法，实现基于语义理解的跨媒体综合推理；研究面向跨媒体知识表征与理解的跨域学习和多任务在线学习，建立具有复杂推理学习目标的时序演化学习、博弈学习、深度递归增强学习等机制，实现永不终止的知识挖掘和演化过程。

四、跨媒体知识图谱构建与学习

（一）研究背景

知识图谱能够把不同种类的信息连接在一起，提供一种用关系展现信息和分析问题的能力。跨媒体知识图谱是一种表达跨媒体对象、场景、事件、主题的关联知识的有效方法，是从跨媒体数据到智能的必经之路。跨媒体知识图谱的自动构建与学习是一个系统过程，需具备实体及关系发现、知识解析、知识完善等重要能力，建立从跨媒体数据归纳为知识，再通过知识解析回跨媒体数据的迭代演化过程，实现完善的知识图谱表达，从而能够有效地刻画跨媒体数据中的一般性常识和领域知识，如图 4-3 所示。

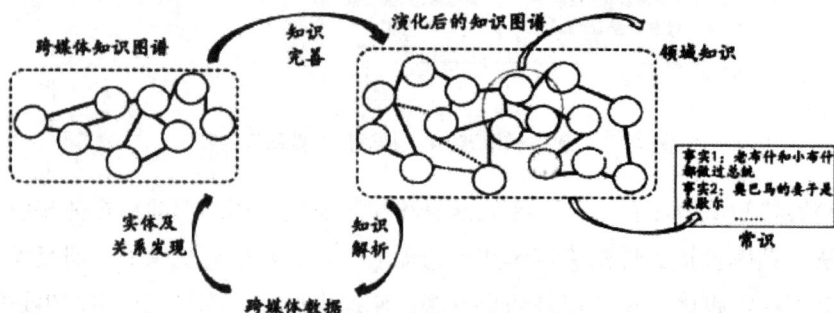

图 4-3　跨媒体只表达过程要素

　　跨媒体的实体及关系发现对应知识的归纳过程，依赖于高效的实体及关系抽象机制。由于深度学习技术的发展，人们已能从特定模态中检测特定实体及关系，这为知识图谱构建的自动化提供了可能。但由于跨媒体的异构鸿沟以及现有方法的局限性，尚无法做到在未经有标注训练的情况下实现跨模态异构实体的检测和发现，亟须发展基于弱标注及无标注信息的异构实体及关系检测技术。

　　跨媒体的知识解析对应知识的演绎和枚举过程，依赖于知识图谱的连接模式分析机制。随着概率图模型和图挖掘等技术的发展，人们已能从复杂图结构中发现密集子图、结构枢轴等代表性信息，但复杂图结构与领域知识和上下文的连接仍然缺乏，故需要更深入地研究和探索，提高领域隐性知识的发现和解释能力。

　　跨媒体的知识完善对应知识的演化过程，依赖于跨媒体语义层面的实体间缺失关联的挖掘和预测。一方面，受益于跨模态关联分析技术的发展，人们已能初步预测跨域语义概念的关联。然而现有技术尚集中在解决共性关联挖掘和利用等问题上，需进一步深入研究跨媒体知识的逻辑和因果关联预测方法。另一方面，从系统过程角度来看，目前研究严重依赖人工以及半自动的方式从特定模态、特定内容中获取知识，故需要探索建立针对开放域的跨媒体知识的自动获取和进化机制。

　　为此，有必要开展跨媒体实体检测与关联计算、知识图谱知识解析和跨媒体知识图谱进化等理论和方法研究。

（二）研究现状

　　知识图谱是信息、计算机、人工智能等科学研究领域的热点问题。知识图谱的起源是 Tim Berners-Lee 等提出的"语义网"及衍生成果。目前，全世界的学者正在投入大量人力和物力构建大规模知识网络，涵盖的领域非常广泛。据不完全统计，2016 年全世界知识图谱的实体数量已超过 600 亿，事实数量超过千亿。在学术界，美国的斯坦福大学、卡内基梅隆大学，德国的马克斯·普朗克研究所，我国的北京大学、清华大学、浙江大学、中国科学院等也开展了围绕跨语言、一般实体概念等领域的知识图谱构建。在工业界，芥歌、微软、IBM、Yandex、领英（Linkedln）、百度等著名信息服务企业在通过构建知识图谱提供各类信息服务的同时，提供了一种记录人类社会知识的有效工具。

围绕知识图谱的研究主要从两个方面展开：①建立实体及实体间的关系描述，对通用或特定领域知识进行有效表达。例如，表达语言实体关系的WordNet，表达一般实体关系的 DBpedia、Freebase 和 YAGO-NAGA，表达地点及相互关系的 GeoNames，表达图像语义结构及视觉属性关系的 ImageNet和 Visual Genome，以及表达音乐知识的 MuskBrainz 等。②借助知识图谱增强海量信息处理能力，提高信息搜索的准确度，提供全面性的用户体验。例如，利用知识图谱可实现信息不一致性检验、异常分析、动态分析、精准推送等。在信息搜索及可视化方面，知识图谱发挥了重要的作用。例如，Garfield基于 HistCite 引文知识图谱构建工具，发展科学文献搜索引擎 CiteSeei；谷歌基于知识图谱开发了新一代搜索工具并服务于广大用户；IBM 开发的沃森系统利用知识图谱提供精准的医疗知识问答服务。借助大数据分析技术，国内外企业推出了 Satod、百度知识图谱、搜狗知立方等知识图谱服务。

虽然知识图谱自身具有表达异构对象及其关系的能力，但跨媒体数据来源广泛，模态异构，上下文丰富，领域知识复杂。现有知识图谱构建技术尚未能够有效适应跨媒体的特点，针对具有复杂内在产生机制和复杂关联关系的视觉、听觉、语言及其他多种模态时空媒介的跨媒体知识图谱的构建方面的研究尚属空白。

欧洲 YAGO-NAGA 知识图谱计划的负责人 Suchanek 和 Weikum 认为知识图谱技术研究需要解决的是如何构建可扩展算法和分布式计算框架，有效获取实体、关系、属性等知识表达要素。知识表达要素的获取主要有人工标注和（半）自动获取两种方式。人工标注方式较为准确但效率低，（半）自动获取效率高但准确性无法保证。为提高知识图谱构建的效率，一般先借鉴已有知识图潜，如直接使用维基百科、Freebase 等在线实体资源库和自然语言领域的 WordNet 等来源，自动获得实体和关系等要素；再通过解析用户搜索、实体共现等记录信息，对知识图谱实体和关系进行增删和修改等操作。在实体关系的计算问题上，现有研究实现了特定域的实体关系描述，提出了基于共现统计和语义相关性等实体关系计算方法。然而，现有研究提出的知识图谱自动构建范式较为单一，只能适应特定模态的特点，缺乏有效的自生长和跨媒体链接预测等机制来适应跨媒体新旧数据的更迭，故尚不能实现跨媒体知识图谱的自动构建。

跨媒体知识图谱应用的关键问题是如何在知识图谱的指导下，建立知识驱动的跨媒体分析和推理过程，为跨媒体知识高效输出和智能化搜索提供技术支撑。然而，现有媒体人工智能技术受限于处理封闭实体集合的多媒体语义学习问题，重关联而轻逻辑和因果；学习目标较为简单，局限在解决点（如物体、单词等）和线（如同组、文本—图像对等）层面的跨媒体关联理解问题上，还不能实现跨媒体主题的深层次关联和时空上下文推断与理解，无法进一步实现跨媒体开放知识域的分析和因果推理。

总而言之，跨媒体知识图谱的构建与学习是实现跨媒体高级智能的重要技术，然而目前国内外针对跨媒体知识图谱构建与学习以及相关智能计算的研究尚属空白。为实现跨媒体的智能分析和推理，亟须研究跨媒体知识图谱构建与学习的理论方法。

（三）研究内容

围绕跨媒体多态异构和跨平台动态演化等特性，开展跨媒体知识图谱的自动构建与学习理论方法研究，建立实体数超过一亿的跨媒体知识图谱，为跨媒体推理及智能搜索、舆情分析、智慧医疗、智慧教育、智能问答、金融营销等人工智能关键应用提供技术支撑。跨媒体知识图谱的自动构建与学习系统过程如图4-4所示，研究具体包括如下内容。

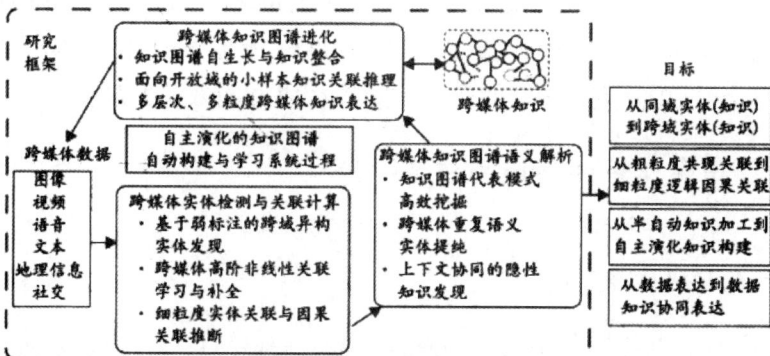

图4-4　跨媒体知识图谱的自动构建与学习系统过程

1. 跨媒体实体检测与关联计算

研究基于弱标注的跨媒体实体检测模型学习方法，建立面向开放跨媒体内容的多任务跨域语义实体检测机制，实现具有亿级语义概念数量规模的跨媒体异构实体的有效检测与发现；研究基于多级语义关联结构的跨媒体实体非线性高阶关联学习与补全方法，实现对跨媒体实体之间的语义关联的高效计算。建立领域无关的跨媒体逻辑关联和因果关联推断方法，实现跨媒体异构实体的通用逻辑因果关联推断；突破跨媒体共现关联的局限，加强跨媒体领域上下文逻辑和因果关联分析机制研究，实现对跨媒体异构实体关系的细粒度分析与补全。

2. 跨媒体知识图谱语义解析

研究针对跨媒体知识图谱当中的多粒度"子图谱"、本征结构、枢轴点、孤立点等代表模式的高效挖掘方法，实现跨媒体知识阁谱中领域无关和领域特定知识的获取；发展基于多维度语义和上下文建模的跨媒体异构语义重复实体提纯方法，提高跨媒体知识表达的简洁性和准确性；研究知识图谱代表模式与领域上下文的协同分析机制，提高隐性领域知识的发现和解释能力。

3. 跨媒体知识图谱进化

探索大规模跨媒体异构知识图谱的高效管理方法，突破跨媒体知识图谱自主组织与自主生长、碎片化知识在线学习与整合等关键技术，建立适应数据演化的知识图谱自动更新过程；研究新增知识节点的小样本跨媒体关联学习、预测及逻辑因果推理技术，实现面向开放知识域的跨媒体知识学习。形成跨媒体知识图谱的知识表达语法规则集合，研究多层次、多粒度的跨媒体知识上下文表达与融合机制，为跨媒体智能推理及领域应用提供有效解决方案。

五、跨媒体智能描述与生成

（一）研究背景

跨媒体智能描述与生成是一项跨越自然语言理解与计算机视觉两大研究领域的崭新研究方向，主要面向语言、视觉、听觉等不同类型的大规模跨媒体数据，充分挖掘不同模态信息之间的多层次语义关联、时空关联、对象关联、用户关联等复杂关系，通过有效的智能计算手段，建立从视听觉内容到自然语言表达的映射模型，实现媒体内容的计算机自然表达与人类认知理解的基本统一，进而使机器与人类的自然交互与交流成为可能。跨媒体智能描述与生成不同于以往图像、文本、音频等单一媒体的认知与表达，也不同于传统的跨媒体协同学习与关联挖掘，需将其统一到一个研究框架下，以跨媒体数据为研究对象，旨在实现这些数据的语义认知与自然表达。这将是一项面临巨大挑战的研究任务。

（二）研究现状

目前，关于跨媒体智能描述与生成的研究工作主要围绕视觉内容描述展开，而且非常有限，主要分为以下三类：①基于模板的方法，先利用多个分类器识别图像中包含的对象、对象的属性以及各对象之间的关系，然后利用一个句子模板来生成一个完整的句子。这类方法简单直观，但是生成的句子不够灵活，受限于生硬的句子模板。②基于迁移的方法，利用图像检索获得相似图像，然后直接将它的描述迁移到查询图像上。这类方法可以产生语法正确且更为自然流畅的句子，却并不一定能准确地描述图像中的视觉信息。③基于 DNN 的方法，基于 CNN-RNN 的编解码框架，利用 CNN 提取图像特征，然后利用 RNN 作为解码器，将图像特征逐词解码生成对应的句子描述。与前两种方法相比，RNN 能够捕获动态的时空信息，CNN 对图像特征具有更强的表达能力，因此第三种方法得到了广泛研究。

围绕基于 DNN 的编码—解码框架，斯坦福大学、加州大学、清华大学、浙江大学等高校以及谷歌、微软、百度、腾讯等企业都已开展了图像内容自然语言描述技术的研究。在编码器结构方面，Kiros 等提出了多模双线性 log（log-bilinear）神经语言模型，使用了 Alex-Net 模型提取图像特征，并对词在图像中的概率分布进行建模。Mao 等提出了一种多模 RNN（m-RNN）模型，他们首先使用 CNN 模型提取图像特征，同时生成单词的嵌入向量，然后将图像特征和嵌入向量结合在一起，形成多模表达，最后将其送入 RNN，进行训练和测试。Karpathy 等提出使用基于区域 CNN 的目标检测技术和双向 RNN（bidirectional RNN，BRNN）技术，将图像中的区域与对应句子的片段进行对齐，并使用 m-RNN 生成完整的句子描述。

此外，由于更深层次的 CNN 模型具有更强的语义抽取能力，能够获得具有更强表达能力的图像特征，研究者用 GoogLeNet、残差网络等更深的 CNN 对图像进行编码。

受到人类视觉机理的启发，近年来基于注意力的机制越来越多地被应用到机器语言翻译、图像识别和主题生成等领域，并在这些领域中表现出重要的作用。Xu K 等借鉴肉然语言处理中的注意力机制，首次将注意力机制运用到视频图像数据的处理上，提出了视觉注意力机制引入计算机视觉的图像描述任务中。他们认为，人们在描述图像时，通常会对显著区域关注较多，因此他们提出将人的注意力机制融入 LSTM 网络，使在生成相关单间时将人的注意力更多地集中在对应的物体，排除一些背景干扰因素。

近来，研究者对基于强化学习的图像自动描述技术进行了探索，以解决训练与测试过程的偏差问题。在该技术中，句子的生成过程被视为一个标准的强化学习过程。RNN 作为一个行动者，依据一个策略（即 RNN 的参数）与其所处的环境（即 RNN 的输入，包括阁像特征和单词等）进行互动，产生一个动作系列（即 RNN 每个时刻输入的单词），在输出最后一个单词后获得一个得分作为奖励，然后依据策略梯度上升等方法找到能够产生高奖励值的策略。Ranzato 等首次提出使用策略梯度法训练序列模型，使用了简单的增强算法，附带一个由回归模型预测的基准奖励。同样是使用增强算法，Rerniie 等提出了一个简单高效的方法——将利用 RNN 的贪心解码方法得到的输出作为基准的奖励值，从而避免了训练一个单独的网络。

尽管 DNN 理论与方法发展迅速，DNN 在各个相关领域的应用与拓展得到不断深化，但针对跨媒体内容描述与生成方面的研究目前仍处于起步阶段，在一些方面还有待深入研究：①由于 DNN 的参数众多，需要大量的标注数据进行训练，且容易陷入过拟合，使生成的句子严重依赖于训练集；②只利用了全局的 CNN 特征，缺乏对局部目标进行准确描述的能力，因而对局部目标仍然存在错误描述或缺乏描述等情况；③仅利用了视觉单模态信息，缺乏对其他模态信息的考虑，更没有考虑视觉内容描述与人类情感、逻辑思维等因素的紧密关联。

当前的研究主要围绕单一媒体内容的自然语言描述，还需在训练集收集与应用、模型构建与高效学习、人类认知优化建模等方面提高与完善。此外，在视频、图像、音频、文本等内容的跨媒态描述方面，还少有涉及由文本生成图像、由音频生成视频等应用。考虑到人类对外界信息的认知是基于不同感官信息而形成的整体性理解，如何实现基于自然语言理解的各种模态信息之间的全面准确描述是一项极具挑战的研究任务。

（三）研究内容

跨媒体智能描述与生成的研究旨在实现对视听觉数据的语义理解从浅层理解向深层理解的转变，对其语义描述对象从较简单的全局信息向更为复杂的细节信息转变，描述内容从一般化到针对特定人特定情景的个性化描述，模型的泛化性能从弱到强，监督信息从强监督到弱监督或半监督，学习机制从单纯的数据驱动向数据与知识交互驱动。为此，可从以下几方面展开研究，其研究框架与各部分之间的关联如图4-5所示。

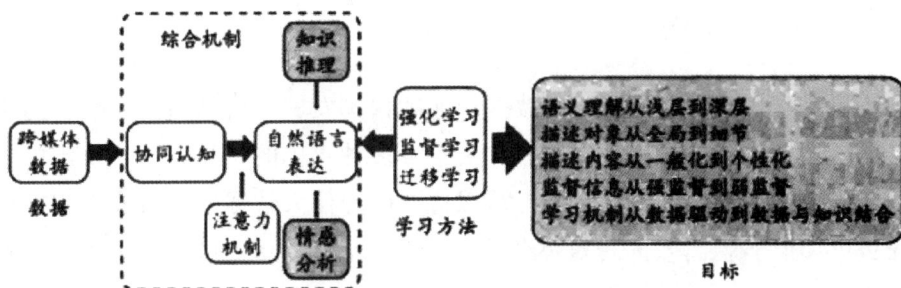

图4-5 跨媒体智能描述与生成研究的框架与各部分之间的关联图

（1）跨媒体数据的协同认知计算。重点研究基于跨媒体复杂关联的媒体内容语义感知计算方法，针对具有时空关联、目标对象关联、用户关联、语义关联等不同类型的数据，在语义认知模型建模过程中充分考虑其协同学习机制，将面向应用场景的领域知识渗透到数据驱动的媒体内容认知与理解模塑构建过程中。这样既能反映媒体内容本身的视觉语义，又能挖掘到媒体对象相关的先验知识，实现认知、表达、知识联合交互的认知计算建模。

（2）媒体内容的自然表达。充分发挥跨媒体协同认知模型在语义描述任务中对目标对象、动作、场景等语义的准确判知的能力，在语义描述生成过程中研究有效的视听觉注意力模型，实现视听觉内容与文本语言的对应关联，并联合基于序列学习的自然语言建模方法，实现融合视觉认知、逻辑推理与情感分析的媒体内容的自然语言表达。

（3）面向智能描述与生成的学习方法。由现代强化学习和深度学习相结合形成的深度强化学习方法是目前人工智能领域一个新的研究热点，已经在各种需要感知高维度原始输入数据和决策控制的任务中取得了实质性的突破。研究高效的强化学习算法，有效克服传统监督学习中的训练与测试的不一致问题，使生成的自然语言表达更加符合人类语言习惯。同时，进一步研究迁移学习方法，使模型能够进行小样本数据学习；研究半监督或弱监督的学习方法，以充分利用不完全标注的样本。

六、跨媒体分析推理引擎

（一）研究背景

随着互联网、物联网和大数据产业的快速发展，信息的传播呈现出跨媒体特性，即图像、视频、音频、文本等多种媒体的相互融合。传统单媒体分析技术由于处理信息有限，难以应对跨媒体大数据的复杂分析和推理任务，如何实现高效的跨媒体分析与推理就成了研究和应用的关键问题。然而，现有计算引擎主要从搜索引擎、特定领域专家系统、游戏智能、交互系统等不同角度开展技术研究（表4-2），或重数据，或重规则，或重交互，彼此各有侧重却不全面，无法实现从跨媒体数据到知识再到智慧的高效转化。认知科学表明，人脑能够通过视觉、听觉、语言等感知通道，高效地表达和理解复杂的外部世界。跨媒体分析推理引擎是支撑信息系统智能化处理的"大脑"，它能够通过视听感知、机器学习、语言计算等理论和方法，在跨媒体大数据处理的基础上，建立集跨媒体统一表达、关联理解与知识表征等技术为一体的高效智能计算系统，为跨媒体应用提供高密度的知识资源。因此，构建完整、成熟、自主演化的跨媒体分析推理引擎，能够为跨媒体公共技术和服务平台提供关键支撑，对于跨媒体智能走向实际应用至关重要。

表4-2 现有计算引擎比较

计算引擎	数据类型	技术特点
搜索引擎	文本、图像	重数据搜索，轻分析推理
特定领域专家系统	文本	重规则和知识，轻数据分析，不具备领域适应性
游戏智能	游戏输入	重博弈对抗，不具备普适性
文互系统	文本、图像、音视频、穿戴感知等	重感知交互，缺乏推理能力

（二）研究现状

研究跨媒体分析推理引擎，要先解决海量信息智能搜索问题。现有搜索引擎以提供链接信息为主，并不能真正"理解"用户的搜索需求。智能搜索是未来的大势所趋，谷歌、百度、微软等公司相继提出了智能搜索的概念和技术框架。在对数据的高效检索的基础上，智能搜索力图实现信息服务的智能化和人性化，允许用户采用更接近自然语言的输入方式进行信息检索，提供更方便、更准确的搜索服务。在医疗信息领域，研究者提出了智能医疗搜索引擎的技术概念。然而，现有技术仅支持单一的信息检索需求，且仍以文本信息为主要内容，并不能深度解析视觉、听觉等跨媒体内容，以实现多维度的信息检索。尽管现有的一些技术能够支持跨越多种媒体的信息检索，但距离实际应用还有较大差距，无法满足跨媒体公共安全等多元化的实际应用需求。此外，现有知识引擎系统在媒体类型上存在局限，如 Cycorp 公司开发并维护的 Cyc 项目致力于将各个领域的本体库及常识知识集成在一起进行逻辑推理，但现有的本体库都不支持跨媒体形态的知识本体，不能满足跨媒体知识学习和推理的需求。

在海量信息高效检索的基础上，跨媒体分析推理引擎需要具备较高的智能水平，以实现针对复杂应用的智能输出。近年来，由于机器学习、人工智能等相关领域的技术进步，国际企业和研究院相继推出了多种具有特定目的的人工智能系统。20 世纪 90 年代，微软推出了专用于下国际象棋的"深蓝"（Deep Blue）和"更深的蓝"（Deeper Blue），战胜了国际象棋冠军卡斯帕罗夫。2010 年，苹果公司推出智能个人助手 Siri，其处理过程使用了实体驱动或本体驱动的自然语言理解技术。2011年，IBM推出了智能问答系统沃森，沃森在游戏问答比赛中战胜了人类常胜冠军，并进一步实现了医疗诊断的问答服务。随后，微软推出了聊天机器人小冰和接入推特的Tay等，通过与人类用户的交流和问答，不断提高其智能化水平。DeepMind公司推出了基于增强学习Q-Learning和卷积神经网络的人工智能系统，其所需的任务数据（如AlphaGo的棋谱数据）必须转化成二维视觉信息，才能输入到卷积神经网络中进行处理。

然而，具有多模态和跨平台特性的跨媒体数据多源异构，现有智能系统和架构严重依赖规整的输入和特定的领域知识，无法适应跨媒体的数据特点，不能满足海量跨媒体上一般任务（如信息检索）和特定任务（如智慧医疗、内容监管、态势分析）的需求。因此，需要构建完整、成熟、高效、自主学习和演化的跨媒体智能引擎，形成集底层跨媒体数据表征、索引与关联以及知识表达、演化与推理等机制于一体的智能计算系统——跨媒体分析推理引擎，为跨媒体智能的实际应用提供知识和技术支持。

（三）研究内容

跨媒体分析推理引擎的主要研究目标是构建面向多源异构跨媒体数据的海量采集、统一表征、深度挖掘和高效检索的分析推理系统平台，支持跨媒体大数据的关联和挖掘，支持亿级跨媒体知识的学习、演化以及推理，为跨媒体公共技术和服务平台的建设提供数据表征、知识发现和智能服务等关键技术支撑。为达到这一目标，需要进行如下研究（图4-6）。

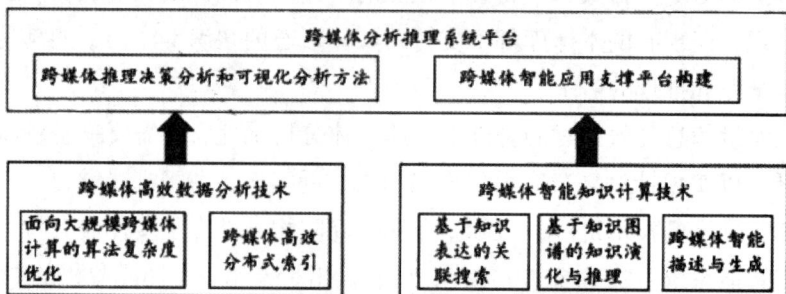

图4-6 跨媒体分析推理引擎的主要研究内容

（1）跨媒体高效数据分析技术。研究面向大规模跨媒体计算的算法复杂度优化理论和方法，构建轻量化、并行化和高通量化的计算模型，实现高效的跨媒体统一表征；研究跨媒体高效分布式索引结构，建立跨媒体数据对象的快速相似性计算与语义融合机制，加速数据驱动的跨媒体关联学习过程。

（2）跨媒体智能知识计算技术。构建基于知识表达的跨媒体精准关联搜索机制，实现面向知识演化与推理的跨媒体信息检索和知识汁算框架；形成跨媒体知识演化与推现框架，实现跨媒体用户行为和意图的高效解析和反馈机制；建立数据与知识混合驱动的跨媒体智能描述与生成模型，实现符合人类认知理解与表达的跨媒体内容的全面准确描述。

（3）跨媒体分析推理系统平台。研究跨媒体多源驿构数据的事件建模、动态跟踪和趋势预测方法，以及跨时空多源异构数据的推理决策分析和可视化分析方法；建立集跨媒体数据分析建模、语义理解、可视化、服务融合于一体的分析计算模型和方法，形成跨媒体智能应用支撑平台，为构建跨媒体公共安全、跨媒体信息检索、跨媒体智能问答、公共技术、服务平台等应用示范提供知识和技术支撑。

七、跨媒体分析推理验证系统

（一）研究背景

1.跨媒体态势分析平台

物联网、社交网络、新媒体等信息技术的迅速发展促使网络信息空间和社会空间形成了相互渗透、深度交融的跨媒体信息空间。跨媒体信息空间的形成一方面改变了人类的思维方式、生产生活方式和交流方式，另一方面对面向社会化多媒体信息空间的可感、可知、可控等方面提出了严峻挑战。由信息空间和社会空间共同构建的社会化多媒体信息空间以跨媒体信息为媒介，以人为主导，以社会结构为依托，体现出了典形的信息关联性、结构复杂性和演化动力性等特点。如何揭示跨媒体信息空间信息态势的形成及演化机理，并建立有效的推理和决策机制，也已成为学术界及产业界共同面对的重要难题。因此，需要以计算机科学为核心技术手段，利用复杂系统模型与仿真，借鉴社会科学的经典理论与实证思想，将数据驱动、模型驱动与实证驱动紧密结合。

2.跨媒体内容监管平台

当前网络传输技术日新月异，特别是移动网络正从 3G、4G 向 5G 发展，人们使用移动终端浏览、收看、收听跨媒体信息的行为正在普遍化。截至 2017 年 12 月，我国网民规模达 7.72 亿，普及率达 55.8%；我国手机网民规模达 7.53 亿，网民中使用手机上网人群占比高达 97.5%。然而，网络中隐藏着大量暴力、恐怖、反动等有害信息，极大地危害着国家安全和社会稳定，因此对互联网中跨媒体大数据进行有效监管已经成了国家的重大战略需求。互联网中的文本、图像、视频等跨媒体内容具有总量大、增速快、分布散的特点，这是监管面临的最大挑战。传统逐一扫描技术建设成本高，在网络带宽急剧扩展情况下难以为继。因此，研究基于跨媒体的分析与推理的理论和方法，构建智能跨媒体内容智能监管系统，是亟须解决的关键问题。

3.跨模态医疗数据融合推理平台

随着多媒体采集以及分析技术的发展，视觉成像、音频分析、电信号处理以及病历文本分析等媒体技术被引入传统的医疗与健康领域，不仅极大地丰富了诊疗过程所采用的技术手段，进一步提升了医疗诊断的质量。尽管数字化时代极大地提高了人们在医疗知识方面的积累和储备能力，带来了许多充满洞察力的多媒体医疗健康数据，但其应用依然处于单一媒介独立作用的阶段。随着人工智能和多媒体分析技术的成熟和普及，医疗行业将步入智能技术驱动的轨道，从基于经验医学和循证医学（统计学 + 小样本数据）的阶段进化到基于海量多媒体数据跨模态智能知识融合与推理的个性化诊疗阶段。

（二）研究现状

1.跨媒体态势分析平台

由于社会媒体数据具有数据充足、容易获得、反应及时等优点，国内外已有大量基于社会媒体数据对社会热点事件进行感知和推理的研究工作。Xiong 等提出了易感—接触—感染—抵抗（susceptible, contacted, infected, and refractory，SCIR）模型，并探讨了模型仿真过程中随着传播速率改变的整个网络的动态变化。Tsur 等把信息的内容特性、时间特性和网络拓扑特性相结合，使用线性回归方法预测了给定时间范围内推特上标签的传播情况。Guille 等从微观角度将网络节点之间是否会传播信息转化为一个分类预测问题。现有研究工作集中在分析社会媒体中的文本数据，对图像、视频等多媒体数据的关注和利用不足；主要以单一社会媒体网络为研究平台，忽略了社会热点事件形成的跨平台协同效应。此外，忽略了网络空间与物理空间的交互，需要综合网络和物理空间系统研究跨空间条件下社会热点事件的产生原因、跟踪轨迹和演化传播规律。鉴于网络舆情分析的重要性，国内诸多机构对研发网络舆情分析应用系统加大了投入，比较有名的网络舆情分析系统有中国科学院计算技术研究所的"天玑"舆情系统，北大方正技术研究院推出的方正智思舆情预警辅助决策支持系统，拓尔思（TRS）公司推出的 TRS 舆情分析系统，以及谷尼公司推出的谷尼网络舆情监控分析系统和谷尼微博舆情监测预警系统。当前，这些网络舆情分析系统均针对传统的网页信息进行内容分析，并不考虑信息在网络中的趋势特性，因此无法应用于跨媒体网络信息的态势分析，更无法实现网络舆论态势分析、苗头预判和有序引导。

2. 跨媒体内容监管平台

多个国家都建立了不同类型的互联网内容监管系统，如美国的 PRISM 系统、英国的 TEMPORA 系统和俄罗斯的 SORM 系统，均采用实时存储、离线分析的方式对互联网内容进行监听、监看。我国也已经建立了一批专门针对 URL 地址、音视频内容的监管系统，但主要采用主动采集、事后分析的手段，如公安部门的"金盾"工程、广电部门的"影视监看监听系统"，时效性差、覆盖面窄。网络安全采用被动发现、逐一扫描的方式进行在线分析，但由于跨媒体数据分散，特别是音视频内容的传输方式复杂，导致建设成本高，在网络带宽急剧扩展情况下难以为继。《"十三五"国家信息化规划》将网络安全保障列为国家信息化重大工程，《"十三五"国家科技创新规划》将国家网络空间安全列为"科技创新 2030——重大项目"。清理违法和不实信息是加强精细化网络空间管理的重要内容，有助于推动建立国际互联网治理体系。

3. 跨模态医疗数据融合推理平台

2011 年，IBM 公司将沃森智能系统应用到医疗健康领域，通过询问病人的病征、病史，使用然语言处理和分析技术，迅速给出诊断提示和治疗意见。为了进一步提升医疗诊断能力，沃森系统大量"学习"了相关领域的顶尖研究文献，形成了具备强大多媒体知识库的智能系统，通过多模态分析系统支持电子病历、化验结果、医学影像、视频以及可穿戴医疗设备传感器的多种数据，已经将诊断领域拓展到对糖尿病、肺癌的辅助诊断。2016年3月，DeepMind宣布与英国国家医疗服务体系（National Health Service,NHS）展开新一轮的研究合作。在我国，多媒体智能技术也在医疗和健康领域逐步推进，国内互联网巨头百度建立了百度医疗大脑，试图构建新一代人工智能医疗诊断系统。在实际技术应用方面，北京协和医院上线了与云知声共同开发的"医疗智能语音录入系统"。国务院办公厅的指导意见提出要全面深化健康医疗大数据应用，而多媒体分析以及人工智能技术将是实现这一目标的重要技术手段。

（三）研究内容

1. 跨媒体态势分析平台

针对跨媒体网络信息平台传播速度快、渗透力强等特点对网络信息可控性提出的严峻挑战，应分别从信息空间和社会空间的角度出发，研究社会事件智能感知与推理方法，建立跨媒体网络信息的可信度计算模型，发展用户行为的可计算建模理论方法体系，构建跨媒体网络信息平行态势推演平台，通过应用示范系统的构建和理论方法的验证，为国家网络舆论态势分析、苗头预判及有序引导提供理论基础和技术支撑。

具体将研究跨媒体信息语义建模、关联挖掘和事件融合方法，揭示事件热度、用户观点及情感倾向性的演化规律，发展多模态信息跨空间协同分析和事件推理技术；发掘网络虚假信息的语言学模式、视觉模式以及传播模式，建立信息的可信度建模和实时计算框架，提出互联网潜在谣言事件的实时检测、态势分析和早期预警；揭示复杂用户行为、网络结构以及信息内容演化的动力学规律，建立用户与跨媒体信息交互行为的多尺度动力学反演模型；构建用户空间与信息空间的联合演化模型，研究跨媒体网络信息传播牵制策略以及信息传播社会影响力模型，实现跨媒体网络信息传播的预警与引导机制；对跨媒体态势分析平台研究的相关基础理论与共性技术进行集成验证，搭建跨媒体网络信息平行态势推演平台，开展重点领域的应用示范。

2. 跨媒体内容监管平台

面向互联网跨媒体内容监管这一国家重大战略需求，突破跨媒体分析与推理理论和方法在跨媒体内容监管应用上的核心技术瓶颈，构建跨媒体内容监管示范应用平台，并在国家互联网内容监管重要职能部门中进行示范引用，开辟互联网智能内容监管新的发展方向。

具体将研究基于智能融合的互联网跨媒体内容监管，主要包括以下方面。①在数据层面，结合智能跨媒体信息抽取技术、社会媒体舆情监控技术，研究热点数据的快速发现与关联技术。②在内容层面，构建基于大规模智能子串匹配的有害文本信息识别模型，研究基于跨媒体信息融合的智能数据分类技术；基于深度网络学习技术，研究统一网络架构、多样化网络模型适应不同的内容分析任务，研究针对旗帜、标语、标识、爆炸场面、暴恐人物识别等对象或事件的视觉深度学习模型；研究基于深度网络学习的有害音频识别模型；针对跨媒体内容监管，研究基于跨媒体关联分析的多模态信息融合方法，打破不同媒体间的信息表示壁垒，实现跨媒体内容的有效监管，形成针对暴恐视频、特定频道等有害或非法内容识别的应用模型；研究深度模型的压缩、加速方法，提升内容监管平台的大数据实时处理能力。③在应用层面，研究互联网跨媒体内容传播跟踪技术，实现跨媒体内容的高效智能管控，研制面向智能内容分析的专用设备，以提高智能内容分析的性能。

3. 跨模态医疗数据融合推理平台

针对医疗数据的多源异质特性，建立跨模态智能分析模型，融合不同来源与不同形式的数据，对医疗数据进行完整的信息提取和智能推断。建设模块化医疗数据智能分析平台，研究跨模态融合推理模型在不同医疗应用场景中的可迁移性，增强模型的普适性。建立知识引导模型训练机制，以监督的方式将医学知识引入模型训练过程，形成"人工智能＋专家反馈"的闭环系统框架。

宏观方面的具体应用主要包括以下四项。①公众健康监控与快速反应。支持疫情的快速发现、跟踪与响应，提高公众健康风险意识，降低传染病感染风险。②医疗资源滥用分析挖掘。融合医学知识和多源医疗数据，发现医疗资源滥用的模式特征，检测过度医疗行为，并为医疗资源滥用的判定提供数据支撑。③医疗资源的前瞻性调度。预测重大疾病的高危人群，提前部署医疗资源并采取预防措施提高治愈率并降低发病概率。④面向公众的在线问诊系统。研究实时视—听—成像—询问等媒体信息获取系统，构建在线咨询、推理、诊断系统，为公众提供准确及时的智能化健康咨询。

微观方面的应用围绕数据与知识混合驱动的医生决策支持系统展开，帮助医生全面综合地认知患者当前状况，为患者提供更合理有效的治疗方案。具体应用主要包括以下四项：①疾病的早期诊断。通过融合分析多模态数据弥补人类对疾病认知的不足，实现疾病的风险预测和提早诊断。②个性化精准治疗。基于相似案例推理方法，为患者选择差异化的诊疗路径并提供针对性医疗流程解答服务。③治疗方案的偏差检测和补充。检测患者实际治疗效果与预期的偏差并评估其重要性，及时调整和补充已有的治疗方案。④新型沉浸式治疗方法。利用多媒体视—听—触技术，根据患者的生物信息反馈，实现神经、体液、器官组织的调节。

第三节　智能计算芯片与系统

面向各种人工智能应用对智能计算平台的共性需求，本节提出超越经典冯·诺依曼体系结构、适合非线性时空信息处理的新型体系结构和计算模型，研制超越传统计算机的智能计算系统，开发配套基础软件、系统软件和应用软件。构建涵盖高能效芯片、新型体系结构、高性能计算系统、操作系统和通用智能软件平台的自主技术链和相应的标准体系。

一、人工智能芯片的概念

芯片作为一种内含集成电路的硅片，是为计算机及其他电子设备提供计算能力支持的关键半导体元器件。"人工智能芯片"概念的出现和兴起与近年来人工智能深度学习算法的发展密切相关。广义而言，在人工智能系统中，能够实现利用数字计算机或者数字计算机控制的机器模拟、延伸和扩展人的算法芯片均可被称为人工智能芯片；狭义而言，人工智能芯片主要指针对人工智能算法进行电路或者器件定制的芯片。

随着人工智能技术的发展，学术界和产业界对人工智能芯片的界定均处于不断丰富和完善的过程中。近年来，深度学习算法在计算机视觉和图像识别、语音识别、搜索引擎、广告推荐计算等领域的成功应用很大程度上改变了传统的计算机算法框架，成为实现人工智能技术的核心算法。深度学习算法简洁、可并行性高，但数据量和计算网络规模庞大、运算量激增，传统的软件加速方法已经难以满足深度学习算法对计算性能、功耗和实时性的需求，实现硬件加速及优化对人工智能技术的发展和应用具有重要意义。因此，当前产业领域所说的人工智能芯片通常指神经网络处理器，其目标是在提高深度学习网络计算效率的同时，降低芯片功耗。

二、人工智能芯片的分类

（一）通用性角度

从通用性角度考虑，可将人工智能芯片分为通用型芯片和专用型芯片。通用型人工智能芯片指的是利用通用算法和架构，实现人工智能算法的芯片。专用型人工智能芯片是对指定的一类算法或者任务进行加速，从而达到目标应用领域对速度、功耗、内存占用和部署成本等方面的要求。

专用型芯片能够大幅度提升人工智能算法运行效率，而通用型芯片在应用场景上更具灵活性。目前，大多数人工智能学习任务使用不同的数据集进行独立训练，模型一旦训练完成，难以在其他类型场景中实现推广，因此通用人工智能芯片落地仍有难度。不过，实现运算效率与任务灵活性的有机统一是未来人工智能算法的发展趋势，人工智能芯片在通用性和专业性上的结合，有助于实现算法、计算、性能、功耗异构设计的平衡。

（二）技术角度

由于以中央处理器（CPU）为主的传统通用计算芯片无法满足现有深度学习数据量大、并行性强、计算密集等特点，专用于深度学习算法加速的人工智能芯片在产业应用中逐步兴起。目前，CPU 主要用于数据预处理阶段，深度学习的模型训练和判断推理中主要运用的是四种人工智能芯片，包括图形处理器（GPU）、现场可编程阵列（FPGA）、专用集成电路（ASIC）和类脑芯片等。

图形处理器（GPU），又称显示核心、视觉处理器、显示芯片，早期是专为执行图像渲染而设计的，是一种在个人电脑、工作站、游戏机和一些移动设备上处理图像运算工作的微处理器。GPU 在执行深度学习算法的过程中实现了对 CPU 的全面超越，主要是因为 CPU 是为执行通用计算任务而设计的，既无法牺牲灵活性专门为某一类算法做优化，也无法满足深度学习算法的并行计算要求。而 GPU 擅长并行计算和浮点运算，具有较强的矩阵运算能力，在处理图形数据和复杂算法方面拥有比 CPU 更高的效率，目前已在深度学习的训练环节中被广泛使用。

现场可编程阵列（FPGA）是一种集成大量基本门电路及存储器的芯片，通过烧入 FPGA 配置文件定义门电路及存储器间的连线，实现特定的功能，用户可根据自身需要可重复编程的集成电路。FPGA 实现了对高性能和通用性的折中，适合处理小计算量大批次的计算任务，对于大量的矩阵运算具有低延迟的特点，适合在推断环节支撑海量的用户实时计算请求。相较于 GPU，FPGA 具有性能高、能耗低的特点；相较于 ASIC，虽然 FPGA 实现同样功能的系统功耗和材料面积较高，但具有更强的灵活性。因此，FPGA 可灵活支持各类深度学习的计算任务，目前已被大量应用于深度神经网络模型的加速器。

专用集成电路（ASIC）是面向特定需求设计和制造的专用集成电路芯片，具有性能高、体积小、功耗低的特点，但是通用性较差，一旦流片后无更改余地，比较适合性能要求高、市场明确的电子设备使用，谷歌的 TPU 和寒武纪的 DianNao 系列是两个类有代表性的基于 ASIC 的人工智能芯片。[①] ASIC 具有前期研发投入巨大、不可配置、高度定制的特点，必须保证规模的出货量，以摊薄单颗芯片成本，若市场深度学习算法方向发生变化，ASIC 前期投入将无法回收，因此 ASIC 具有较大的市场风险。但 ASIC 作为专用芯片的性能大大高于 FPGA，在自动驾驶、视频监控、智能手机等人工智能技术应用方向明确的细分领域中，ASIC 有望成为主流。

---

① 刘若愚 . 图像检索中的特征学习和索引技术研究 [D]. 北京：北京交通大学 ,2019.

类脑芯片是一种模仿人脑神经处理信息架构的芯片。类脑芯片主要基于脉冲神经网络，通过脉冲在不同神经元之间传递权重，将内存、CPU 和感知器集成在一起，突破传统的冯·诺依曼体系，实现高效的数据运算。类脑芯片功耗较低，但计算精度比现有神经网络模型差，目前尚处于理论研究阶段，距离产业应用还有一定距离。

（三）应用角度

深度学习算法的实现分为数据预处理、模型训练和判断推理三个环节，其中后两个环节对人工智能芯片的运算能力要求较高。因此，从应用角度，人工智能芯片可被划分为训练层适用型和判断推理层适用型。

深度学习训练环节是指通过大量数据输入，采取增强学习等非监督学习方法，训练出复杂的深度神经网络模型。训练过程涉及对海量训练数据和深度神经网络结构的计算，计算规模庞大，一般需要 GPU 集群进行数天到数周不等的时间训练算法模型，目前 GPU 在深度学习的训练环节中暂处主流地位。

判断推理环节是指利用已有的算法模型，使用新的数据"推断"出各种结论。其中，在数据中心完成的推断被称为云端推断，在各类型终端设备上完成的推断被称为设备端推断。例如，视频监控设备通过后台的深度神经网络模型，判断一张抓拍到的人脸是否属于黑名单。推断环节的计算量相比训练环节少，但仍然涉及大量矩阵运算。在推断环节，除了少量使用 CPU 或 GPU 进行运算外，FPGA 和 ASIC 均能发挥重大作用。

从系统架构看，作为本轮人工智能技术主流路线的深度学习算法借鉴了云计算的模型体系，分为云端和终端两大部分，其中云端集中处理对计算能力和数据吞吐能力要求较高的训练和判断推理任务；终端则配合云端进行预处理、推断结果显示和执行等相对轻量化的简单任务。但近年来，随着终端计算能力的突破，以及用户对判断推理实时性、数据隐私性要求的提升，判断推理功能开始由云端向终端迁移。

三、人工智能芯片的应用

人工智能芯片是承载人工智能技术发展和应用推广的基础。一方面，人工智能芯片尚未成熟，成为影响人工智能应用推广的因素之一；另一方面，人工智能芯片在应用场景驱动下不断发展、前景广阔。目前，在技术发展和需求驱动的双重因素下，人工智能芯片在云计算数据中心、自动驾驶、消费电子等领域逐步渗透落地。

（一）云计算数据中心

人工智能走向云端的趋势使云计算成为人工智能芯片的重要方向之一。当前，各大科技巨头纷纷在自有云平台基础上搭载人工智能系统，包含GPU、FPGA、ASIC 等多种人工智能芯片可在服务器端进行高并发计算，实现深度学习训练和云端推断。

GPU 具备强大的峰值计算能力和数据并行处理能力，十分适用于深度学习的训练环节。同时，GPU 可作为企业大型数据中心的加速器，大幅提高其计算性能和数据吞吐量。在全球数据中心市场朝着计算量需求扩张方向前进的大背景下，借助 GPU 加速，云计算数据中心成为不可逆转的趋势，更好地服务于搜索、社交网络、流媒体视频、数据库大数据分析和企业协作等商业应用。FPGA 兼具高性能、高灵活和低功耗等特点，适用于硬件平台加速和企业数据中心。FPGA 可根据业务形态来配置不同的逻辑以实现不同的硬件加速功能，性能功耗比显著高于 GPU。目前，全球范围内包括 IBM Power、Facebook、微软 Azure、亚马逊 AWS、腾讯云、阿里云、百度云在内的七大超级数据中心均采用了"FPGA+ 云计算"解决方案。ASIC只有规模量产后成本才能降低，原本适于终端领域，但由于功耗低、计算效率高，谷歌积极布局云端 ASIC。谷歌 TPU 是 TensorFlow 平台的定制化芯片，通过插入数据中心机柜的硬盘驱动器插槽使用。TPU 可从硬件层面适配TensorFlow，打造软硬一体的高性能云计算服务。

（二）自动驾驶

随着人工智能技术逐步应用于自动驾驶领域，针对该领域的人工智能芯片应用也应运而生，主要用于实现 ADAS 功能。鉴于汽车驾驶场景对安全性、可靠性和时延的特殊要求，定制化的车载人工智能芯片是未来发展的必然选项。当前，该领域人工智能芯片主要采用 CPU+GPU 形式，以 CPU 完成逻辑处理，以 GPU 负责并行计算和图像处理。此外，部分企业开始尝试开发用于自动驾驶的 ASIC 芯片。

2015 年和 2016 年，英伟达陆续发布了集成 Tegra 系列处理器的自动驾驶汽车车载计算平台 Drive PX 和 Drive PX2，可对汽车周边环境进行探测监控，实现环视系统、碰撞规避系统、行人检测系统和驾驶员状态监测系统等功能。2016 年 9 月，英伟达再次发布 Volta 架构的 Xavier 芯片，作为自动驾驶汽车的计算机视觉加速器。以色列 Mobileye 公司（已被英特尔收购）的 EyeQ 系列芯片也是自动驾驶领域人工智能芯片的典型代表，EyeQ 专门针对自动驾驶场景下的人工智能算法进行优化，可出色完成计算机视觉、信号处理和机器学习任务。此外，高通相继发布了智能汽车芯片骁龙 602A 和 Snapdragon 820 平台以实现大部分 ADAS 功能。2017 年 3 月，我国地平线机器人公司推出集成了 NPU 的自动驾驶平台"雨果"。

（三）教育领域

从 20 世纪 60 年代开始，计算机被应用于教育之中。由于它扮演了与学生直接交互的导师角色，计算机在教学的应用中得到了各方面的极大关注。从起初的程序教学到后来的主要强调模拟和操作练习的 CAI 系统，CAI 已经发展成为一个相对完整的计算机应用系统，但由于它在辨认学习者认知风格和知识误解，并据此转换教学策略方面仍然有很大的局限，由此产生的研究重心向学习者心理状态和学习的心理过程的倾斜促使了在教育中应用人工智能来协助学习者建模，实现教育应用的个性化。开始的时候，人工智能教育应用的最显著特征在于它试图明确地表现出专业教育人员所拥有的推理技能和知识，并把这种推理技能和知识应用于教和学中，这个特征在 ITS 中表现明显。随着学习和教学理论以及人工智能技术的发展，特别是建构主义理论和 Agent 的出现使学习成为了一个包含对话、情景协作和意义建构四个要素的学习者自己建构认知结构的过程，人工智能的教育应用又出现新的特征，包括①强调学习者自主探索学习，这种特征直接导致了开发认知工具的趋势；②学习向协作和交流的社会化方向发展，这促进了智能 Agent 学习社区的开发。

作为计算机科学的一个子领域，人工智能致力于设计这样一个智能计算机系统，它能够表现出和我们所说的"人类行为"类似的智能特征，如自然语言理解、学习推理和问题解决等。

四、人工芯片的产业格局

（一）企业主体类型

目前，全球人工智能芯片产业中活跃着三大类型的企业：一是传统芯片厂商；二是互联网巨头；三是创新创业公司。

1.传统芯片厂商

传统芯片厂商具有较大的市场存量和丰富的技术经验，转型发展人工智能芯片具有一定的竞争优势，代表企业包括英特尔、英伟达、ARM、华为海思、海康威视、中星微电子等。其中，英特尔作为 PC 时代芯片市场的垄断者，在人工智能时代通过收购加强自身实力。英伟达在 GPU 领域深耕多年，占据着云端训练和推理的制高点，同时通过开发车载计算平台主攻自动驾驶领域，为开源深度学习 ASIC 芯片架构开拓广阔终端市场。ARM 发布的最新 CPU 和 GPU 芯片进一步优化了并行计算和数据吞吐量，提升了深度学习推断效率。华为海思基于华为在集成电路设计方面的基础，与中科寒武纪联合推出了应用于华为手机的麒麟 970 人工智能芯片。海康威视和中星微电子作为传统安防巨头，致力于将 AI 芯片应用于智能安防领域。

2.互联网巨头

互联网巨头以平台生态搭建者的身份，在人工智能芯片生态中扮演着重要角色。谷歌为提升深度学习训练能力而研发的张量处理器（Tensor Processing Unit，TPU）已在其开源 AI 平台 TensorFlow 上运行，在深度学习训练环节对 GPU 形成了冲击。百度着力提升百度大脑的计算能力，发布了数款基于百度大脑深度学习的 FPGA 云计算加速芯片，并将其运用到 Apollo 无人车平台和 DuerOS 开放平台中。阿里巴巴通过大规模投资入股 AI 芯片初创公司布局 AI 芯片产业，自 2015 年以来，相继投资中天微科技、Barefoot Networks、中科寒武纪、深鉴科技、耐能等人工智能芯片企业。

3.创新创业公司

人工智能芯片具有与深度学习算法和特定场景深度结合的特点，ASIC 芯片相对定制化，专利技术壁垒略低于 CPU 等通用化芯片，为创新创业的后起之秀提供了相对广阔的空间。创新创业公司主要立足于细分领域，采取差异化竞争策略，在实现人工智能芯片在特定场景下的单点突破方面颇有建树，其中大部分创新创业企业具有大企业或科研院所背景，具有较强的技术实力、人才优势和资本条件。国内外主要代表企业有硅谷的 Modivius（已被英特尔收购）、Cerebras、Graphcore、Wave Computing，中国的中科寒武纪、深鉴科技、地平线机器人、深思创芯等。

4. 产业生态格局

深度学习训练环节对并行计算和矩阵运算的要求能力较高。GPU 擅长并行计算和浮点运算，具有较强的矩阵运算能力，在处理图形数据和复杂算法方面拥有比 CPU 更高的效率，已在该训练环节中被广泛使用，目前在深度学习 GPU 加速市场一家独大。不过，谷歌于 2017 年发布 TPU2.0 后，对 GPU 在训练环节的市场地位产生了一定冲击。TPU 是一款针对深度学习加速的 ASIC 芯片，能高效支持训练环节的深度网络加速，已被谷歌应用于开源深度学习框架 TensorFlow 中，预计将结合谷歌云服务，通过 TensorFlow Cloud 为 AI 开发者提供服务。谷歌构建的 TensorFlow+TPU 生态未来可能对 NVIDIA 构成重大威胁。

深度学习在云端推断环节主要面向数据中心市场。由于经过 GPU 集群训练得到的深度神经网络模型往往非常复杂，其推断算法大多具有计算密集型和存储密集型的热点，较难被部署到资源有限的终端用户设备上，因此需要将云端推断能力部署在人工智能应用架构上。在云端推断环节，GPU 不再是最优的选择，云计算巨头纷纷布局云计算 +FPGA 芯片。FPGA 作为一种可编程芯片，具有高灵活性和低延迟性，能够在确保数据中心对 FPGA 的巨大投资不因市场变化而陷入风险的同时，提供最佳用户体验，适合部署于提供海量虚拟化服务的云计算平台中。目前，英特尔意图通过深耕 CPU+FPGA 解决方案实现转型；谷歌希望利用 TPU 生态占据云端推断市场；亚马逊、微软 Azure、阿里云等则在探索以云服务器 +FPGA 芯片模式替代传统 CPU，以支撑推断环节在云端的技术密集型任务，其中亚马逊 AWS 已推出基于 FPGA 的云服务器 EC2F1，微软早在 2015 年就通过 Catapult 项目在数据中心实验 CPU+FPGA 方案。百度则选择与 FPGA 巨头赛灵思合作，在百度云服务器中部署 KintexFPGA 用于深度学习推断。而阿里云、腾讯云均有类似围绕 FPGA 的布局。此外，定位于深度学习 FPGA 方案的深鉴科技，已经获得了赛灵思的战略性投资。由此可见，目前云端推断芯片领域竞争最为激烈。

深度学习终端推断环节要求终端设备本身需要具备足够的离线推断计算

能力，对具有高算力的低功耗异构芯片需求较大。当前，人工智能芯片已经被应用于智能手机、高级辅助驾驶系统、计算机视觉设备、虚拟现实设备、语音交互、机器人等设备终端。智能手机中嵌入深度神经网络加速芯片，正在成为业界的一个新趋势，吸引许多传统系统级芯片厂商入场角逐高级辅助驾驶系统（ADAS），需要处理海量由激光雷达、毫米波雷达、摄像头等传感器采集的海量实时数据。计算机视觉终端包括智能摄像头、无人机、行车记录仪、人脸识别迎宾机器人、智能手写板等终端设备，具有大量本地计算需求，拥有广阔的市场前景。不过，总体而言，全球市场上各类型人工智能应用终端仍远未成熟，各人工智能技术服务商在深耕各自领域的同时，形成了丰富的 AI 芯片产品方案。

（二）人工智能芯片产业规模

当前，随着人工智能芯片、大数据、云服务等软硬件基础设施的逐步完善成熟，人工智能正向各行各业加速渗透，市场规模将加速扩大，为人工智能芯片产业发展带来巨大契机。2016 年，专用于人工智能的芯片市场规模约 6 亿美元。其中，我国人工智能芯片市场规模约为 15 亿元。预计到 2021年，全球人工智能芯片市场规模有望超过人工智能行业整体增速，达到 52.4亿美元，年复合增长率 54.3%。芯片作为人工智能的核心部件，在技术驱动和需求牵引下市场增速有望实现逐年扩大（图 4-7）。

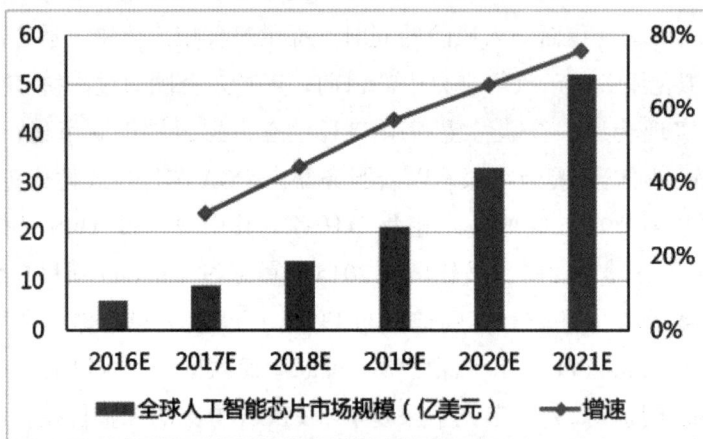

图 4-7　2016—2021 年全球人工智能芯片市场规模

2016 年，全球人工智能芯片市场中，CPU、GPU、FPGA、ASIC 占比分别为 15.0%、35.0%、31.7% 和 18.3%，其中 GPU 占据了龙头地位。预计 2020 年，CPU、GPU 份额基本保持不变，分别为 14.3% 和 36.3%。同时，随着人工智能芯片的逐步成熟，FPGA 份额将降至 16.4%，而 ASIC 份额有望攀升至 33.0%。

GPU 领域，全球范围内产业集中度很高，基本集中于传统芯片巨头之手。2016 年，英伟达、AMD 分别占据独立 GPU 市场 70.5% 和 29.5% 的份额。FPGA 具有高性能、低能耗和可硬件编程等特点，广泛用于通信、工业自动化等领域，市场规模将保持持续增长。2016 年，全球 FPGA 整体市场规模 59 亿美元。其中，专用于人工智能计算的 FPGA 市场规模约 1.9 亿美元。到 2020 年，FPGA 整体市场规模有望达到 84 亿美元，FPGA 技术难度和专利门槛极高，市场份额十分集中。2016 年，美国赛灵思和 Altera（已被英特尔收购）共计拥有超过 6 000 项专利，占据了全球约 90% 的市场份额。Lattice 和 Microsemi 公司拥有 3 000 余项专利，占据了剩余 10% 的全球市场份额。ASIC 领域，当前的市场规模较小，2016 年专用于人工智能计算的 ASIC 市场规模约为 1.1 亿美元。基于 ASIC 开发人工智能芯片的周期较长，目前仍处于起步阶段，企业主要有谷歌、寒武纪公司等。

（三）人工智能芯片主要企业

随着人工智能应用领域的不断扩大，人工智能芯片已成为战略高地，从传统芯片厂商、互联网巨头到初创公司纷纷布局。传统芯片厂商，如英特尔、英伟达，基于现有芯片架构向人工智能芯片延伸，其优势在于对硬件的理解优于竞争对手。互联网巨头，如谷歌，以生态建立者身份涉足芯片设计，其优势在于根据生态灵活开发定制各类 ASIC。初创公司，如我国寒武纪等，紧抓人工智能芯片全新架构的潜在机遇，其优势在于精准把握人工智能芯片细分领域市场需求。

1. 英特尔（Intel）

英特尔公司是 PC 时代芯片领域的霸主，在错失移动互联网时代之后，英特尔在人工智能时代积极顺应变革。据统计，Intel Capital 在过去五年内是全球人工智能领域最激进的投资机构之一，将 FPGA 芯片巨头 Altera、深度学习创业公司 Nervana、无人驾驶行业领导者 Mobileye、机器视觉芯片厂商 Movidius 等悉数收入麾下。2017 年 3 月，英特尔将旗下所有与人工智能相关的业务全部整合，成立人工智能产品事业部（AIPG），以期构建更为连贯统一的人工智能研发生态环境。未来，英特尔将基于自身 Xeon、XeonPhi 处理器硬件平台优势，整合收购而来的各类人工智能技术资源，打造涵盖芯片硬件、库和语言、框架、工具和应用在内的端到端全栈解决方案。

2015 年，英特尔收购 FPGA 芯片巨头 Altera，通过整合 Xeon 处理器和全定制化的 FPGA 加速器，提升在工作负载波动时的算法性能。2016 年，通过收购深度学习创业公司 Nervana，英特尔将其 ASIC 芯片——Nervana Engine 纳入旗下并更名为 Lake Crest，之后开发 Knights Crest，将 Xeon 处理器和 Nervana 的工艺技术整合，以实现在深度学习训练环节的优化。2017 年，英特尔收购无人驾驶行业领导者 Mobileye，基于其最新的核心产品——EyeQ5 芯片，打造开源性、定制化的无人驾驶解决方案。

2. 英伟达（Nvidia）

英伟达是一家以设计 GPU 为主业的半导体公司，在该领域深耕多年，拥有数以千计的专利发明和突破性技术。英伟达于 1999 年发明了 GPU，推动了 PC 游戏市场的发展，重新定义了现代计算机图形技术，并彻底改变了并行计算。当前，英伟达在 GPU 芯片市场拥有垄断地位，占据了 70% 以上的全球市场份额。随着人工智能技术的飞速进步，GPU 的并行计算优势在人工智能深度神经网络训练中的巨大潜力逐步显现，英伟达因而开始在人工智能计算、无人驾驶等领域深入布局，成为 GPU 在人工智能计算领域应用的领导者，与谷歌、微软、IBM、百度等企业建立广泛合作关系。

2017 年，英伟达总收入 97.1 亿美元，同比增长 40.6%。其中，GPU 收入 81.4 亿美元，占比 83.8%；Tegra 收入 15.3 亿美元，占比 15.8%。目前，英伟达的 GPU 产品主要包括 PC 端处理器 GeForce、移动处理器 Tegra 和深度学习芯片 Tesla。其中，Tesla 系列主要用于人工智能计算环节，核心产品包括基于 Pascal 架构和 Volta 架构的系列芯片，广泛用于数据中心加速、深度学习训练和智能终端设备。

3. 谷歌（Google）

谷歌是一家业务涵盖互联网搜索、云计算、人工智能等诸多领域的跨国科技企业。谷歌于 2011 年成立人工智能部门，致力于通过搭建软硬结合的开源平台来构筑人工智能生态体系，既深入布局人工智能底层软硬件技术，又全力覆盖互联网搜索、智能家居、自动驾驶等在内的应用场景，目前包含 Google 搜索、Google Now、Gmail 等在内的多数产品服务均应用了人工智能技术。

在人工智能芯片领域，谷歌研发了一款为机器学习而定制的张量处理器（Tensor Processing Unit，TPU）。迄今为止，谷歌共发布了两代 TPU 芯片：第一代 TPU 仅面向人工智能推断环节，在举世瞩目的 AlphaGo 人机大战中提供了巨大的算力支撑；第二代 TPU（Cloud TPU）除用于推断环节外，还可自下而上用于训练环节，应用在图像和语音识别、机器翻译等领域。目前，谷歌无意单独对外销售 TPU 硬件产品，而是专用于 TensorFlow 开源平台，部署在 Google Compute Engine 云计算引擎平台上，以云服务形式进行销售共享，为数据中心加速市场带来全新需求体验，以进一步挖掘云计算服务市场。

4. 寒武纪

北京中科寒武纪科技有限公司是具有中科院计算所和中科曙光背景的人工智能芯片初创企业。寒武纪聚焦人工智能基础性计算需求，推出相对通用的 ASIC 加速芯片产品。在发展路径上，采取自下而上的发展战略，从低功耗嵌入式的终端人工智能芯片解决方案入手，逐步向服务器云端训练环节芯片延伸。寒武纪团队骨干成员均毕业于国内顶尖高校，具有丰富的芯片设计开发经验和人工智能研究经验，因而具备国内领先的理论技术储备和研发实力，获得产业资本的高度青睐。2017 年 8 月，寒武纪宣布获得 1 亿美元 A 轮融资。目前，寒武纪估值已达 10 亿美元，成为全球首家人工智能芯片领域的独角兽企业。

寒武纪科技是全球第一个成功流片并拥有成熟产品的人工智能芯片公司，目前主要拥有三种处理器结构，即寒武纪 1 号（面向神经网络的原型处理器结构）、寒武纪 2 号（面向大规模神经网络）和寒武纪 3 号（面向多种机器学习算法）。当前，寒武纪拥有三条产品线：一是智能终端处理器的 IP 授权，智能 IP 指令集可授权集成到手机、可穿戴设备、摄像头等终端芯片中；二是终端芯片，主要面向智能手机、安防监控、可穿戴设备、无人机和智能驾驶等各类终端设备；三是服务器芯片，以 PCIe 加速卡形式部署于云服务器，谋求拓展人工智能训练和推理市场。2017 年，寒武纪公布机器学习处理器 MLU（属于 ASIC）的研发规划，以布局云端训练环节芯片。

5. 国内其他主要企业

除寒武纪外，国内还涌现出地平线机器人等一批人工智能芯片领域创新创业公司。它们紧抓国内人工智能产业蓬勃发展的政策、市场和资本机遇，以及人工智能芯片相关技术尚未成熟的技术机遇，以人工智能细分领域的定制化芯片为切入点，积极开展技术创新，推动我国人工智能和集成电路产业不断向前发展。

地平线机器人成立于 2015 年 7 月，主要瞄准计算机视觉在自动驾驶、智能城市、智能家居等应用场景下的特定需求，开展人工智能视觉芯片的研发。目前，已推出了面向智能驾驶的"征程"系列处理器和面向智能摄像头的"旭日"系列芯片产品。地平线机器人拥有一支具备较强研发能力的核心团队，创始人余凯曾创办国内第一家基于深度学习的人工智能研发机构百度 IDL。当前，地平线机器人已成为国内人工智能产业的明星企业，获得了晨兴、高瓴、红杉、创新工场、真格基金等创投资本的高度青睐。

深鉴科技成立于 2016 年 2 月，主要侧重在计算机视觉、语音识别等细分领域，开发软硬件结合的深度学习加速方案。当前，深鉴科技已推出用于无人机、安防和数据中心的嵌入式 FPGA 板卡、嵌入式视觉 AI 芯片"听涛"和"观海"。深鉴科技的技术团队来自清华大学、斯坦福大学等高校以及百度、华为、英特尔等企业，获得了金沙江创投、高榕资本、赛灵思（Xilinx）、联发科、清华控股、蚂蚁金服、三星风投等产业资本投资。

深思创芯成立于 2017 年 1 月，致力在计算机视觉、智能无线等领域的芯片及系统方案研发，未来还将孵化类脑芯片项目。深思创芯的联合创始人为电子科技大学团队，核心团队具备多年的芯片开发经验。当前，深思创芯已获得清华启迪和成电求实的投资。

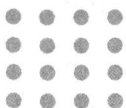

第五章　基于仿人脑认知计算模型的机器人视觉学习

第一节　仿人脑工作机理的认知计算模型

本章借鉴认知科学和神经生物学中有关海马—前额叶神经回路的研究成果，简化其结构和工作机理，结合记忆系统，提出基于海马—前额叶记忆系统的认知计算模型。该模型包括感知映射、工作记忆和生长式长时记忆，是后续章节的基础和主要研究内容。它们之间的相互协调与作用关系也在该模型中得到体现。

一、引言

针对传统人工智能方法设计机器人智能系统所存在的局限，提出基于仿人脑认知计算模型的视觉学习方法，模拟人脑高级认知工作过程，提高智能水平。认知计算模型的整体架构及其内部各模块相互间的关系与信息传递机制是本书方法的基础，需要先进行设计与阐述。受人脑中前额叶、海马与相关记忆系统工作机理的启发，结合信息处理，计算与控制理论的特点，简化人脑中该结构的工作机理，提出一种基于海马—前额叶记忆系统的认知计算模型。该模型结合自主的、在线的、增量的学习方法，使智能体自主获得较高水平的智能。

本章先介绍人脑前额叶、海马、海马—前额叶神经回路及相关记忆系统工作机理；然后简化人脑此部分的结构与功能，提出认知计算模型；最后介绍模型中感知映射，工作记忆和生长式长时记忆的具体工作机制、相互间关系，以及信息传递机制。

二、人脑记忆系统工作机理

（一）前额叶皮层

人脑是一个极其复杂的神经生理智能系统，涉及记忆、思维、语言、运动、视觉、听觉等方方面面，学习与记忆构成认知能力的核心。研究已证实脑中海马、前额叶皮层与学习、记忆等高级认知能力密切相关。前额叶皮层（Prefrontal cortex）在各种皮层中处于最高功能级别，是一种联合皮层（Association cortex）。联合皮层不直接控制感知或运动功能，而接受来自控制感知或运动功能的感知皮层或运动皮层来的控制信号，以及脑部其他区域的控制信号，将这些信号进行分析整合，再把整合后的输出信号传送回这些皮层和区域，以协调控制它们的活动。前额叶皮层在各类动物中都是广泛存在的，并且随着物种从低等向高等进化，前额叶皮层从不发达到比较发达，最后达到人类的高度发达。从另一个角度可以看到，随着物种从低等向高等进化，物种的智能水平逐渐变得更高，且人类前额叶皮层占整个大脑皮层面积的29%左右，智能水平最高，可见前额叶皮层对个体智能水平具有举足轻重的作用。前额叶皮层的高级认知功能主要包括注意力选择与调控、学习、记忆、行为抑制、行为或任务的规划和决策以及高级的思维、推理过程，等等。前额叶皮层的这些复杂的高级认知功能和它的解剖学上的构造有很大关系。前额叶皮层是唯一接受丘脑内侧核直接投射的皮层，与其具有广泛的输入输出投射有关系，表现在它们之间的神经交互纤维的复杂联系上，这样的复杂构造决定其能应付高层的认知能力。

人类在日常事件处理时，往往处于复杂多变的环境，输入大脑的信息量非常繁杂，有视觉的、听觉的、触觉的、嗅觉的等，各种信息经各自信号通路进入大脑，大脑将集中对小部分焦点有用信息进行处理分析，而不会对大部分无用的信息进行处理，以保证处理的高效性，这就是注意力选择与调控机制。[①] 实验研究表明，在某一信号被注意和不被注意时，前额叶皮层神经元强度截然不同。因此，前额叶皮层对注意力选择和调控具有重要作用。由于前额叶皮层的结构和功能等级均高于其他如感知、运动皮层，这种选择和调控机制是自上而下的，也就是通过前额叶皮层调控注意力，然后将信息作用于其他皮层，使这些皮层对相关注意焦点做出活动反应，以执行当前事件。注意力选择之后，将对选择得到的结果信息进行进一步分析处理，这里就涉及学习过程。前额叶皮层对学习有重要作用，特别是学习"刺激—反应"的关联规则的学习，相当于 IF-THEN 产生式规则学习。20 世纪 30 年代，一项实验将猴的前额叶切除后，其延迟反应任务执行受损，而延迟反应任务是一种工作记忆任务，因此证明前额叶皮层和工作记忆的关系。大量研究表明，前额叶不同区域分别管理着不同种类的工作记忆，如空间工作记忆，物体工作记忆等，它们分别对当前任务的相关信息进行实时加工处理，并和长时记忆保持紧密联系和信息传递。受其启发，我们在工作记忆系统中针对具体应用提出了设计语义工作记忆、过程工作记忆和情景工作记忆的必要性。另外，前额叶皮层通过与内侧颞叶、大脑皮层的共同作用，以时间标签方式记录个体经历的情景，形成情景记忆，对情景记忆的形成和回忆均具有重要作用。受其启发，我们在认知视觉系统学习和回忆情景知识时提出了情景工作记忆、情景长时记忆和其他各记忆模块的共同作用的处理机制。前额叶皮层的行为抑制、高层的任务规划和决策、发散性思维能力等功能在我们的系统中没有涉及，在此不再讨论其工作机理。

（二）海马—前额叶神经回路

工作记忆作为学习、记忆、决策等高级认知功能的关键部分，由海马和前额叶构成其核心。解剖学研究已经证明，海马与前额叶之间存在单突触联系，即海马—前额叶回路，对周围各脑区和记忆协调与沟通，参与学习、记忆等高级认知功能。海马到前额叶的投射呈地形图样分布，海马到前额叶的腹内侧部的投射最密集，然后是眶额部，只有很少的纤维投射到外侧前额叶；海马投射到前额叶的神经元胞体在海马中的分布也呈地形图样分布，主要分

---

① 刘若愚. 图像检索中的特征学习和索引技术研究 [D]. 北京：北京交通大学,2019.

布在 CA1 区的嘴侧（腹侧）以及下托的尾侧（背侧）。最近一项采用免疫荧光技术进行束路追踪的研究，明确了从腹侧海马发出的神经纤维主要沿着海马伞—穹隆经前联合前方进入前额叶，终止于前边缘皮层区和下边缘皮层等处。总之，海马—前额叶投射主要起自腹侧海马的下托和 CA1 亚区，终止于前额叶的内侧、眶额侧和外侧部分。大脑海马—前额叶神经回路如图 5-1 所示。

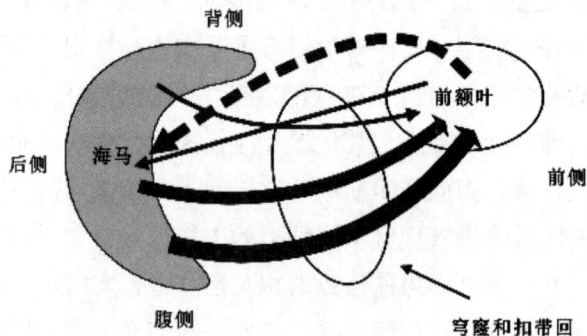

图 5-1　大脑海马—前额叶神经回路

（三）Baddeley 记忆系统模型

最初的认知科学和神经生物学认为，人脑记忆结构可以分为短时记忆和长时记忆。短时记忆具备迅速识别、记忆或学习当前刺激的能力，而长时记忆则具备长时间记忆或存储知识的能力。在短时记忆中记忆的内容量小和记忆的时间短，而长时记忆则能记忆大量内容，并且记忆很长时间。在短时记忆中，个体把存储其中的信息进行分析处理和利用，对当前情况做出相应的反应。长时记忆又可分为语义长时记忆、过程长时记忆和情景长时记忆，其中语义长时记忆存储个体对外部世界的事实性知识，如物体、场景、人物等，过程长时记忆存储行为、动作、操作等的过程性知识，情景长时记忆存储个体经历事件的经验知识。短时记忆在工作时会随需要以一定的方式调用长时记忆中的知识，短时记忆中被强调的知识也将经复述存入长时记忆中。

Baddeley 等在研究短时记忆时提出工作记忆的概念，随着研究的深入，认知心理学和神经科学的研究已经证实，人脑中的前额叶皮层具有存储、协调控制当前任务信息的作用，证明工作记忆的存在性和合理性。2000

年，Baddeley 在其之前提出的工作记忆模型的基础上，增加了一个新的子系统——情景缓冲区，分析和讨论了不同类的信息是怎样进行整合和加工的。此最新的工作记忆模型得到了各界广泛的认可，模型示意图如图 5-2 所示。工作记忆的信息暂存、实时加工等功能和短时记忆的概念类似，因此目前已将短时记忆的概念用工作记忆取代，因此工作记忆既包含短时记忆暂存的功能，也具有其特有的实时加工处理等能力，在实现人类认知能力中起了非常重要的作用。已有研究人员采用此结构应用在智能系统领域并取得初步效果。因此，在机器人智能模型中设计工作记忆是合理的，它负责系统当前任务实时信息的暂存、实时加工处理和决策。总结起来，认知机器人的记忆系统应该包括工作记忆和长时记忆。

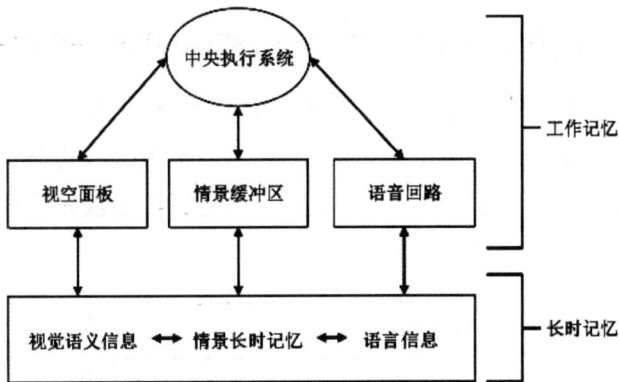

图 5-2　Baddeley 记忆系统模型

根据前额叶皮层和海马结构的功能描述，以及海马—前额叶神经回路的工作机理，设计工作记忆。同时，借鉴 Baddeley 的记忆系统模型，设计长时记忆，与工作记忆协调工作，控制模型的学习过程。这样的工作记忆与长时记忆组成的结构称为海马—前额叶记忆系统，是本书提出模型的核心部分。

三、基于海马—前额叶记忆系统的认知计算模型

根据前面关于海马、前额叶和 Baddeley 记忆系统模型的阐述和分析，我们将以海马—前额叶神经回路为核心的记忆系统作一功能简化，简化后的海马—前额叶记忆系统如图 5-3 所示。其中，海马主要由产生视觉陌生度内

部动机的 CA1 亚区和激活记忆沟通与存储的 CA3 亚区构成。海马与前额叶及其他皮层记忆有着广泛的交互与联接，共同完成高级认知功能。

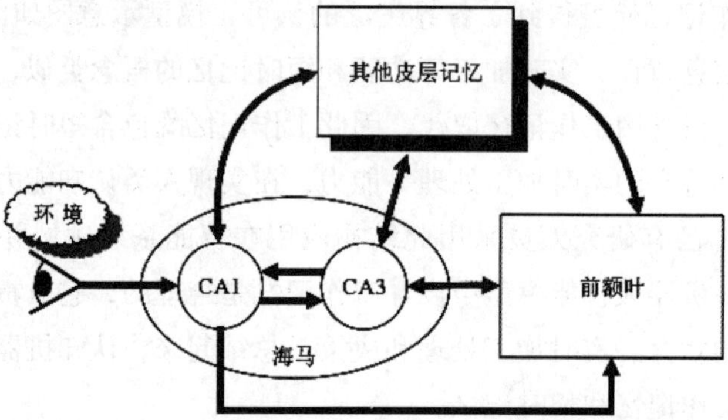

图 5-3　简化后大脑海马－前额叶神经回路及相关记忆系统模型

对人类大脑中最重要的前额叶皮层、海马的工作机理有了一定程度的认识后，比较要设计的认知机器人视觉系统，将人类大脑这几个模块的工作机理模型简化后，对其模仿，建立认知机器人视觉系统的认知计算模型，如图5-4 所示。

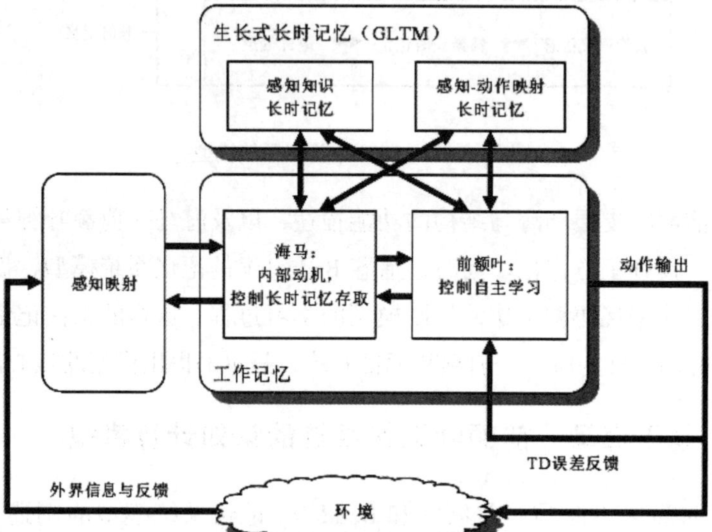

图 5-4　基于海马—前额叶记忆系统的认知计算模型

　　机器人与环境交互地强化学习，通过拟脑模型主动探索，在线增量学习与发育智能。感知映射将高维环境原始信号（本书中为视觉图像信号）编码映射至低维特征空间中，作为提出的认知计算模型的输入。海马—前额叶记忆系统模型由海马和前额叶神经回路组成的工作记忆，以及和工作记忆交互协调工作的长时记忆组成。其中，海马包含 CA1 和 CA3 区，CA1 区根据当前输入和长时记忆中的知识计算视觉陌生度内部动机，作为 Q 学习的奖励函数；CA3 区控制长时记忆激活与存取，即负责控制何时以及如何获取与更新长时记忆，另外还负责控制感知映射的更新；前额叶主要作为获取与缓存内部动机信息、长时记忆信息，以及采用这些信息进行 Q 学习迭代计算更新状态与经验，并将这些经验通过海马 CA3 控制进一步更新至长时记忆中。长时记忆是存储、更新、发育知识和经验的场所，主要通过自组织增量神经网络结构存储环境知识（如物体，场景等）、感知—动作映射知识和 Q 学习的 Q 值，分为知识网络和 Q 值网络。在同一个时间上，两个网络针对同一个感知输入，分别存储或更新其知识。执行器输出反馈一方面输入前额叶模块计算 Q 学习的 TD 误差，另一方面作为更新后的环境状态，作为智能体下一步感知。

（一）在线 PCA 感知映射

　　在线感知映射部分通过提出的自适应子空间在线 PCA 算法来实现。该方法通过计算样本投影系数向量的 PCA 来实现子空间在线更新，并根据新样本与已学习样本的差异程度调整子空间更新策略，使算法自适应于不同情况，且减少计算和存储开销，实现增量地在线地感知学习和识别视觉物体的目的。此部分主要由预处理、分类器初始化、分类器在线 PCA 学习和识别部分组成。

　　在进行在线感知映射之前，先取少量样本集进行离线的 PCA，以获得初始的样本子空间并初始化分类器，但此时的子空间和分类器并不准确，需要在此基础上通过实时样本采集来进行在线学习，在线更新子空间和分类器，以获得更优的识别性能。

　　采用在线 PCA 算法的在线学习是本部分的核心。把实时获得的预处理样本作为学习样本，在线学习，得到新的样本均值、新的特征值和特征向量、新的子空间。同时，新读入的样本在前一次计算得到的子空间下投影，根据投影进行分类识别或者新类别判断，并将知识存入语义长时记忆中。于是，随着系统不断运行，进行学习的样本不断增加，样本子空间和分类器不断得到更新，即感知映射不断更新，同时识别准确率得到提高，且所有计算、学习和识别都是在线进行。在线感知映射部分结构如图 5-5 所示。

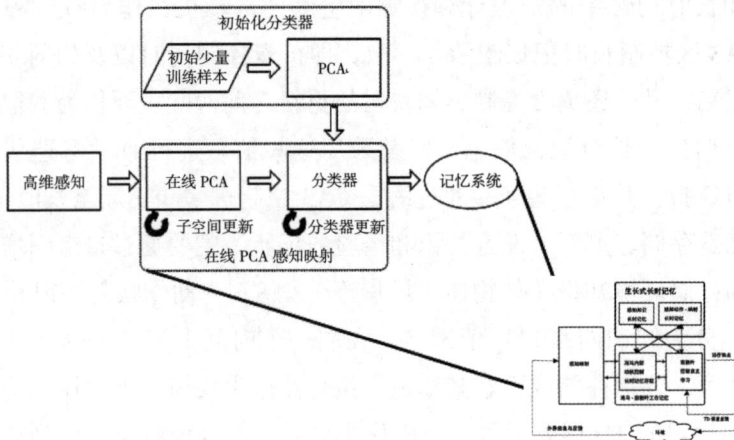

图 5-5　在线感知映射结构图

（二）工作记忆

根据认知科学和神经生物学中关于工作记忆的研究成果，将前额叶和海马作为本工作记忆的重要组成部分。其中海马又分为 CA1 和 CA3 两个子功能模块，模拟了真实人脑中的相关功能机制：CA1 亚区的兴趣产生效应和CA3 亚区的控制激活、存储、固化记忆信息等功能。前额叶是认知科学中经常被作为工作记忆模型，控制机器人高级自学习过程，实现复杂学习智能，功能上分为 Q 学习迭代部分和负责更新学到知识的子模块。在本文提出的海马 - 前额叶记忆系统中，涉及工作记忆和长时记忆，及它们之间的信息传递与交互，海马的引入是基于心理学中内部动机的思想。

环境中视觉感知高维信息经过在线感知映射，转换为低维内部视觉表达，作为工作记忆的输入。此内部表达首先在 CA1 子模块中与调入 CA1 的长时记忆将相关知识作搜索式欧式距离比较，计算产生视觉陌生度，从而驱动前额叶模块中 Q 学习迭代进行基于内部动机的自主 Q 学习。学习过程中，通过前额叶另一个子模块进行学习到知识和经验的长时记忆更新与固化。海马中的 CA3 子模块则控制激活此更新与固化过程，同时负责启动调用长时记忆知识的回忆过程，控制 CA1 中内部动机的计算进程。这样，经过海马和前额叶两模块的协调工作，视觉信息便自主探索式地被不断学习，类似人类的学习过程和工作记忆的工作机理，如图 5-6 所示。

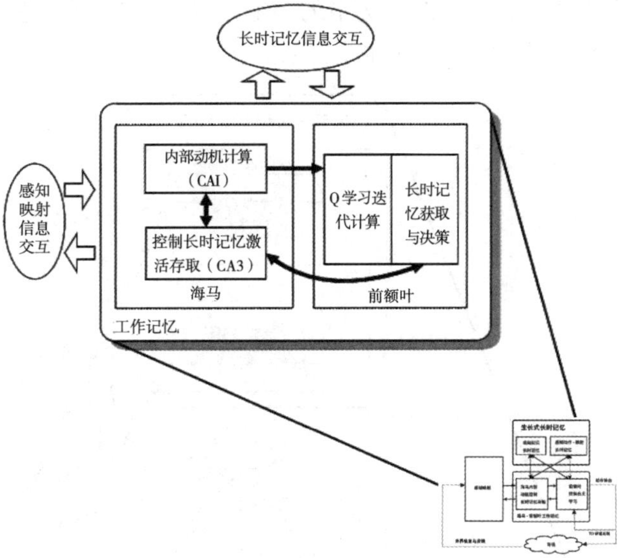

图 5-6　工作记忆结构图

（三）生长式长时记忆

视觉信息经过由工作记忆控制的自主学习过程学习后，学到的知识和经验不断更新至长时记忆中。我们将长时记忆分为感知知识长时记忆和感知—动作映射长时记忆两个部分，考虑到神经网络的向量权值存储性能和人脑中知识记忆的自组织性，提出由增量式自组织神经网络构成长时记忆。同时，由于工作记忆控制的学习方式是 Q 学习，因此考虑将 Q 值经验和视觉知识分别用两个网络存储，每个网络都是一个增量式自组织神经网络。

对于感知知识长时记忆，学习方式通过视觉陌生度驱动的生长式长时记忆自主学习算法进行，由感知知识网络和感知知识 Q 值网络构成，在由工作记忆控制的学习进程中，将学习的知识存储于感知知识网络，迭代更新的 Q 值存储于感知知识 Q 值网络中。

对于感知—动作映射长时记忆，学习方式也是视觉陌生度驱动的生长式长时记忆自主学习算法，由感知—动作映射网络和感知—动作映射 Q 值网络构成。其中，知识由感知—动作映射表达，通过由单一感知知识学习感知—动作映射的发育式 Q 学习而成，两个网络分别存储感知—动作映射知识和 Q 值经验，学习过程中也与工作记忆中的前额叶和海马交换信息而控制学习。生长式长时记忆示意图如图 5-7 所示。

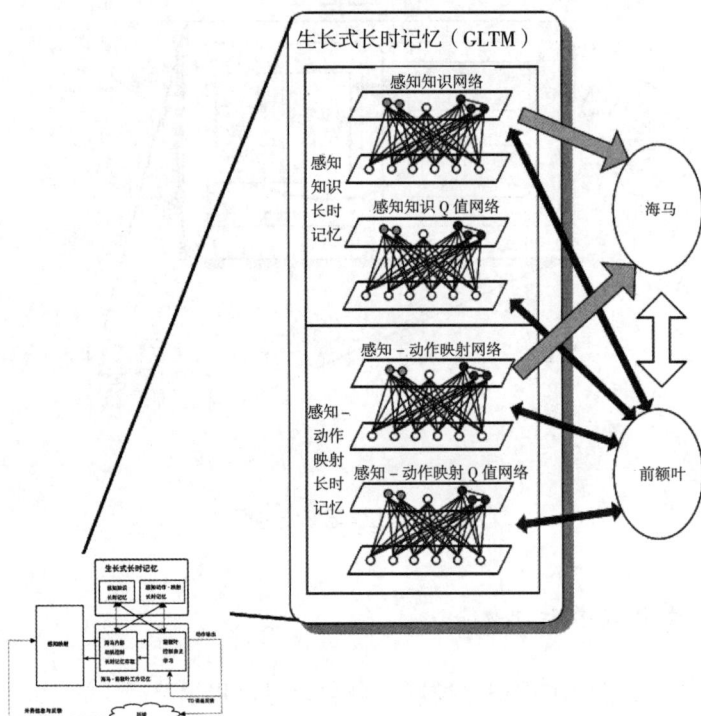

图 5-7　生长式长时记忆结构图

第二节　基于自适应子空间在线 PCA 的感知映射

本章研究认知计算模型的前端感知处理，是模型的重要组成部分。针对高维视觉感知的低维表达问题，在 PCA 和增量 PCA 的基础上，提出一种基于自适应子空间在线 PCA 算法，将高维视觉感知在线映射成低维表达，进而为后续的记忆系统处理作准备，是将外部视觉信息转换成可供记忆系统进一步更好处理的部分。该算法不仅能进行在线视觉感知的分类与识别，还能通过实验验证了该算法的在线感知映射、分类和识别能力。

一、引言

由外界环境输入机器人的图像感知信息是高维的，无法满足机器人实时在线进行感知处理与学习的要求。同时，基于认知计算模型的视觉学习方法也需要一种处理方式，将高维视觉感知信号在线映射成适合认知计算模型处理的内部表达形式，再由仿人脑记忆系统工作机理的学习算法处理和加工。因此，在视觉学习方法中需采用合适的在线感知映射与学习算法来实现这一能力。

2003 年，Skocaj 等提出了一种用于子空间增量学习的加权和鲁棒 PCA 算法，引起了诸多学者重视。Neto 等将其算法应用在移动机器人对变化场景的检测上。本章节提出自适应子空间方法，改进文献算法的子空间更新方式。通过计算样本投影系数向量的 PCA 来实现子空间在线更新，并根据新样本与已学习样本的差异程度调整子空间更新策略，使算法自适应于不同情况。[①] 将该算法应用于认知计算模型中，实现在线感知映射。

本章先介绍主成分分析（PCA）和增量主成分分析（IPCA）的基础理论；然后提出自适应子空间更新方法及自适应子空间在线 PCA 算法；最后通过实验验证算法在线感知与学习、分类、识别视觉对象的能力。

二、主成分分析

主成分分析方法（PCA）又可以被认为是 K–L 变换，或称 Hotelling 变换，在统计学、图像处理、模式识别等领域有着广泛的应用。它同时被 Pearson 和 Hotelling 独立地提出，它的主要思想是在保证足够信息的前提下尽可能降低样本空间维数，通过样本向其子空间投影后，解最大化样本方

---

① 　杨正洪，郭良越，刘玮.人工智能与大数据技术导论[M].北京：清华大学出版社,2019：120-123.

差和最小化重建均方误差的问题来实现的。Pearson 将 PCA 定义为使原始样本和其投影的平方距离为最小的线性投影，Hotelling 则将其定义为使投影空间样本方差为最大的正交投影，两者是等价的。虽然 PCA 定义有多种方式，但其中心思想是统一的线性投影方法。下面介绍由最大化投影空间样本方差来定义的 PCA 方法。

给定 n 个样本的样本集 $x_i \in R^m (i=1,2,...,n)$，令 $u \in R^m$ 为正交投影方向，且

$$\| u \| = u^\mathrm{T} u = 1 \qquad (5\text{-}1)$$

样本 x_i 向 u 投影为

$$a_i = u^\mathrm{T} x_i \qquad (5\text{-}2)$$

则投影空间中样本方差为

$$S^2 = \frac{1}{n-1} \sum_{i=1}^{n} \left(a_i - \bar{a} \right) \qquad (5\text{-}3)$$

其中 $\bar{a}$ 为投影空间中样本均值。由

$$\bar{x} = \frac{1}{n} \sum_{i=1}^{n} x_i \qquad (5\text{-}4)$$

得

$$\bar{a} = u^\mathrm{T} \bar{x} \qquad (5\text{-}5)$$

则投影空间样本方差可以表示为

$$S^2 = \frac{1}{n-1} \sum_{i=1}^{n} \left(a_i - \bar{a} \right) = \frac{1}{n-1} \sum_{i=1}^{n} \left(u^\mathrm{T} x - u^\mathrm{T} \bar{x} \right) = u^\mathrm{T} C u \qquad (5\text{-}6)$$

其中

$$C \in R^{n,Nm} = \frac{1}{n-1} \sum_{i=1}^{n} \left(x_i - \bar{x} \right) \left(x_i - \bar{x} \right)^\mathrm{T} \qquad (5\text{-}7)$$

为样本 $X = [x_1, x_2, ..., x_n]$ 的协方差矩阵

根据 PCA 思想，即最大化投影空间样本方差，则问题转化为一个条件极值的优化问题

$$\max u^\mathrm{T} C u$$
$$s.t. u^\mathrm{T} u = 1 \qquad (5\text{-}8)$$

采用拉格朗日乘法求解此问题，构造拉格朗日函数

$$f(u,\lambda) = u^{\mathrm{T}}Cu + \lambda\left(1 - u^{\mathrm{T}}u\right) \tag{5-9}$$

对 u 计算偏微分

$$\frac{\partial f(u,\lambda)}{\partial u} = 2Cu - 2\lambda u = 0 \tag{5-10}$$

得

$$Cu = \lambda u \tag{5-11}$$

因此，当 λ 为协方差矩阵 C 的特征值且 u 为特征向量时，$u^{\mathrm{T}}Cu$ 取最大值，最优化问题（5-8）得到解决，投影空间的基 U 可由对协方差矩阵 C 做特征值分解得到

$$C = U A U^{\mathrm{T}} \tag{5-12}$$

由此得到的 U 就是原始样本投影后，投影向量的方差最大的投影方向向量集，即投影空间的基，或称样本主成分。求此基和样本向此空间投影就是 PCA 方法。

下面介绍 PCA 的常用计算方法。给定有 n 个样本的样本集，令矩阵 $X = [x_1, x_2, ..., x_n] \in R^{m \times n}$。PCA 方法通过计算样本矩阵 X 的协方差矩阵 C 的特征值和特征向量来实现。首先，计算样本均值

$$\bar{x} = \frac{1}{n}\sum_{i=1}^{n}x_i \tag{5-13}$$

通过均值归一化样本矩阵，得 $X = [\tilde{x}_1, \tilde{x}_2, ..., \tilde{x}_n]$，其中

$$\tilde{x}_i = x_i - \bar{x} \tag{5-14}$$

则样本协方差矩阵为

$$C = \frac{1}{n-1}XX^{\mathrm{T}} \tag{5-15}$$

令

$$Cu = \lambda u \tag{5-16}$$

其中，u 和 λ 分别为协方差矩阵 C 的特征向量和特征值，求解 C 的特征问题即可得到所要求的样本投影子空间的基 $U = [u_1, u_2, ..., u_{n-1}] \in R^{m \times n-1}$ 和特征值 $\lambda_1, \lambda_2, ..., \lambda_{n-1}$。选取前 $k(k < n-1)$ 且 $k < m$ 个特征值对应的特征向量组成的 U_k，对测试样本 $x \in R^m$ 进行投影，得到投影为

$$a = U_k^T \tilde{x} \quad \left(h \in R^{n-1} \right) \tag{5-17}$$

将 x 投影重建，得

$$\hat{x} = U_k a + \bar{x} \tag{5-18}$$

由此定义重建误差

$$\varepsilon = \| x - \hat{x} \|^2 < \theta \tag{5-19}$$

其中 θ 为误差阈值，使选取的 k 个特征向量组成的基能保留大部分原始信息。U_k 即为所求原样本集的主成分。

第三节　基于认知计算模型的复杂任务学习

在传统人工智能方法中，机器人往往针对特定任务设计，一旦环境或任务改变，智能体针对新环境或新任务的执行需要重新人为编程设计，这和人类的智能学习方式及任务执行方式相去甚远，难以提升其智能。为此，希望在已提出的具备感知映射、工作记忆和长时记忆的认知计算模型上提出机器人从已有知识和经验中自主学习解决新的更为复杂任务的经验与方法。[①] 这样，机器人一旦遇到新环境、新任务，无需人为重新设计便能自主学习新经验，发育其智能，使之适应新环境，执行新任务，也就是机器人能处理非特定任务。

在第二节基于长时记忆学习单一感知知识的基础上，本节提出一种基于生长式长时记忆的感知—动作映射自主学习算法（GSMAL），从感知知识自主学习感知—动作映射知识，然后再拓展到对感知—动作映射序列的自主学习，并通过感知—动作映射序列经验来实现对复杂任务的执行。实现机器人在认知计算模型及其学习方法的引导下发育智能，执行非特定任务，适应多变环境，解决传统方法的局限。

一、感知—动作映射知识

为了使基于认知计算模型的智能体能够通过自主的、增量式的、与环境交互式的主动学习感知—动作映射，需要定义针对提出的认知计算模型的合

---

① 石岩松．基于深度学习的社交网络跨媒体大数据搜索研究 [D]．北京：北京邮电大学，2019.

理感知－动作映射知识表达形式，而在第五章的感知知识学习方法中，感知知识为视觉图像知识，并以图像向量形式作为知识表达形式输入模型计算与学习，那么智能体动作知识也定义成向量形式是合理的。

在本书研究的移动机器人系统中，动作和行为的输出主要依靠移动机器人的左轮和右轮，即输出状态向量是指以每个轮子的运动学参数为元素组成的向量。左轮和右轮具有对称性。因此，它们参数是相同的。我们规定其运动学参数如下：①运动速度，左右轮运动速度分别为v_{left}和v_{night}；②运动位移，左右轮的位移分别为S_{left}和S_{right}；③运动方向m，有前进和后退（即控制左右轮的电机正转和反转），分别为$m = m_{\text{fw}}$和$m = m_{\text{bw}}$。因此，移动机器人在某一状态下的输出状态向量为左轮输出状态向量

$$S_{\text{LW}} = \begin{bmatrix} v_{\text{left}} \\ s_{\text{left}} \\ m \end{bmatrix} \tag{5-20}$$

和右轮输出状态向量

$$S_{\text{RW}} = \begin{bmatrix} v_{\text{right}} \\ s_{\text{right}} \\ m \end{bmatrix} \tag{5-21}$$

对向量S_{LW}和S_{RW}赋值就分别定出了移动机器人的当前左右轮运动输出状态。如输出状态向量

$$S_{\text{RW}} = \begin{bmatrix} 1 \\ 1 \\ m_{\text{fw}} \end{bmatrix} \tag{5-22}$$

表示右轮以速度 1 m/s 前进 1 m，向量

$$S_{\text{LW}} = \begin{bmatrix} 2 \\ 2 \\ m_{\text{bw}} \end{bmatrix} \tag{5-23}$$

表示左轮以速度 2 m/s 后退 2 m。

动作指移动机器人所有输出状态向量取值后组成的一个最简单动作，且其不能再分解为更简单的动作。

在本书的移动机器人系统中，动作由以上提到的两个输出状态向量LWs

和 *RW*s 所组成的输出状态向量对所确定，即一个简单的动作由移动机器人的两个轮子的运动状态所确定，如一个动作可以表示为

$$G = \begin{bmatrix} s_{\text{LW}} \\ s_{\text{RW}} \end{bmatrix} = \begin{bmatrix} v_{\text{left}} \\ s_{\text{left}} \\ m \\ v_{\text{right}} \\ s_{\text{ight}} \\ m \end{bmatrix} \qquad (5-24)$$

即一个动作为移动机器人两轮子的运动状态组合，如动作

$$G = \begin{bmatrix} 1 \\ 1 \\ m_{\text{fw}} \\ I \\ I \\ m_{\text{fw}} \end{bmatrix} \qquad (5-25)$$

表示移动机器人以速度 1 m/s 直线向前移动 1 m。动作

$$G = \begin{bmatrix} 2 \\ 2 \\ m_{\text{fw}} \\ 2 \\ 2 \\ m_{\text{bw}} \end{bmatrix} \qquad (5-26)$$

表示移动机器人以轮子线速度 2 m/s 顺时针自转。其中，自转持续时间可以通过位移和速度计算，即

$$t = \frac{s_{\text{left}}}{v_{\text{left}}} = \frac{s_{\text{right}}}{v_{\text{right}}} = \frac{2}{2} = 1(s) \qquad (5-27)$$

图 5-8、表 5-1 和表 5-2 表示了所定义的动作向量的层次结构。

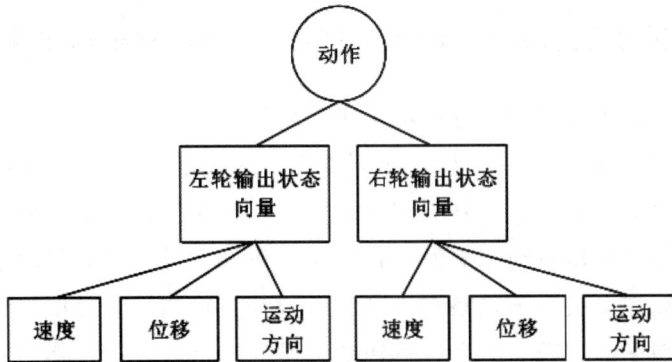

图 5-8　动作向量的层次结构

表5-1　输出状态向量层的结构

输出状态向量层要素	描述	示例
左轮输出状态向量	左轮输出状态向量表示	S_{LW}
右轮输出状态向量	右轮输出状态向量表示	S_{RW}

表5-2　输出状态向量层的结构

输出部件参数层要输	描述	示例
速度	轮子运动速度	1 m/s
位移	轮子运动位移	1 m
运动方向	轮子运动方向，前进或后退	m_{fw}

定义了动作向量以后，其相关联的感知向量就能与其组成感知—动作映射知识，表示在某一感知输入下，智能体输出对应的动作。在本书提出的基于认知计算模型的学习方法中，在学习感知知识的基础上通过自主学习感知和对应动作的关联来进一步学习感知—动作映射知识，最终继续学习更为复杂的任务的执行方法，达到智能和经验的发育式学习，完成非特定的复杂任务。

二、基于生长式长时记忆的感知—动作映射自主学习算法

感知—动作映射的自主学习是建立在生长式长时记忆的学习上的，因此在长时记忆添加比单一感知知识更为复杂的感知—动作映射知识的感知—动作映射长时记忆。其结构和感知知识长时记忆类似，分为感知—动作映射网络和感知—动作映射 Q 值网络。感知—动作映射长时记忆的学习过程和感知知识长时记忆略有不同，原因是感知知识长时记忆学习的是单一的感知知识，表现为一个经感知映射后的向量。而设计感知—动作映射长时记忆是为了使机器人能在单一的感知知识基础上进一步学习更为复杂的感知—动作映射知识，赋予单一感知以动作意义，使机器人能完成比单一感知分类与识别更为复杂的任务。因此感知—动作长时记忆的学习涉及从简单到复杂的学习。

机器人从环境输入视觉感知信号 x，感知映射后的向量为 ξ，为了在感知—动作映射长时记忆中进一步学习，即学习关联的动作向量 g，令生长式长时记忆网络输入为

$$\begin{bmatrix} \xi \\ 0 \end{bmatrix} \tag{5-28}$$

即单一感知输入时，令动作向量部分为零向量，其中零向量维数和动作空间维数相等，针对这样的输入，若长时记忆中寻找到已学习的对应动作向量记忆，则输出对应动作；若没有找到对应动作，那么认为是未经动作关联的新感知，将其关联至对应动作后存入感知—动作映射长时记忆，即

$$H = \begin{bmatrix} \xi \\ g \end{bmatrix} \tag{5-29}$$

此向量结构的关联过程如图 5-9 所示。整合后的感知—动作映射向量为

$$\begin{aligned} I_c &= H + n_{\sigma_i} \\ &= \begin{bmatrix} \xi \\ g \end{bmatrix} + n_{\sigma_i} \end{aligned} \tag{5-30}$$

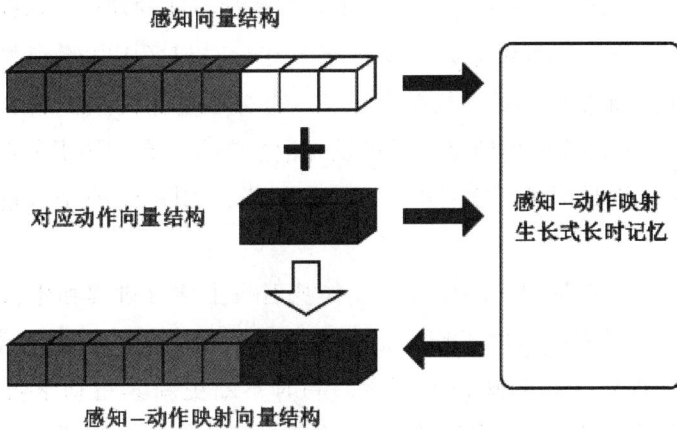

图 5-9　感知向量和动作向量关联过程

基于生长式长时记忆的感知—动作映射自主学习算法的工作原理分为两种情况：

（1）当输入感知在长时记忆中能搜索到关联的动作时，直接输出动作，进行下一步学习，如图 5-10 中的黑色箭头部分所示。当感知 A 输入时，在工作记忆的协调与控制下，模型从感知动作映射长时记忆中搜索与回忆出映射，将感知 A 对应的动作 A 输出。

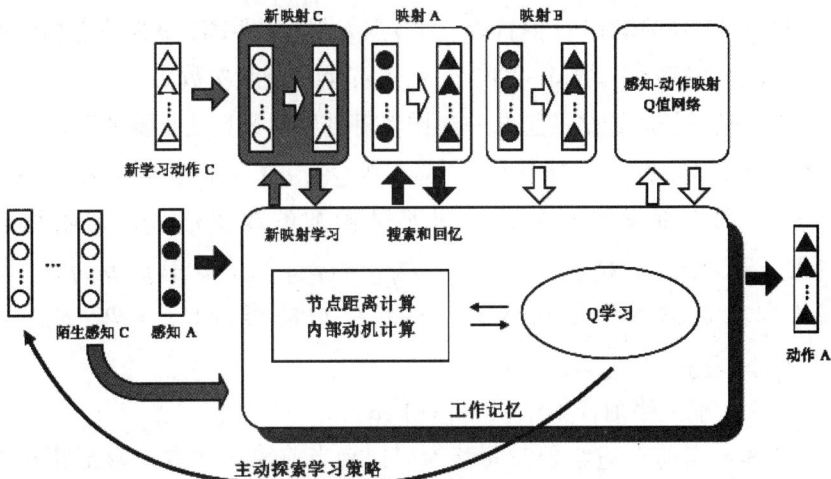

图 5-10　基于生长式长时记忆的感知—动作映射自主学习算法工作原理

（2）在工作记忆的驱动下，模型不断探索学习新的知识，这样的新知识也就是新的感知—动作映射。当输入感知在长时记忆中找不到关联的动作时，认为其为新感知，赋予其动作意义，将关联动作向量扩展至感知向量中，形成感知—动作映射向量，进行长时记忆学习。新的知识节点增加至感知—动作映射长时记忆，然后进行下一学习步，如图 5-10 中灰色箭头部分所示。

基于生长式长时记忆的感知—动作映射自主学习过程和生长时长时记忆自主学习过程一样是由工作记忆中的视觉陌生度驱动，由 Q 学习控制，引导模型不断进行新的知识的探索，同时不断更新其主动学习策略。感知—动作映射长时记忆中的 Q 值网络的学习与更新规则与感知知识长时记忆类似。

算法变量定义如下：P_{mode} 为感知知识网络节点集合，p_i 为其中节点；Q_{cdge} 为感知知识 Q 值网络边的集合；q_i 为其中节点；C_{cdge} 为感知知识 Q 值网络边的集合；W_i 为节点 i 的 n 维权值向量；ϕ_i 为节点相似度阈值；$age_{(i,j)}$ 为链接节点 i 和 j 的边的年龄；F_i 节点 i 的直接拓扑近邻结合；t 为当前时刻；S_t 为当前状态；a_t 为当前动作；A 为动作集合；$Q(s_t, a_t)$ 为 Q 学习的学习率；γ 为折扣库因子 ζ，η 为内部动机和外部动机奖励函数的权重；x_t 为当前输入视觉感知；U_t 为当前感知映射子空间；τ 为温度常数；ξ 为感知映射后输入网络的内部表达向量；ϑ 为当前动作 Q 值；$d_{k\leftrightarrow i}$ 为节点 k 与 i 的距离；ρ_i 为节点相似度阈值；l_c 为整合的感知—动作映射向量；χ_i 为节点 i 获胜次数。

基于生长式长时记忆的感知—动作映射自主学习算法步骤如下：

步骤 1：始化 Q 学习参数；值函数 $Q(s_t, a_t)$，并选定学习率 α，折扣因子 γ，和内部动机和外部动机奖励函数的权重 ζ，η；初始化节点集合 $P_{\text{nodc}} = \{P_1, P_2\}$，$Q_{\text{nodc}} = \{p_1, p_2\}$，$Q_{\text{nodc}} = \{q_1, q_2\}$，其中 p_1, p_2, q_1, q_2 节点的权值向量从输入中随机选取。初始化边的集合 $C_{\text{edge}} = \Phi$，$D_{\text{edge}} = \Phi$，$C_{\text{cdge}} \subset P_{\text{nodc}} \times P_{\text{nodc}}$，$D_{\text{edge}} \subset Q_{\text{node}} \times Q_{\text{node}}$。

步骤 2：输入当前样本 x_t，当前 Q 值 ϑ。

步骤 3：当前自适应子空间基为 U_t，将当前输入样本投影至感知子空间，得样本的感知映射输入 $\xi = U_t^T x_t$。

步骤 4：寻找该感知对应的动作输出，计算 ξ 与其他各节点的平均距离

$$d_{k \leftrightarrow i} = \begin{cases} \dfrac{\left\| \xi - W_i^X \right\|}{\sqrt{m}} \\[4mm] \dfrac{\left\| \xi - W_i^G \right\|}{\sqrt{m}} \end{cases} \quad (5\text{-}31)$$

其中

$$W_i = \begin{bmatrix} W_i^X \\ W_i^G \end{bmatrix}, \quad W_i^X \in R^m, \quad W_i^G \in R^n \quad (5\text{-}32)$$

步骤 5：如果 $d_{k \leftrightarrow i} < \delta_p$，则从代表节点新建向量 O 作为回忆的对应模式向量，输出动作，返回步骤 2；如果条件不成立，找不到对应的动作输出，则转到步骤 6。

步骤 6：学习新的感知—动作映射。获取当前感知所对应的动作输出向量 g，将输入的感知—动作映射向量 ξ 和 g 整合为一个向量 H，将 H 加入高斯白噪声，得

$$I_c = H + n_{\sigma_i} \quad (5\text{-}33)$$

步骤 7：由式

$$p_{w_1} = \underset{p \in P_{\text{node}}}{\arg \min} \left\| \xi - W_p \right\| \quad (5\text{-}34)$$

$$P_{w2} = \underset{p \in P_{node} \setminus \{p_{w1}\}}{\arg \min} \left\| \xi - W_p \right\| \quad (5\text{-}35)$$

$$q_{w_1} = \underset{q \in Q_{\text{node}}}{\arg \min} \left\| \vartheta - W_q \right\| \quad (5\text{-}36)$$

$$q_{w_2} = \underset{q \in Q_{\text{nade}} \setminus \{q_{w_1}\}}{\arg \min} \left\| \vartheta - W_q \right\| \quad (5\text{-}37)$$

针对感知—动作映射网络，如果

$$\left\| I_c - W_{p_{w1}} \right\| < \rho_{p_{w1}} \quad (5\text{-}38)$$

$$\left\| I_c - W_{p_{w2}} \right\| < \rho_{p_{w2}} \quad (5\text{-}39)$$

不成立，则新输入向量 I_c 是一个新节点，添加新节点；针对 Q 值网络，如果 ϑ 和 q_{w1} 或 q_{w2} 的距离比阈值 ϕ_{qw1} 或 ϕ_{qw2} 大，则当前 Q 值网络，如果 Q 和 ϑ 是一个新节点，添加新节点，转到步骤 8，即针对知识网络 $\left\| I_c - W_{p_{w1}} \right\| > p_{p_{w1}}$

或 $\left\| I_c - W_{p_{w2}} \right\| > p_{p_{w2}}$，则 $W_{rnew-p} = I_C$；针对 Q 值网络，$\left\| \vartheta - W_{q_{w1}} \right\| > \phi_{q_{w1}}$ 或 $\left\| \vartheta - W_{q_{w2}} \right\| > \phi_{q_{w2}}$，则 $W_{r_{new-q}} = \vartheta$，否则转步骤 9；

步骤 8：增维更新增量 PCA 感知映射子空间，转步骤 2 输入新样本

步骤 9：判断阈值，如果 $d_{euclidean\_min} > \theta_{distance}$，则通过在线 PCA 算大计算新子空间，舍去其最后一个分量，使 $\dim U(t+1) = \dim U$，转入步骤 10；如果 $d_{cuclidcan\_min} < \theta$，直接执行步骤 11；

步骤 10：更新感知—动作映射网络：如果 p_{w1} 和 p_{w2} 之间没有连接它们的边，则创建此连接 p_{w_1} 和 p_{w_2} 的边，并加入集合 C_{cdge}，$C_{cdge} \cup (p_{w_1}, p_{w_2})$；更新胜者节点及与其直接拓扑近邻节点的权值

$$\Delta W_{p_{w1}} = \frac{1}{\chi_{p_{w1}}} \left(I_c - W_{p_{w1}} \right) \quad (5\text{-}40)$$

$$\Delta W_i = \frac{1}{100 \chi_{p_{w1}}} \left(I_c - W_i \right) \quad \forall i \in F_{p_{w1}} \quad (5\text{-}41)$$

移除年龄大于阈值 age_{dead_p} 的边，即如果 $k_p, l_p \in C_{edge}$，$age_{(k_p, l_p)} > age_{dead\_p}$（$\forall k_p, l_p \in P_{node}$），则 $C_{edge} = C_{edge} \setminus \{(k_p, l_p)\}$。同时，生成或更新感知—动作映射的代表节点，其权值为聚类节点权均值；

步骤 11：在感知—动作映射 Q 值网络中获取与计算所有可采取动作的 Q 值。

步骤 12：根据 Q 值和 Boltzmann 规则选择采取的动作

$$p_{Boltz} \left(s_t, a_t \right) = \frac{e^{\frac{Q(s_t, a_1)}{\tau}}}{\sum_{a_1 \in A} e^{\frac{Q(s_t, a_1)}{\tau}}} \quad (5\text{-}42)$$

步骤 13：执行动作，计算外部奖励 r_{cx}

$$r_{in} = n_v = \left\| \xi - W_{winner} \right\|_{cuclidcan}$$

步骤 14：计算视觉陌生度内部动机。

步骤 15：计算最优动作。

$$a_t^* = \underset{a_t \in A}{\arg\max}\left(Q\left(s_{t+1}, a_{t+1}\right)\right) \tag{5-43}$$

步骤 16：Q 值迭代更新

$$Q(s_t, a_t) \leftarrow Q(s_t) + a_t \alpha[\eta_{ex} + r\zeta_{in} + r\gamma ma\underset{l+1}{x_a}(Q_{t1} + s_{t1}) - a(Q_t)] \tag{5-44}$$

记 TD 误差为

$$TD_{error} = \Delta(Q,s)a = \alpha[\eta + r_{ex}\zeta + r_{in}ma\underset{a_{l+1}}{x}(Q_n, s) - a_{1+t}(Q_t)] \tag{5-45}$$

步骤 17：更新感知—动作映射 Q 值网络：如果 q_{w_1} 和 q_{w_2} 之间没有连接它们的边，则创建此连接 q_{w_1} 和 q_{w_2} 的边，并加入集合 D_{edge}，$D_{edge} = D_{edge} \cup (q_{w_1}, q_{w_2})$；更新胜者节点及与其直接拓扑近邻节点的权值

$$\begin{aligned} \Delta W_{q_{m_1}} &= \varepsilon_{1q}(t)\left(\vartheta - W_{q_{m1}}\right) \\ &\quad \alpha\left[\eta r_{ex} + \zeta r_{in} + \gamma \max_{a_{t+1}} Q\left(s_{t+1}, a_{t+1}\right) - Q\left(s_t, a_t\right)\right] \end{aligned} \tag{5-46}$$

$$\begin{aligned} \Delta W_j &= \varepsilon_{2q}(t)\left(\vartheta - W_j\right) \\ &\quad \alpha\left[\eta r_{ex} + \zeta r_{in} + \gamma \max_{a_{t+1}} Q\left(s_{t+1}, a_{t+1}\right) - Q\left(s_t, a_t\right)\right] \quad \left(\forall j \in F_{q_{m_1}}\right) \end{aligned} \tag{5-47}$$

其中，$\varepsilon_{1q}(t)$ 是胜者节点权值学习率，$\varepsilon_{2q}(t)$ 是胜者近邻节点权值学习率。移除年龄大于阈值 age_{dead} 的边，即如果 $(k_q, l_q) \in D_{ed}$，$age_{(k_q, l_q)} > age_{dead\_q}(\forall k_q, l_q \in Q_{node})$，则 $D_{edge} = D_{edge} \setminus \{(k_q, l_q)\}$

步骤 18：更新当前状态 $t = t + 1, s = s_{t+1}$。

步骤 19：当前时间步学习结束，返回步骤 2 输入新样本进行下一时间步学习。基于生长式长时记忆的感知—动作映射自主学习算法流程如图 5-11 所示。

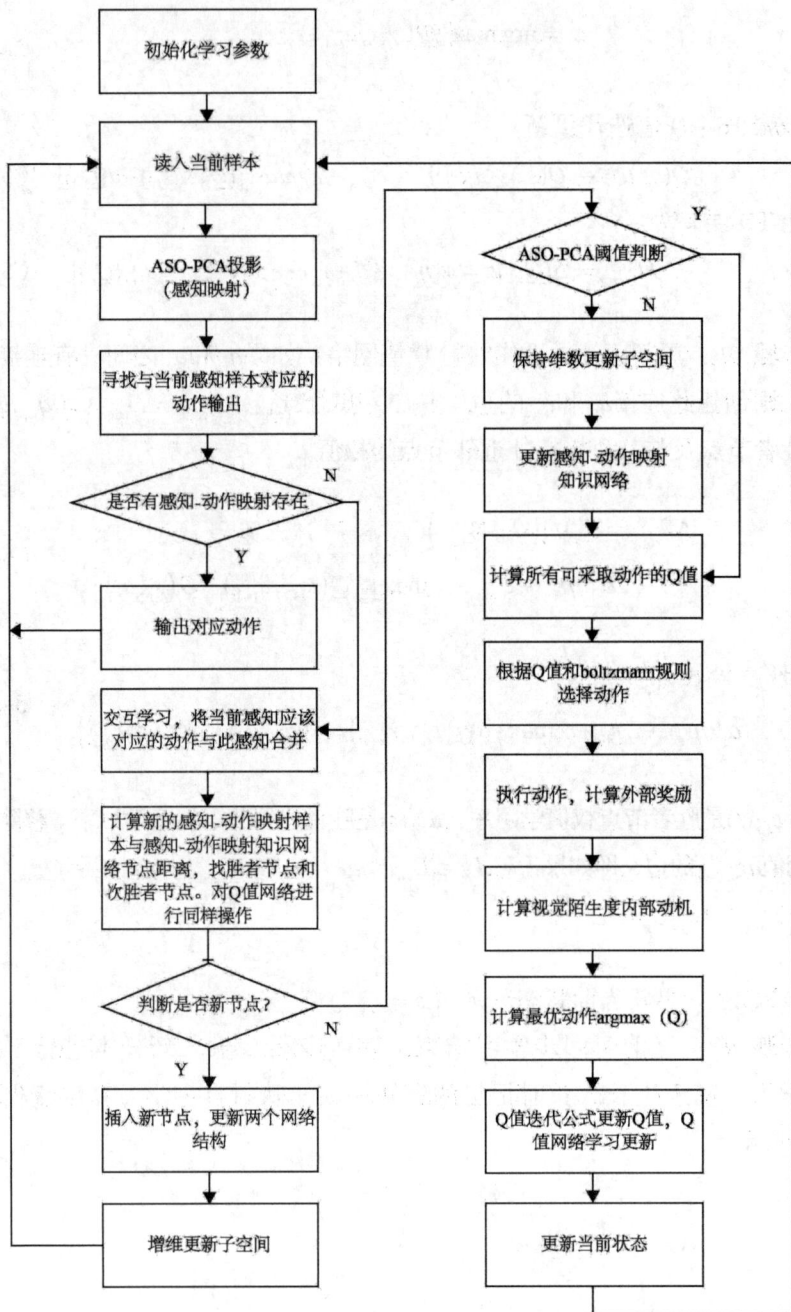

图 5-11 基于生长式长时记忆的感知—动作映射自主学习算法流程图

三、基于感知—动作序列的复杂任务学习与执行

在自主探索学习单一的感知知识的基础上，将感知知识和其对应的动作知识相关联，构成感知—动作映射知识，并将学习感知知识的视觉陌生度驱动的生长式长时记忆自主学习算法应用于感知—动作映射的学习，提出基于生长式长时记忆的感知—动作映射的自主学习算（GSMAL），实现了从简单的感知知识到较为复杂的感知—动作映射的发育式学习。

在实际环境中，智能体所要执行的大多数任务不仅仅是感知一个信号后针对该感知输出一个执行动作就可以了，智能体需要有解决和执行更为复杂任务的知识和经验。同时，实际环境中智能体所要执行的任务和环境状态常常是不确定的、多变的，即智能体执行非特定任务，使人类编程者很难针对每一个不同的变化的任务进行修改编程，这样的设计手段显然不适合非任务特定的智能体。因此，需要寻求针对更为复杂的非特定任务的学习方法，使智能体能够在已学习知识和经验的基础上再自主学习更为复杂的知识和经验，完成非特定任务，即使智能体能够在已学习的感知知识和感知—动作映射知识的基础上学习更为复杂的非特定任务执行方法。

第六章 跨媒体数据的语义分类和检索技术

第一节 跨媒体检索基础知识

多媒体是文字、图像（视频）、音频等的综合体，表达了丰富的语义信息。基于内容的多媒体检索研究尝试通过特征分析、机器学习、统计分析等方法，实现自动语义理解和信息检索，主要包括图像检索、音频检索、视频检索等。本章将要介绍的跨媒体检索是基于内容的多媒体检索领域一个新的研究方向，旨在实现检索过程中不同类型多媒体数据间的灵活跨越，并综合分析和应用不同类型的多媒体数据。

与传统的基于内容的多媒体检索不同，跨媒体检索需要度量不同类型的多媒体数据之间的语义相关性，作为检索过程中相似度计算的依据。由于不同类型的多媒体数据采用不同属性的底层特征进行数据表达，如图像的视觉特征向量和音频的听觉特征向量，这种内容特征的异构性使跨媒体的相关性度量十分困难。传统的基于内容的多媒体检索，虽然没有解决跨媒体相关性度量的难题，但是这些研究在数据关系挖掘方面取得了相当好的成果，对跨媒体检索具有一定的可借鉴性。

例如，为了缩小多媒体检索过程中底层内容特征和高层语义之间的语义鸿沟，许多研究者探索了多媒体数据间潜在相关性的挖掘，将其作为缩小语义鸿沟的桥梁，提高多媒体检索的效率。这一类型的研究主要包括多媒体特征的融合分析、多媒体关联挖掘、跨语言检索等。

多媒体特征的融合分析技术针对不同属性的底层内容特征，采用概率模型、线性模型、用户交互等方法综合理解特征所蕴含的语义。此外，很多研究者还关注了不同数据集之间的关联信息挖掘，如 Web 链接关系、文本和图像之间的标注关系等，用以传递和修正相似度计算结果。上述两方面的研究与跨媒体检索存在类似之处，都是通过挖掘多媒体数据集中的潜在关系而实现检索。然而，这些研究往往是针对单一类型的多媒体数据检索，如图像检索，而不是为了实现检索过程中不同类型多媒体数据间的灵活跨越。因此，难以直接应用于跨媒体检索面临的技术难题和挑战。

一、跨媒体的基本概念

（一）跨媒体简述

各种各样的媒体在近几年爆发式增长，同一信息在不同媒体上传播的情况越来越多。跨媒体就是信息从一种媒体发布后，全部或部分跨媒体传播到另一种或多媒体进行再发布的过程。媒体五花八门，媒体设备千差万别互不兼容，媒体软件之间没有一个统一的标准，甚至连媒体间价也不能确保大家都能读取。因此，信息跨媒体传播中遇到的技术问题已经成为一大障碍。每两种媒体之间传播信息都需要一套成熟而高效的技术，因此研究信息的跨媒体传播技术是当今的一大社会需求。

随着多媒体技术的发展，计算机可以存储、分析和理解的多媒体数据不断增多，从单一的文本发展到图像、音频、视频、3D 模型等半结构化和无结构化的数据。"跨媒体"的提出正是基于多媒体技术的不断发展，而且更加符合人脑对视觉、听觉等不同感官信息的综合处理模式，促使计算机能够更好地模拟人脑，管理和使用不同类型的多媒体数据，本节从人脑认知的跨媒体特性出发，介绍了跨媒体思想的提出、研究范畴以及本书在整个跨媒体研究中的定位。

（二）跨媒体数据挖掘的主要范畴

跨媒体是一个比较广义的概念，主要包括以下几个研究范畴：

（1）跨媒体检索：用户向计算机提交一种类型的多媒体对象作为查询例子，系统可以自动找到其他不同类型、在语义上相似的多媒体对象。虽然不同类型的多媒体对象之间没有直接的可比性，如一幅狂风暴雨中巨浪滔天的海浪图像和一段描述海浪声音的音频，两者在底层内容特征上彼此异构，但是描述的语义都与"海浪"这一语义概念相关，可以通过机器学习、统计分析等方法学习两者之间潜在的相关性，作为相似度计算的依据实现跨媒体检索。

（2）跨媒体推理：推理是从一种命题合理演绎到另外一种命题，跨媒体推理是指从一种类型的多媒体数据，经过问题求解转向另外一种类型的多媒体数据。例如，OCK（Optical Character Recognition）技术就是从图像到文本的推理，由于内容的图像检索是从图像到图像的推理，视频动画技术是从视频数据到动画序列的演绎。跨媒体推理囊括了这些不同类型的多媒体数据之间的转换研究。

（3）跨媒体存储：现有处理海量数据的检索技术主要是针对文本信息，如 Google 和百度等搜索引擎。跨媒体存储研究高效压缩、索引和分片等方法，以及对用户行为的个性化索引等技术，用于提高海量环境下的跨媒体检索效率，更好地支持上层应用。

上述三个方面从底层数据存储到上层应用技术的不同方面，描述了跨媒体思想对多媒体研究领域的技术涵盖和突破性要求，也是一个整体性的研究框架设计。上述研究内容的实现需要综合使用海量数据库、多媒体索引、并行计算、机器学习和统计分析、计算机视觉，以及信息检索等多个领域的知识和前沿技术。

本书将重点介绍跨媒体检索，并针对异构特征的融合分析和检索过程中不同类型数据间的灵活跨越问题，分析一些现有的技术和前沿的方法。正如前文所述，这种跨媒体检索的方式极大地扩展了人们获取多媒体信息的范围和方式，也更加符合人脑认知的特性。

（三）跨媒体检索的重要意义

随着信息技术的高速发展，文字、图像、音频、视频等不同类型的多媒体数据已经在人们的日常生活中变得十分普遍，多媒体数据从音、形、意等不同方面绘声绘色地表达了丰富的语义信息，并通过 Web 页面、数字图书馆、多媒体百科全书等载体进行共享。此外，多媒体数据本身具有半结构化和非结构化的特点，并且底层内容特征彼此异构。这就使对不同类型多媒体数据的有效检索变得十分困难。传统的多媒体检索技术大多是针对单一类型的多媒体数据，如图像检索，难以实现对图像、音频、视频等不同类型多媒体数据的综合检索和灵活跨越，因此跨媒体检索技术应运而生，并迅速成为多媒体研究领域的前沿热点。

作为一种新兴的研究方向，跨媒体检索源于基于内容的多媒体检索研究，后者在 20 世纪 90 年代初期被提出，并一直是计算机视觉领域一个非常活跃的研究方向，早期有以 QBIC 和 Virage 等为代表的基于内容的原型系统，之后结合例子学习、融合分析和反馈建模对多媒体语义提取进行了研究，出现了以卡耐基–梅隆的 Informedia 项目、IBM 的 MARVEL 视频检索系统等为代表的结合语义与内容的视频检索系统。基于内容的多媒体检索综合应用了统计分析、机器学习、模式识别、人机交互、多媒体数据库等多领域的知识，较好地解决了早期基于文本的多媒体检索中存在的标注费时费力、主观差异性大等缺陷。

然而，基于内容的多媒体检索技术仍难以解决新的问题，即不同类型多媒体数据的综合检索和灵活跨越，跨媒体检索的产生主要是为了解决上述问题。更进一步来看，特征是语义的载体，为了更好地理解跨媒体语义，提高跨媒体检索的效率，需要重点关注对不同类型多媒体数据中提取的各种异构特征的融合分析和综合学习。

综上所述，该项研究是多媒体检索领域的前沿性课题，具有重要的理论意义；并且在数字图书馆、视频会议、医学诊断、新一代 Web 搜索引擎等方面，有着巨大的应用潜力。同时，该项研究又由于多媒体数据本身所具有的内容异构、语义丰富、半结构化或非结构化等特点，而面临着不小的挑战。

二、跨媒体检索的相关研究与应用

在基于内容的多媒体检索发展过程中，出现了许多与跨媒体检索相似的研究工作，针对不同类型的多媒体数据，以及多媒体数据中不同属性的底层特征进行分析，如视觉和听觉特征的融合分析、相似度传递、跨语言检索等。这些研究在一定程度上探讨了不同类型多媒体数据之间的跨越问题，与跨媒体检索有着相似之处。跨媒体检索也正是在这样一个研究背景下被提出的。本节将介绍与跨媒体检索相关的一些研究工作，分析这些方法的优缺点以及与跨媒体检索的异同。

（一）多特征的融合分析与挖掘

融合分析技术是多媒体内容分析与语义理解的研究热点，其出发点是只有不同特征的融合才能表示多媒体数据所蕴含的完整语义，好比人脑要并行地接收和处理听觉和视觉等信息一样。在这方面，机器学习方法被大量采用，取得了一些好的效果。多媒体研究领域的国际知名会议，如ACM International Conference on Multimedia、IEEE International Conference on Multimedia & Expo 等，在其举行的 Tutorial 中多次重点介绍如何在多媒体语义理解方面应用机器学习方法，并强调了融合分析的必要性。

融合分析与跨媒体检索研究的共同之处在于，通过分析不同属性的特征，以理解特征所表达的语义。然而，融合分析方法主要应用于单一类型多媒体数据的检索，大部分的单模态检索方法和检索系统都是通过提交一种查询例子，返回与其相似的相同类型的多媒体对象，如图像检索、音频检索、视频检索等。这些研究工作一般是提取多媒体数据的视觉、听觉、运动特征等，如颜色、纹理、形状、短时能量和音调，并将多媒体样本用底层特征构成的特征向量来表达，通过对向量的建模和统计分析，实现对多媒体信息的管理和查询。

考虑到多媒体数据从音、形、意等不同方面表达了丰富的语义信息，各个方面之间存在一定的互补性和相关性，如果仅仅是使用单一的视觉或听觉特征，分析和理解多媒体语义，往往难以取得满意的效果，这就促使研究者通过对数据进行融合分析来提高语义理解的准确性。

现有的商业搜索引擎，如 Google 和 Yahoo，主要使用与图像相关的文本信息（如文件名、标注文本等）进行相似度匹配，以提供图像检索服务。然而，由于文本信息本身具有一词多义、一意多词等不确定性因素，以文本为查询条件的图像检索存在差异较大的缺点。例如，用户提交"老虎"这个关键字作为查询条件，系统可能会返回东北虎、甚至是老虎牌蚊香等背离用户查询意图的图像检索结果，使用户难以快速找到所需信息。此外，Web 是一个有"噪音"的环境，只使用单一类型的多媒体数据作为查询条件难以获取满意的查询结果。

一直以来，多媒体检索领域的许多研究都在关注"基于多特征融合分析的 Web 图像检索"。这些研究把 Web 图像的不同特征，如底层视觉特征、环绕文字的 TF × IDF 特征，以及 Web 链接信息等看成不同的模态，然后用融合分析的方法把各个模态融合起来，进行统计分析和语义理解，以提高图像检索效率。这些研究工作取得了比较好的成果，且大多是将视觉特征和相关的文本特征结合起来进行分析。例如，在 Web 图像聚类过程中融合图像周围的文本特征和 Web 链接特征，可以优化图像聚类结果；还可以先使用点积方法计算环绕文本的特征相似度，再使用欧氏距离计算图像的视觉特征相似度，最后将这两种相似度加权求和进行线性融合；还有研究提出使用概率模型，集成 Web 图像的环绕文本特征和视觉特征。

从特征分析的本质来看，这些研究主要是利用图像的底层内容特征，以及相关文字、Web 链接等非内容特征，形成对图像语义的综合理解。这种多特征的融合分析方式，与跨媒体检索研究中异构特征分析机制有些类似，跨媒体检索是为了实现不同类型多媒体数据之间的灵活检索，而不仅是理解图像语义和实现图像检索。

（二）跨媒体潜在关联挖掘

上一节中讲到的融合分析技术面临着两大难题：一是特征选取的差异性会很大程度地影响融合结果，如两幅语义上相近的图像可能在颜色特征上完全不相似，而在形状特征上非常相似，如果融合过程中颜色特征的权重较高，显然将不能取得良好的融合结果；二是不同类型的多媒体特征之间存在的关联信息，如 Web 链接通常被看成另一种附加特征进行处理和融合，在学习过程中往往不能更新，没有被充分地挖掘和利用。

基于以上原因，很难在多媒体语义理解过程中有效完成信息的互补和增强，系统的检索性能也受到限制。实际上，多媒体数据的存在形式往往不是单一的，如一个 Web 页面上包括文字、图像和视频等多种类型的数据，不同类型的多媒体数据共同表达相似的主题，同时一个 Web 页面又可以链接到相似主题的其他 Web 页面，多媒体数据之间存在着多种相互关联。为此，许多研究工作致力于多媒体数据间的各种关联挖掘，综合而全面地理解语义，提高检索效率。

多媒体关联挖掘的研究与跨媒体检索有着相似之处，本节从以下几个方面介绍关联挖掘研究中的一些常用方法和理论。

1. 相似度传递与优化

通常，可以将多媒体数据关系划分为媒体内部和媒体之间两种。例如，从 Web 页面下载了文本和图像两种类型的多媒体数据，文本和文本之间的相似度以及图像和图像之间的相似度就称为媒体内部的相似度，而文本和图像之间的数据关系则称为媒体之间的相关性。一些研究提出，媒体内部的相似度可以通过媒体之间的相关性进行传递和互补，以达到提高语义理解准确率的目的。例如，以 Web 文本和图像之间的相关性为桥梁，用 Web 文本之间的相似度来修正 Web 图像之间的相似度，可以应用于图像检索和聚类。

举例而言，有文献提出和设计了 Web 图像和文本标注之间的相似度传递算法，主要步骤包括已知图像和文本之间对应的 Web 链接关系矩阵，以 x 为桥梁将文本集的相似度矩阵 a 向图像集传递；同时，将图像集的相似度矩阵向文本集传递，并控制传递过程中文本集对图像集的影响大于图像集对文本集的影响程度，直到整个传递过程达到收敛状态。由于文本数据本身包含了一定的语义信息，而初始的图像相似度矩阵是以底层的视觉特征为依据计算得到的，因此使用相似度传递算法后的图像相似度更加符合真实的语义相似关系。

2. 基于图模型的关联挖掘

使用图模型表达数据以及数据间的相互关系，可以很好地将数据集结构化，并有效地发现数据间的潜在关系，图像检索、Web 数据挖掘等多个领域的研究工作都已经证明了图模型的在数据表达方面的有效性。一些研究提出将不同类型的多媒体数据以及数据间的相互关系用层次图来表示，通过对层次图中的连接结构和数据关系挖掘，实现多媒体检索。

（三）跨语言检索

如果将不同语种的语言看成不同类型的多媒体数据，则跨语言检索可以作为一种特殊的跨媒体检索研究。跨语言检索通常采用线性降维的方法，监督式地学习不同语言（如英语和德语）的训练样本集，计算样本间的统计关系，然后将训练集中所有的词汇和文档全部投影到一个子空间之中，根据子空间中文档和词汇的坐标进行距离计算，从而实现不同语言间的跨语言检索。跨语言检索与跨媒体检索有共同之处，就是不同语种的语言在特征属性上存在异构性，无法直接根据不同语言文档的文本特征进行相似度匹配。

隐性语义索引（Latent Semantic Index, LSI）是一种传统的跨语言检索算法。不同语言的文档以及文档中的常用同汇经过 LSI 方法处理后，全部被映射到一个子空间中，如图 6-1 所示，是 LSI 方法的一个示意图。

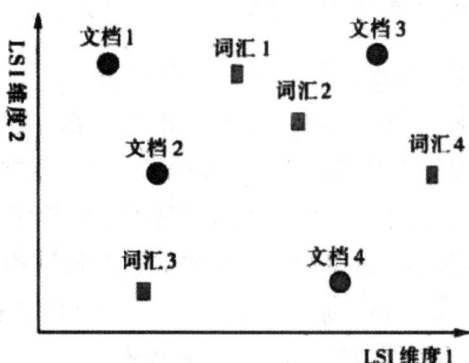

图 6-1　基于 LSI 方法的跨语言检索示意图

进一步地，不同语种的文档经过隐性语义索引之后，可以得到一个统一的索引表达方式，当用户提交查询请求时，搜索引擎计算查询所含有的词汇与数据库中文档词汇的关联权值，进行排序后返回最符合查询要求的文档。即使查询条件和数据库文档不含有共同的关键词，只要两个文档之间在语义上接近或者相关，LSI 方法也能检索出来。所以，LSI 方法在实现跨语言检索时，不要求严格匹配，而只需在概念上进行匹配即可。

举例而言，数据库中有"汽车"相关的文档，采用 LSI 方法进行文档处理时，就会将"汽车"这一语义概念经常涉及的"换挡""制动"和"油门"

等词汇进行关联，赋予这些词汇较大的关联度。因此，当用户查询"换挡"的时候，搜索引擎不但可以返回一组包含"换挡"这个词汇的文档，还可以把虽然不含"换挡"，但含有"油门"的文档也返回给用户。

跨语言检索的基本思想被成功移植到多媒体检索领域。例如：在视频内容的检索方面，可以将跨语言检索中的文档词汇共生矩阵分析法，用于视频新闻中转录文本和互联网页面中的文字进行关联度分析，实现视频内容和互联网页面在文本特征上的相似度匹配。在图像检索方面，一些研究者受跨语言检索的启发，训练关联模型对图像进行语义标注，实现文本—图像的检索。此外，图像语义标注和机器翻译都可以看成跨媒体检索的特例，因为这些研究学习了不同类型的多媒体数据共同出现的概率，并根据概率大小排列检索结果，实现用文本检索图像。

（四）多媒体交叉索引技术

不同类型的多媒体数据分别对应不同属性的底层特征，不同特征之间彼此异构，并且从不同的侧面反映了多媒体数据所蕴含的语义。这种特征的异构性使跨媒体检索的相似度计算十分困难。一些研究尝试对不同类型的多媒体数据建立语义上的交叉索引，从而实现跨媒体检索，如有研究提出基于关键字传递的检索方法，采用统一的多元组数据结构 <ID，Title，URL，Keyword-list，Element-set>，索引 Web 页面上包含的各种多媒体数据；在此基础上，进行交互式的关键字传递以实现检索。

此外，在视频内容分析领域，也用到了交叉索引技术。当一种类型的内容特征较好地反映了多媒体语义时，可以用来对多媒体数据进行索引和标注。例如，如果视频流的视觉特征不能准确地反映视频数据表达的语义概念，而听觉特征具有较好的语义识别性，则可以用听觉特征的识别结果对视频流建立索引。

（五）视频中的说话人脸检测

说话人脸检测（Talking Face Dection）技术主要是对视频数据中底层的视觉和听觉特征进行统计分析，从而根据说话人的音频信息，自动找到视频镜头中说话的人脸。该技术主要可以分为人脸检测和说话者识别两个部分。其中，人脸检测技术主要是依赖于视觉特征来确定人脸在视频帧中的位置，而说话者识别则借助于视频流中的视觉、听觉、转录文本等特征判断镜头中哪个人脸是说话者。

跨语言检索中的 LSI 方法也可以应用到说话人脸检测研究中，用于计算视频流中包含的人脸画面与说话者音频特征之间的相关性，相关性最大的就是说话者。这种方法的主要步骤包括：

（1）假设视频镜头中检测出了 m 个人脸，每个人脸画面中提取了 i 维的特征人脸向量（f_1，f_2，…，f_i）。

（2）从说话音频中提取 k 维的音频特征向量（a_1，a_2，…，a_k）。

（3）将所有的视觉和听觉特征连接起来，构成组合向量，以代表整个镜头的底层特征，那么包含 n 个镜头的视频片断就对应一个$(i \cdot m + k) \cdot n$维的视听觉特征矩阵.

（4）对视听觉特征矩阵记性 LSI 变换，并选择距离函数计算每个人脸与说话者音频特征的相关性。

这种方法实现了视频流中从音频（说话者的声音）到图像（人脸图像）的检索，与跨媒体检索有些类似。然而，局限性在于对噪音比较敏感，并且要求说话者的头部基本上保持静止，以计算音频特征与人脸口型变换之间的统计关系。因此，对于一般意义上的跨媒体检索，该方法还难以直接移植和应用。

第二节　跨媒体检索系统的仿真实例

跨媒体检索属于基于内容的多媒体检索应用范畴，在检索对象上从单一类型的多媒体数据扩充到多种不同类型的多媒体数据，支持数据间的灵活跨越。

一般而言，多媒体数据的表达是指采用一定的数据结构来表示多媒体样本，如提取图像的底层视觉特征，构成多维向量来表示数据库中的图像；或者是采用四元组 < 网址，标题，ID，关键词 > 表示 Web 页面中的一幅图像，这都是图像的数据表达方式。对于基于内容的多媒体数据挖掘和语义理解，在选择数据表达方式时主要是采用基于内容特征的方式。

对于包含不同类型的多模态数据，在选择数据表达方式时，可以采用基于底层内容特征的方式。此外，多模态数据的检索性能很大程度上依赖相似度匹配算法，而相似度匹配正是以不同类型的多媒体数据所采用的表达方式为依据的，因此数据表达模型的设计是非常基础和重要的。

由于跨媒体检索是一个较新的研究领域，一些研究机构和个人相继提出了跨媒体检索算法和测试系统，但目前还没有相对成熟的商用跨媒体检索系统。本章将在前面章节的基础上进行深入，通过一个仿真系统的实现过程阐述如何根据数据集之间的统计关系，建立统一的多媒体数据表达模式，进而实现对不同类型多媒体数据的语义挖掘和综合检索应用。

一、基于子空间映射的多模态数据表达

不同类型的多媒体数据在底层特征上各有不同的属性，如图像的颜色、义理、形状特征，音频的时域、压缩域特征。这些不同属性的特征分别隶属于不同的特征空间。因此，为了建立一种多模态数据的统一表达模型，一种可行的方法是将不同特征映射到一个统一的低维子空间，这个子空间就可以作为图像和音频的统一表达模式。[①]

具体来看，这种相关性是指针对相同语义类别的图像和音频，它们的底层特征向量之间存在的统计关系。例如从"老虎"类别的图像和音频数据中分别提取视觉特征矩阵以及听觉特征矩阵，两个矩阵之间存在着特定的统计关系；而对于"闪电"类别的图像和音频数据，它们的特征矩阵也存在一定的统计相关性。那么，在进行子空间映射时，需要考虑如何保持"老虎"类别和"闪电"类别数据各自的相关性。

此外，多媒体数据库中很多都是从 Web 上下载的图像、音频、视频，通过人工标注语义类别，或者是没有类别标识。因此，在子空间映射前，需要实现多媒体数据的完全标注。下面介绍一种基于线性变换的子空间映射方法，该方法对多媒体数据集的语义标注没有严格要求，只需要随机标注部分训练数据，即可以映射得到一个同构的子空间，并且保持了数据之间的典型相关性。

---

① 寇菲菲. 基于语义学习与时空特性的在线社交网络跨媒体搜索研究 [D]. 北京：北京邮电大学,2019.

设有尚未标注的图像和音频数据集 $\Omega = I \bigcup A$，作为训练数据集，已知 Ω 覆盖了 Z 个语义类别，映射算法描述如下。

步骤 1 聚类：

（1）对于每一个语义类别 Z_i，分别提取其中包括的图像和音频数据的底层内容特征，建立相应的特征矩阵 S_1，S_A。

（2）对于每一个语义类别 Z_i，随机选择 m 个图像例子 A_i 进行语义标注。

（3）计算 A_i 在底层特征空间上的聚类质心 $ICtr_i$。

（4）以 $ICtr_i$ 为起始条件，对数据库中所有的图像数据（标注的和未标注的）进行 Kmeans 聚类。

（5）聚类结果中属于相同类别的图像被赋予与 A_i 相同的语义标记。

（6）对于音频数据集，重复（1）至（4）。

步骤 2 相关性保持映射：

（1）分析图像和音频之间在底层内容特征上的典型相关性，即计算 S_1，S_A 对应的子空间基向量 W_x，W_y。

（2）求取视觉和听觉特征向量映射到子空间中的向量表示：$S'_1 = S_1 W_x$，$S'_A = S_A W_y$。

上述算法先通过 Kmeans 聚类方法，对相同聚类类别中的图像和音频数据进行了语义标注；然后，针对同一个语义类别中的图像和音频数据，计算了在内容特征方面的典型相关性；并在相关性保持不变的情况下，进行了子空间映射，通过子空间基向量，将原来异构的视觉和听觉特征向量共同映射到一个维数相同的低维子空间中。

映射过程是按照不同的语义类别，逐个映射到子空间中，从映射结果来看，整个子空间中图像和音频的拓扑分布也是与这种映射过程相对应的。例如，分析得到"老虎"图像和"老虎"音频之间的典型相关性，映射过程中为保持这种相关性不变，"老虎"图像在子空间中的定位就受到"老虎"音频的影响，反之亦然。然后，计算得到"鸟类"图像与"鸟类"音频的典型相关性。由于在听觉特征上，"老虎"的音频特征与"鸟类"的音频特征存在较大差别，因此在映射得到的子空间中，"老虎"图像数据的坐标也就和"鸟类"图像的坐标区别开来，以保持原有的相关性不变定义如上算法得到的子空间为跨媒体特征子空间（Cross-Media Feature Sub-Space，CMFSS）。

显然，CMFSS 是一个欧氏空间。

二、跨媒体距离的综合度量

距离度量是实现检索的重要环节。现在，我们已经可以用子空间 CMFSS 中的坐标表示图像和音频这样不同类型的多媒体数据，本节将介绍如何在 CMFSS 中度量图像和音频数据点之间的距离。

CMFSS 中复数坐标表示如下：

设 $x_i = (x_{i1},...,x_{ik},...,x_{ip})(x_{ik} \in R)$ 表示映射之前的初始特征向量，$x'i = (x'_{i1},...,x'_{ik},...,x'_{im})(x'_{ik} = (a+b \in R))$ 表示该向量经过映射算法之后得到的结果。将 x'_{ik} 转换为极坐标的形式 $x'_{ik} = (\beta_{ik}, |x'_{ik}|)$ 为 CMFSS 坐标，给出 x'_i 与 x'_j 之间的通用距离函数，如下式所示：

$$\mathrm{Cross}M\_\mathrm{dis}\left(x_i', x_j'\right) = \mathrm{sqrt} \sum_{k=1}^{m} \left(x_{ik}'^2 + x_{jk}'^2 - 2 \times x_{ik}' \times x_{jk}' \right. \tag{6-1}$$
$$\left. \times \cos\left|\beta_{ik} - \beta_{jk}\right|\right)$$

式中，θ_k 表示向量 x'_i 与向量 x'_j 之间的夹角。显然，$\mathrm{Cross}M\_\mathrm{dis}$ 可以度量 CMFSS 子空间中跨媒体的相关性。CMFSS 的建立过程融合了跨媒体语义，因此 $\mathrm{Cross}M\_\mathrm{dis}$ 距离的大小在一定程度上与语义关系是一致的，也就是说，两个多媒体样本之间的 $\mathrm{Cross}M\_\mathrm{dis}$ 距离越小，就意味着语义上更为相似，相反，$\mathrm{Cross}M\_\mathrm{dis}$ 距离越大，则语义上不相似。

三、基于相关反馈的跨媒体检索结果优化

由于语义鸿沟的存在，上述跨媒体语义的学习结果并不完全准确，$\mathrm{Cross}M\_\mathrm{dis}$ 距离不能完全准确地反映语义关系。为了进一步优化检索效率，可以在检索过程中加入人工交互。相关反馈是多媒体检索领域中常用的人工交互方法，是指当检索系统将查询结果返回后，用户从中选择几个正确和错误的结果进行标注，然后将标注信息反馈给系统，系统从用户标注中挖掘先验知识，并用来优化检索性能。

在图像检索、音频检索等单一类型的多媒体检索系统中，经常结合相关反馈技术，提取用户交互过程中的语义信息，缩小底层内容与高层义之间的

鸿沟，从而更加准确计算语义层面的相似度。

（一）算法描述

设 Ω 表示训练样本数为 n 的图像数据库，A 表示训练样本数也为 n 音频数据库，定义"修正因子" $\gamma(i,j) = \mathrm{Pos}(a_i, b_j)(a_i \in \Omega, b_j \in A, i, j \in [1, n])$，图像和音频对象在子空间 CMFSS 中的距离按下式进行修正：

$$\mathrm{Crodis}(i, j) = \mathrm{Cross}M\_\mathrm{dis}(i, j) + \gamma(i, j)$$

由此，设 R 表示提交的图像查询例子，则根据上述距离公式，图像和音频之间的跨媒体检索可以用图 6-2 所示的伪码实现：

输入：查询例子 R，图像和音频的 CMFSS 坐标.

输出：与 R 相似的图像和音频 $C = C_1 \cup C_2$

步骤：

(1) Load_CMFSSS_Coordinates( );

(2) initialize matrix $\gamma(i, j) = 0$ $(i, j \in [1, n])$；

(3) find K-nearest images C_1 for R with Crodis (i, j)；

(4) find K-nearest audios C_2 for R with Crodis (i, j)；

(5) return C_1 and C_2 to user；

图 6-2 CMFSS 子空间中跨媒体检索的伪码

由于修正因子 $\gamma(i, j)$ 代表 CMFSS 子空间中图像和音频对象之间的距离修正值，当 $\gamma(i, j) = 0$ 的时候，就无法修正两者之间的相关性。因此，下文将介绍在相关反馈中根据用户标注的反馈正例和反馈负例，学习了跨媒体的语义信息，用于更新修正因子 $\gamma(i, j)$ 的值，进而更新图像和音频在 CMFSS 子空间中的距离 Crodis (i, j) 值。

传统的相关反馈算法为了结合用户的感知先验知识，通常利用反馈信息修改查询向量的坐标，使之向正确的检索对象的分布中心移动，或是调整距离度董公式中各分量的权值。这些方法适用于单一类型的多媒体检索，却不适用于跨媒体检索，主要是因为 CMFSS 子空间中分布着图像和音频两种类型的多媒体对象，相关反馈过程中同时提供了不同类型的反馈正例和反馈负例，需要区别对待不同类型的多媒体数据，以合理地修正子空间中的数据集拓扑结构。

此外，CMFSS 子空间是基于相关性保持映射而得到的，这种相关性保持特性使图像和音频数据在子空间中形成一定的聚类效果（第七章的实验部分对此做了一定的检测和验证）。因此，在设计相关反馈算法之前有如下假设：

假设在 CMFSS 子空间中，相似语义和相同类型的多媒体对象分布在比较集中的区域。

基于上述假设，可以采用增量学习的方式，通过修正 $\gamma(i,j)$ 的值对跨媒体检索结果进行动态相关性排序，以传播相关反馈中的语义信息，修正图像和音频对象在子空间中的分布。具体做法如下：设查询例子为一幅图像 R，采用图 6-1 的 CMFSS 子空间中跨媒体检索算法，返回了相似的音频和图像数据作为检索结果，用户标注音频正例集合 P 和音频负例集合 N，则相关反馈算法如图 6-3 所示。

1. $\forall p_i \in P$ 使用距离公式 Cross M_dis，找到 p_i 在音频数据库 A 中的 k-近邻 $T=\{t_1,\cdots,t_j,\cdots,t_k\}$，并按距离的升序排列；

2. 令 $\gamma(R,p_i)=-\tau,(\tau>0)$，并以等差的方式，依次修改集合 T 中每个元素的 γ 值为 $\gamma(R,t_j)=-\tau+j\times d_1,(d_1=\tau/k)$；更新距离 Crodis $(R,t_j)=$ Cross M_dis $(R,t_j)+\gamma(R,t_j)$；

3. $\forall n_i \in N$，使用距离公式 Cross M_dis，找到 ni 在音频数据库 A 中的 k-近邻 $H=\{h_1,\cdots,h_j,\cdots,h_k\}$，并按距离的升序排列；

4. 令 $\gamma(R,n_i)=\tau,(\tau>0)$，并以等差的方式，依次修改集合 H 中每个元素的 γ 值为 $\gamma(R,h_j)=\tau-j\times d_2,(d_2=\tau/k)$，更新距离 Crodis $(R,h_j)=$ Cross M_dis $(R,h_j)+\gamma(R,h_j)$；

重新计算与查询例子 R 相似的音频对象，作为修正后的查询结果返回。

图 6-3　基于动态排序的相关反馈算法

可以看到，相关反馈过程中，正例周围和负例周围的多媒体对象，它们的修正因子 γ 取值呈等差数列，即越靠近正例和负例，修正因子的改变幅度就越大。考虑到用户在每轮相关反馈过程中标注的信息可能会不同，参数 τ 的取值不为常量，而是根据每次反馈的不同结果而变化。

（二）算法分析

上述算法修正了多媒体数据集在 CMFSS 子空间中的拓扑结构，从而使距离度量结果更加符合语义上的相似度大小。本节通过如下例子，讲解上述算法是如何进行优化的。

假定有闪电、汽车、鸟类三个语义类别的训练数据，每个语义类别均包含图像和音频数据，图 6-4 显示了通过相关性分析和线性变换后得到的 CMFSS 子空间示意图，使用 CrossM_dis 度量出的多媒体数据集的距离情况，以及经过动态相关性排序算法修正后，采用 Crodis 度量出的相应分布情况。

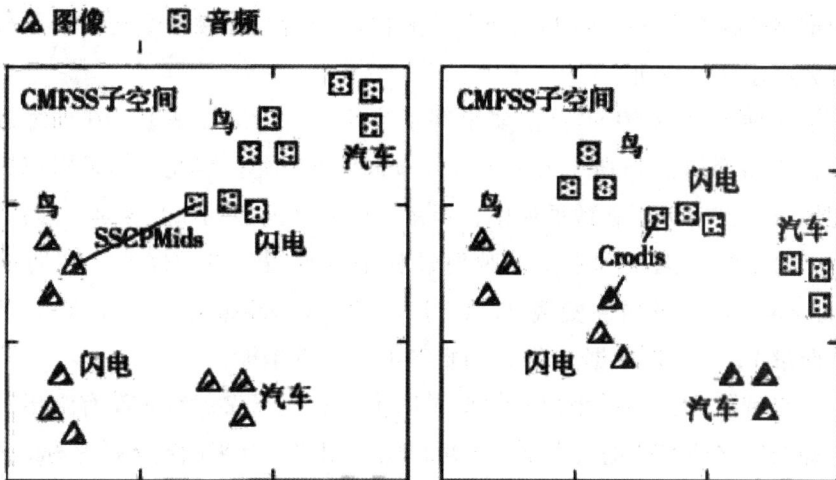

（a）相关反馈之前　　　　　　　（b）相关反馈之前

图 6-4　相关反馈对子空间中多媒体数据拓扑的修正示意图

在图 6-4（a）是相关反馈之前的多媒体数据分布情况，图中与"闪电"音频数据集之间 CrossM_dis 最小的图像数据集是"鸟类"的图像；经过相关反馈，"拉近"了"闪电"音频与"闪电"图像之间的 Crodis 距离，"推远"了"闪电"音频与"鸟类"图像之间的 Cmdis 距离，而"闪电"图像内部的拓扑关系以及"闪电"音频内部的拓扑关系基本保持不变。如图 6-4（b）所示，相关反馈后子空间中跨媒体距离更符合真实的语义相似关系。

四、新数据的引入

如果查询例子不在数据库中，则此查询例子称为新数据。前面的内容都是针对数据库中已有的多媒体数据而言的，当出现了新数据时，需要采用其他的数据处理方法，使新数据能够融入检索系统中，确切地说，就是能够被定位到 CMFSS 子空间中，获得相应的坐标，从而可以用前面的检索算法和相关反馈算法进行跨媒体检索和人机交互。

从前面的介绍可以看到，CMFSS 算法针对不同类型的图像和音频数据集，分析了特征矩阵在统计意义上的相关性，是以整个数据集为对象进行统计分析的，而不是针对个别的多媒体数据。因此，当出现了新的多媒体数据，前面的子空间映射方法不能直接使用。用符号 Z 来表示新数据，分下列两种情况将 Z 定位到子空间中：

第一种情况：CMFSS 算法属于基于统计分析的线性映射，在训练过程中分别为每个语义类别求出了子空间基向量 W_x, W_y。因此，如果用户提交的图像查询例子 Z 不在数据库中，但是，已知 Z 所属的语义类别，如："爆炸"，则系统可以找到子空间映射过程中计算得到的"爆炸"基向量 W_x（Explosion），通过线性变换 $\mathrm{Pos}(Z) = \nu \cdot W_x$（explosion）（其中 ν 为 Z 的特征向量），得到新数据 Z 在子空间 CMFSS 中的坐标；

第二种情况：如果用户只提交了图像查询例子 Z；然而没有给出关键字，即未知 Z 所属的语义类别，则可以结合用户交互来确定 Z 的坐标。Z 在 CMFSS 子空间中的坐标可以按照下列两个步骤计算：

步骤 1：提取 Z 的底层特征，使用欧氏距离为度量标准，选取与 Z 相同类塑的多媒体数据库，计算 Z 的近邻，并作为结果返回给用户。

步骤 2：用户标注若干个反馈正例 $\{y_1, ..., y_i, ..., y_k\}$，则 Z 的 CMFSS 坐标为 $(z_1, z_2, \cdots, z_m)$，其中 $z_k = Mean(y_{1k} + y_{2k})$。

当计算出新数据在 CMFSS 子空间中的坐标后，以 Z 为查询例子的跨媒体检索则可以用本章前面部分介绍的算法实现，同样在检索过程中可以采用相关反馈算法，动态地修正 Z 与其他多媒体数据之间的距离，从而提高新数据的检索效率。

第三节 基于隐性语义索引的跨媒体检索

图像的视觉特征和音频的听觉特征属于两种不同的量纲，难以直接对比两者间的相互关系，入"长度"和"重量"是衡量物体的两种属性，两者之间没有直接的统计关系。然而，对于给定的图像和音频数据集，可以从相应的视觉和听觉特征出发，挖掘两者间潜在的共生关系，从而发现隐含的跨媒体语义结构。仍以"长度"和"重量"为例，广义上没有任何相关性，但是对于具体的数据集，如：鱼的长度和鱼的重量，我们可以看到虽然长度和重量都是用来表示鱼的属性，但是两者之前存在着一定的比例关系。然而多媒体数据集当中的视觉特征和听觉特征就相当于鱼的不同属性之间的关系，但是视觉特征和听觉特征之间的数据关系要更为复杂一些。

一、隐性语义索引

1996 年，Dumais 等人提出了跨语言检索，其主要思想是通过机器学习方法中的隐性语义索引将原始的"文档—词汇"矩阵映射到一个较低维度的向量空间中，进而分析文档中存在的隐含语义结构，实现同义词检索和跨语言检索。

这种跨语言检索方法将自然语言构成的文档进行结构化处理，形成以词汇为维度的空间，文档就成为词汇空间中的样本点。那么，一个包含语义的文档出现在词汇空间中，并且分布状况也绝对不是随机的，而是服从某种语义结构的。类似地，也对所有文档中的关键词汇进行结构化处理，将每个词汇视为以文档为维度的空间中的样本点。这种做法体现了一种"文档"和"词汇"之间的共生关系，即文档是由词汇组成的，同时词汇又要放到文档中去理解其具体含义。

LSI 方法的核心部分是对义档—词汇矩阵进行奇异值分解（Singular Value Decomposition，SVD），设 X 表示文档—词汇矩阵，则奇异值分解如下式所示：

$$X_{m \times n} = U_{m \times m} \Sigma_{m \times n} \left(V_{n \times n} \right)^T \tag{6-2}$$

其中矩阵 U, V 分别是由矩阵和矩阵的特征向量构成的，矩阵 Σ 是由矩阵 XX^T 的特征根组成的对角阵。取前 r 个非零的最大特征根所对应的 U, V, Σ，对 X 进行逼近，可以得到：

$$X' \approx U_{m \times r} \Sigma_{r \times r} (V_{n \times r})^T \qquad (6\text{-}3)$$

X' 是秩为 r 的 X 在最小二乘意义上的近似矩阵，并且提取了 X 中的主要结构、消除了数据噪声。在 X' 对应的子空间中词汇不再是坐标，而是和文档一样是坐标系中的数据点。

二、视觉和听觉特征的共生估计

已有文献证明，不同类型的数据集之间存在着一种共生关系，挖掘这种数据关系可以帮助发现潜在的语义结构。可以采用跨语言检索中的隐性语义索引的方法，分析视觉和听觉特征矩阵。

对图像的视觉特征和音频的听觉特征进行隐性语义索引，先要建立两者的共生矩阵。

设分别表示样本数均为 m 的图像数据集和音频数据集 $xi = (x_{i1}, x_{i2}, ..., x_{is})$ 表示图像 x_i 的视觉特征向量，$yi = (y_{i1}, y_{i2}, ..., y_{ik})$ 表不音频例子 y_i 的听觉特征向量。在建立共生矩阵之前，先对初始的特征进行去噪，可以采用主成分分析方法对视觉特征矩阵 $X_{m \times s}$ 进行预处理，得到 $X^*_{m \times z}$；类似地，对 m 个听觉特征向量进行模糊聚类得到听觉特征矩阵。

在此基础上，定义跨媒体的特征共生矩阵 E 为

$$E_{m \times 2:} = \left(X^*_{m \times z} Y^*_{m \times s} \right) = \begin{pmatrix} x_{11} & \cdots & x_{1z} & y_{11} & \cdots & y_{1z} \\ \vdots & \ddots & \vdots & \vdots & \ddots & \vdots \\ x_{m1} & \cdots & x_{mz} & y_{m1} & \cdots & y_{nz} \end{pmatrix} \qquad (6\text{-}4)$$

训练过程中，矩阵 E 每行的前 z 列视觉特征向量和后 z 列听觉特征向量代表相同语义类别的图像和音频数据。可见，跨媒体的特征共生矩阵 E 融合了不同量纲的特征值，在分析 E 的隐性语义结构之前要进行归一化处理，方法如下：

$$E(i,:) = \frac{E(i,:)}{\max(\text{abs}(E(i,:)))} \qquad (6\text{-}5)$$

式中，等式左边表示矩阵 E 的第 i 行；等式右边的分母表示第 i 行中各元素绝对值的最大值。

三、主动学习策略

在机器学习领域，数据可以划分为标记样本和未标记样本，所谓"标记（Label）"是指样本所对应的输出，如在分类问题中就是指样本所属的类别。随着网络和数据采集技术的飞速发展，越来越多的未标记样本唾手可得，然而要获得大量标记样本还是比较困难，主要是因为人工标注费时费力，机器标注又存在准确性较低的缺点。

如果只使用少量的标记样本进行学习和训练，这样得到的学习系统往往难以具有较强的泛化能力。因此，在标记样本有限的情况下，如何利用未标记样本来改善整个学习系统的性能，已经成为机器学习和多媒体检索领域的热门话题。目前，利用未标记样本进行学习的主流技术主要包括三类：主动学习、半监督式学习、直推学习。

（1）主动学习方法假设学习器对系统的状态就有一定的"控制能力"，可以主动地按照规则选择一些未标记的样本，并通过用户交互或者是能够为样本提供真实标记的其他过程，得到这些样本的标记，然后再将这些有标记的样本作为训练集的一部分，融入系统的学习器中进行监督式学习。

（2）半监督式学习方法利用未标记样本进行学习，不需要人工干预。

（3）相似地，直推式学习也是学习器自行利用未标记样本进行学习，不同地是，直推式学习中未标记样本被假定为测试样本，也就是说，学习的目的是在这些未标记的测试样本集上取得最佳的泛化能力。

总之，从研究对象上来看，半监督式学习需要处理的是一个开放集，在学习过程中没有事先给定测试集，测试集是未知和不确定的。直推式学习处理的是一个封闭世界，即学习过程中就已经知道了将要预测的测试集是哪些了。

第四节　Web 环境中的跨媒体数据挖掘技术

从异构的内容特征角度看，挖掘不同类型多媒体数据之间的数据关系，进而形成跨媒体相关性度量和检索算法，是属于普适性的方法，即在理论上适用于各种环境下的跨媒体检索。

在具体的应用环境中，往往包含了一些具体的数据特征，这些特征比多媒体数据本身的内容特征蕴含更直接的语义信息，可以用来辅助内容特征进行跨媒体检索，提高检索效率，如 Web 链接就可以作为一种辅助特征。在这一章里，将结合具体的 Web 环境，介绍基于相关性推理的跨媒体检索方法。

一、基于 Web 的信息检索

Web 是一个海量的多媒体资源库，互联网面向公众开放后十多年的时间里，几大搜索引擎造就了一个搜索时代，如 Yahoo、Google 等，Google 的搜索技术中包括一种称为 PageRank 的技术，用于对搜索结果中大量的网页进行排序，实现海量网页数据的有效检索。图 6-5 是一个百度搜索结果的示意图，其中每一条结果就表示一个网页的链接。

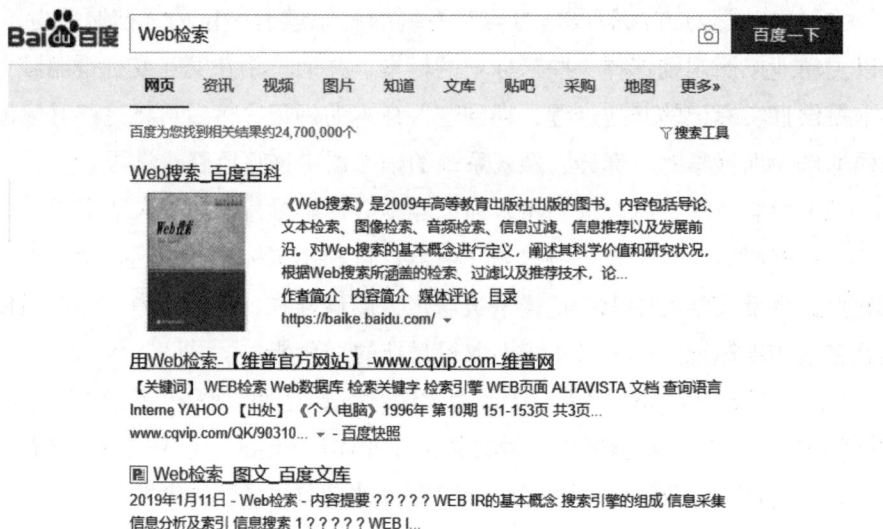

图 6-5　百度网页搜索示意图

然而，这些商业搜索引擎主要是针对文本信息，进行关键字匹配和检索，或者是通过图像相关的文件名、标注文本等进行相似度匹配，以提供图像检索服务。例如，图6-6所示为百度图像检索页面中，输入"北京奥运会"得到的检索结果。

图6-6　百度图像搜索示意图

　　许多检索技术将 Internet 看成是一个图，每个页面作为图中的节点，页面中的链接就是这个节点指向其他节点的有向边。并且，最小数据单元是Web页面，即用户得到的结果是相关的 Web 页面，而不是页面中的多媒体数据，如视频、图像、音频等。因此，这些成功的技术也就难以用于跨媒体检索。

　　目前，许多 Web 环境中的检索技术都涉及用户交互信息的有效利用问题。用户访问日志、相关反馈等都是用户交互的常用方式，通过对用户日志数据的挖掘，可以找到具体每个用户的兴趣偏好，从而提高查询效率，或者更准确地理解用户的查询意图，如个性化推荐就是一种考虑到个人偏好的检索。本章也将介绍一些用户交互方法，用于更新跨媒体关联图，使系统检索效率能够随着用户的使用而得到提高。

二、跨媒体关联图的建模过程

　　图模型是一种常用的数据关系表达方式，可以用图模型表达 Web 环境中的图像以及与图像相关的各种特征。这种表达方式不但可以清楚地描述数据之间的各种联系，而且有助于发现数据之间的互补性信息。

　　对于多媒体数据而言，多种类型的多媒体数据之间存在复杂的数据关系，主要可以划分为模态内部和模态之间两种数据关系。本节当中介绍如何采用图模型表达这两种数据关系。在以下推导中，分别用 V, I, A 表示视频、图像和音频数据集，m, n, kk 分别是数据集 V, I, A 中的样本个数，用分别表示数据库中第 i 个视频、第 i 个图像，以及第 i 个音频数据的特征向量。

（一）预处理过程

在预处理过程中，分别以不同类型的多媒体数据为顶点，建立视频、图像和音频邻接图 G^V，G^I，G^A。视频数据通过镜头分割算法，用 K 平均聚类算法生成关键帧，然后从镜头、视频等多个层次、多个视觉角度，计算视频片断之间的相似度作为图 G^V 中两点之间边的权重。在邻接图中如果顶点 x_i 和 x_j 之间权重 $W_{ij} < \varepsilon$ （$\varepsilon > 0$），则在这两个顶点之间加一条权重为 W_{ij} 的边，其中 ε 为实参数。

由于音频是时序数据，不同持续时间的音频例子所提取的听觉特征向量的维数不同，可以采用模糊聚类算法对音频数据集 A 中提取的特征向量统一降维，得到维数相同的音频索引。

为进一步缩小语义鸿沟，使视频、图像和音频邻接图更加符合高层语义关系，可以采用基于几何关系的相关反馈策略，分别学习视频、图像和音频邻接图中潜在的流形结构，得到视频、图像和音频的测地线距离（Geodesic Distance）矩阵 L^V, L^I, L^A。更新后的邻接图用 $G^{V'}, G^{I'}, G^{A'}$ 表示。

（二）链接分析

根据如下两个启发式规则，可以利用 Web 环境中多媒体数据所在网页之间的链接关系，度量不同类型多媒体数据之间的相关性（即 Cross-media Correlation）大小：①如果两个媒体对象 a 和 b 同属于一个 Web 页面，则 a 和 b 在语义上具有相似性；②如果 Web 页面，A 指向另一页面 B 和 C，则 B 中包含的多媒体对象和 C 中包含的多媒体对象在语义上具有相关性。

根据上述启发式规则，建立视频—图像、图像—音频和音频—视频的跨媒体关联矩阵 L^{VI}, L^{IA}, L^{AV}。以 L^{IA} 为例，其矩阵元素 r_{ij} 表示多媒体数据 $O_i \in I, O_j \in A$ 之间的相关值，r_{ij} 计算方法可以用图 6-7 所示的伪码表示：

输入：从 web 页面获取的图像和音频数据

输出：跨媒体相关矩阵 L^{IA}

1. $\forall O_i \in I, \forall O_j \in A : r_{ij} = 0$;

2. $r_{ij} = r_i + 1$, if they obey heuristic rule (1);

3. $r_{ij} = \begin{cases} 1, & \text{if } (\alpha \times \kappa > 1) \\ \alpha \times \kappa, & \text{else} \end{cases}$, if they obey heuristic rule(2)

4. $r_{ij} = \begin{cases} 1, & \text{if } (r_{ij} + \beta) > 1 \\ r_i + \beta, & \text{else} \end{cases}$, if there is a page link between O_i and O_j;

5. Construct a symmetric matrix L^{IA}, whose cell l_{ij} is the normalized value of r_{ij}

图6-7 图像和音频的连接分析算法

其中，步骤 3 中的参数 K 表示同时指向多媒体数据 O_i, O_j 的 Web 页面数目，参数 α，β 是值域为（0，1）之间的常量。音频与视频、视频与图像的跨媒体关联矩阵 L^{VA} 和 L^{VI} 可以按照图 6-7 类似的方法计算得到。

（三）图模型的定义

不同类型的多媒体数据集之间存在多种的相关信息，彼此之间具有互补性，已有文献证明了这种互补性可以用来提高 Web 图像检索的性能。通常，采用图模型表达数据和数据之间的相互关系，有助于发现数据集中的潜在关联信息。因此，本节将介绍一种跨媒体关联图，用来表达不同类型的多媒体数据集以及模态内部和模态之间两种数据关系。

跨媒体关联图（Cross-Media Correlation Graph，CMCG）是一个无向图 $G = (N,E)$，其中 N，E 分别是有限的顶点集合和有限的边集合。N 中每个元素代表一个多媒体对象 $O_i \in (V \cup I \cup A)$，$E$ 是一个三元组 $N \times N \times R$，其中 R 为实数。E 中的每条边为 $\langle O_i, O_j, r \rangle$ 表示多媒体对象 O_i 和 O_j 之间存在权重为 r 的边。

根据跨媒体关联图的定义，跨媒体关联图对应一个 $|N| \times |N|$ 的对称矩阵 $M = [m_{ij}]$，如果媒体对象 O_i 和 O_j 之间存在一条边 $\langle O_i, O_j, r \rangle$，则 $m_{ij} = r$，否则 $m_{ij} = 0$，并且对角线上的元素值都设为零（$m_{ij} = 0$）。矩阵元素值 m_{ij} 可以根据前面介绍的视频、图像和音频间的测地线距离矩阵 L_V，L_I，L_A，以及跨媒体

关联矩阵，进行全局规范化后得到。

需要指出的是，图模型作为数据的表达方式虽然有许多优点，如挖掘潜在的数据关系，并且在检索过程中可以把搜索范围限制在一个很小的区域内，避免搜索整个数据库，从而达到较高的效率。同时，存在一些弊端。例如，图结构的存储和访问都会占用大量资源，特别是当节点和链接的数目都很大的时候。

三、基于图模型的全局相关性推理

正如前文所述，不同类型的多媒体数据集间存在复杂的数据关系，可以将其大致划分为模态内部和模态之间两种数据关系。这些数据关系并不是孤立存在的，可以借助跨媒体关联图找到它们之间潜在的互补性，使不同的数据关系相互传递、相互影响，从而优化对整个数据集的检索效率。

下面介绍一种全局相关性推理方法，如图6-8所示。其中，O_i, O_j, O_a, O_b 表示图像和音频样本，其中O_a是O_i的图像近邻，O_b是O_i音频近邻，虚线表示 cross-media 的相关性，实线表示 intra-media 的相似度。

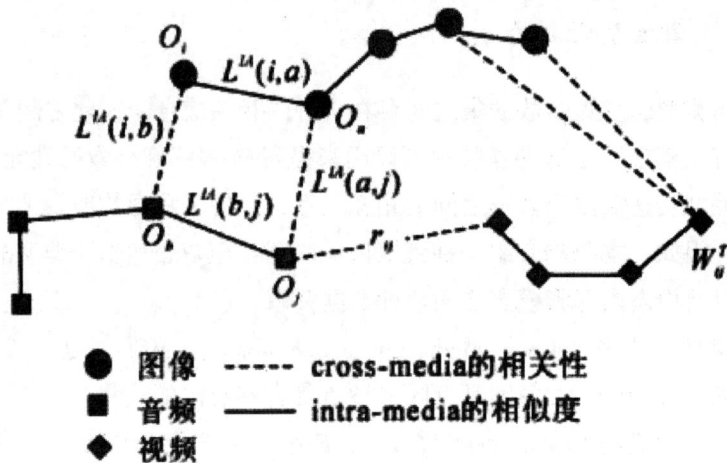

图 6-8　全局相关性推理示意图

由于O_i和O_j对应的跨媒体关联矩阵L^{IA}中元素值$r_{ij} = 0$，因此跨媒体关联图中O_i和O_j之间没有相连接的边。虽然O_i和O_j之间不存在直接关联，但是可以通过全局相关性推理计算其跨媒体相关性。

图像、音频和视频数据在跨媒体关联图中通过 cross-media 的相关性，以及 intra-media 的相似度这两类关系相互关联。因此，可以通过全局推理的方式找到图像和音频之间潜在的相关性。由于图像与音频之间的跨媒体相关性不为零，因此图中的路径 $\langle O_i, O_a, O_j \rangle$ <0i,0a,0j> 可以用来衡量 O_i 和 O_j 之间的跨媒体距离，计算如下：

$$D_1 = L'(i,a) + L^A(a,j) \tag{6-6}$$

同理，可得与 O_i 关联的音频，则有

$$D_2 = L^A(b,j) + L^{IA}(i,b) \tag{6-7}$$

则 O_i 和 O_j 之间的跨媒体距离可以通过下列公式计算：

$$
\begin{aligned}
\mathrm{CrosDis}\left(O_i, O_j\right) &= \mathrm{Min}\left(D_1, D_2\right) \\
&= \begin{cases}
Min\left(Min\left(L^I(i,a) = L^{IA}(a,j)\right), Min\left(L^A(j,b) + L^{IA}(b,i)\right)\right) \\
if\left(L^{IA}(i,j) = 0\right) \& \left(L^{IA}(a,j) \neq 0\right) \& \left(L^{IA}(i,b) \neq 0\right); \\
L^{IA}(i,j) \\
else.
\end{cases}
\end{aligned} \tag{6-8}
$$

上述公式中，相关性取值 $L'(i,a), L^A(b,j), L^{IA}(a,j)$ 均对应跨媒体关联矩阵 M 中的相应元素值 m_{ij}，为了更清楚地说明所取的相关关系是 intra-media 还是 cross-media 类型，所以使用 $L^I(i, a)$，$L^A(b, j)$ 来表示相应的元素值 $M=[m_{ij}]$。

由于视频、图像和音频都是以同构的方式共同存在于跨媒体关联图中，视频与图像、视频与音频之间的跨媒体距离也可以用上述方法计算得到。

由此可见，这种全局相关性推理方法充分利用了多媒体数据集中各种数据关系，根据其中的互补性挖掘了潜在的跨媒体语义，使跨媒体距离的计算结果能够更准确地反映语义关系。因此，当用户提交一幅图像（或音频、视频）作为查询例子时，检索系统可以根据跨媒体距离计算出与之最近，也就是最相关的图像、音频和视频，并作为检索结果返回给用户。

第七章 跨媒体语义共享子空间学习理论与方法

第一节 共享子空间的学习方法综述

一、典型相关分析法

在跨媒体问题中，CCA 已经成为一种经典的特征提取方法。它在计算生物、金融分析和信息检索等领域都有着非常广泛的应用。

为了研究两组相互关联的随机变量 $X = [x_1, ..., x_i, ..., x_n]^T \in R^{n \times dx}$ 和 $Y = [y_1, ..., y_i, ..., y_n]^T \in R^{n \times dy}$ 之间的整体线性相关关系，CCA 借助于主成分分析的思想，将每一组变量作为一个整体进行研究而不是分析每一组变量内部的各个变量。对每一组变量分别寻找线性组合，使生成的新综合变量能够代表原始变量的大部分信息，同时与由另一组变量生成的新综合变量的相关程度最大。

CCA 的具体细节如下。假设两组变量的第 i 对线性组合为 $Ui = X^T \alpha_i$ 和 $Vi = Y^T \beta_i$，其中典型变量 $\alpha_i = (\alpha_{1i}, a_{2i}, ..., \alpha_{ni})^T$，$\beta i = (\beta_{1i}, \beta_{2i}, ..., \beta ni)^T$。在约束条件 $Var(Ui) = a_i^T \sum_{11} a_i = 1$ 和 $Var(V_i) = \beta_i^T \sum_{22} \beta_i = 1$ 下，求 a_i 和 β_i，使两者的相关系数 $\rho(U_i, V_i) = a_i^T \sum_{12} \beta_i$ 达到最大。构造相应的优化问题为

$$\max_{a_i,\beta_i} \quad \rho\left(U_i,V_i\right)=a_i^T\Sigma_{12}\beta_i$$
$$\text{s.t.} \quad \text{Var}\left(U_i\right)=a_i^T\Sigma_{11}a_i=1 \qquad\qquad （7-1）$$
$$\text{Var}\left(V_i\right)=\beta_i^T\Sigma_{22}\beta_i=1$$

其中：$\sum_{11}$ 是第一组变量的协方差矩阵；$\sum_{22}$ 是第二组变量的协方差矩阵；$\sum_{12}$ 是 X 和 Y 的协方差矩阵。

近年来，国内外的研究人员将 CCA 建立在两个不同模态 V_x 和 V_y 的矩阵和上，分析 X 和 Y 的整体线性相关关系，从而将异构描述投影到低维同构空间上，以期提高跨媒体检索、跨媒体聚类和跨媒体分类的性能。[①] 而当一个模态为由类标签推导而来的预测值时，可以证明等同于线性判别分析。

Rasiwasia 等人提出了，一种基于 CCA 的跨媒体检索方法以获得不同模态之间的共享描述。Hardoon 等人呈现了一种使用核 CCA 的通用方法以学习网页图片和相关文本之间的语义描述。此外，Chaudhuri 等人提出了一种基于 CCA 的跨媒体聚类方法，将多个模态的数据投影到一个低维空间上。进一步，Sharma 等人提出了一种通用的基于的跨媒体特征提取方法用于跨媒体分类和检索。

二、偏最小二乘分析法

PLS 是一种多因变量对多自变量的回归建模方法。特别是当各变量结合内部存在较高程度的相关性时，用偏最小二乘法进行回归建模分析，对比逐个因变量进行多元回归更加有效，其结论更加可靠，整体性更强。

PLS 在建模过程中集中了主成分分析、典型相关分析和线性回归分析方法的特点于一身。所以，在分析结果当中，不仅可以提供一个比较合理的回归模型，还能够同时完成一些类似于主成分分析和典型相关分析的研究，从而提供一些更为丰富、更为深入的信息。

PLS 有一些具体的细节，如下所示：偏最小的二乘回归分析将两组相互关联的随机变量 $X=[x_1,...,x_i,...,x_n]^T\in R^{n\times dx}$ 和 $Y=[y_1,...,y_i,...,y_n]^T\in R^{n\times dy}$ 进行中心化处理，得到中心化后的自变量矩阵 $E=(E_1,E_2,...,E_dx)\in R^{n\times dx}$ 和因变

---

① 艾方哲 . 基于知识追踪的智能导学算法设计 [D]. 北京：北京交通大学 ,2019.

量矩阵 $F = (F_1, F_2, ..., F_{dy}) \in R^{n \times dy}$。记 $U_i = E\omega_i$ 是 E 的第 i 个成分，单位向量 ω_i 是 E 的第 i 个轴，即 $\|\omega_i\| = 1$。记 $V_i = Fc_i$ 是 F 的第 i 个成分，c_i 是 F 的第 i 个轴，并且 $\|c_i\| = 1$。如果要 U_i 和 V_i 能分别很好地代表 X 与 Y 中的数据变异信息，根据主成分分析原理，应该有 $Var(U_i) \to \max$ 和 $Var(V_i) \to \max$。另外，由于回归建模的需要，又要求 U_i 对 V_i 有很大的解释能力，由典型相关分析的思路，U_i 与 V_i 的相关度应达到最大值，即 $\rho(U_i, V_i) \to \max$。从而需要求解如下优化模型：

$$\max_{\omega_i, c_i} \langle E\omega_i, Fc_i \rangle = \langle U_i, V_i \rangle$$

$$s.t. \begin{cases} \omega_i^T \omega_i = 1 \\ c_i^T c_i = 1 \end{cases} \tag{7-2}$$

三、深度典型相关分析法

尽管 KCCA 能够学习高维非线性变换，但是也存在产生的非线性变换受选择的核函数约束的缺陷。此外，KCCA 还是一种非参数化的方法，所以它的计算复杂度的伸缩性很差。Andrew 等人提出的 DCCA 方法通过深度网络可以灵活地学习两个相关模态之间的非线性变换。不同于 KCCA，DCCA 并不需要内积，从而为 KCCA 提供了一种非线性替代。此外，DCCA 作为一种参数模型，无需参考训练集就可计算未知数据点的描述。但是，DCCA 也存在学习过程中需要设置大量参数且学习时间长的缺陷。

目前，深度网络已经被广泛用于学习描述。例如，深度波尔兹曼机深度自动编码机和深度非线性前馈网等。此外，Ngiam 等人提出的多模态自动编码机和 Srivastava 和 Salakhutdinov 提出的多模态有限波尔兹曼机都使用单一的深度网络连接两个模态的网络层进行协同学习。

而 DCCA 和上述方法的主要区别在于，它同时学习两个模态的最大相关深度非线性映射，从而使学习出的描述尽可能相关。此外，CCA 和 KCCA 可以使用的情况，DCCA 都可以使用。DCCA 也可以看作学习 KCCA 的一个核，但是映射函数并不受限于产生核 Hilbert 空间。另外，尽管深度网络通常用于学习分类标签或者有监督地到另一个向量空间的映射，但是 DCCA 使用深度网络学习两个数据集到一个数据最大相关空间的非线性变换。

DCCA 方法的具体细节如下：假设模态 V_x 和 V_y 分别对应一个深度网络。

在模态V_x的深度网络中，每个中间层有c_x个单元，而输出层有 0 个单元。设$x_i \in R^{dx}$是模态V_x的第 i 个实例。实例x_i的第一层输出为$h_1 = s(W_1^x x_i + b_1^x) \in R^{cx}$，其中$W_1^x \in R^{cx \times dx}$为权重矩阵，$b_1^x \in R^{cx}$为基向量，而$s : R \to R$是应用于逐个元素的非线性函数。那么，对于一个$t_x$层网络，输出$h_1$可用来计算下一层的输出$h_2 = s(W_2^x h_1 + b_2^x) \in R^{cx}$，直到最终的描述$f_x(x_i) = s(W_{t_x}^x h_{t_x-1} + b_{t_x}^x) \in R^0$被计算出来，其中$W_{t_x}^x \in R^{o \times cx}$，$b_{t_x}^x \in R^o$。假设$y_i$是模态$V_y$的第 i 个实例，采用同样的方式计算描述$f_y(y_i)$，但是使用不同的参数$W_l^y, b_l^y (l = 1, ..., t_y)$和不同的结构参数$c_y$和$t_y$。

设 θ_x是模态V_x对应的深度网络中的全部参数W_l^x和$b_l^x (l = 1, ..., t_x)$构成的向量， θ_y也由相同的方式构成。DCCA 联合学习两个模态的参数 θ_x 和 θ_y 使$corr(f_x(x_i; \theta_x), f_y(y_i; \theta_y))$尽可能地大：

$$(\theta_x^*, \theta_y^*) = \underset{(\theta_x, \theta_y)}{\arg\max}\, corr\left(f_x(x_i; \theta_x), f_y(y_i; \theta_y)\right) \qquad (7-3)$$

为了求解出最优解(θ_x^*, θ_y^*)，在训练数据上估计相关目标函数的梯度。假设对于一个具有 n 个样本的数据集，矩阵$H_x = H_x - \frac{1}{n}H_x 1$和$H_y \in R^{o \times n}$的列向量是由两个模态的深度模型产生的顶层描述。设$\overline{H}_x = H_x - \frac{1}{n}H_x I$和$\overline{H}_y = H_y - \frac{1}{n}H_y I$是中心化的数据矩阵。定义$\hat{\Sigma}_{11} = \frac{1}{n-1}\overline{H}_x\overline{H}_x^T$, $\hat{\Sigma}_{22} = \frac{1}{n-1}\overline{H}_y\overline{H}_y^T$和$\hat{\Sigma}_{12} = \frac{1}{n-1}\overline{H}_x\overline{H}_{y \circ}^T$。$H_x$和$H_y$的前 k 个元素的总相关值就是矩阵$P = \hat{\Sigma}_{11}^{-1/2}\hat{\Sigma}_{12}\hat{\Sigma}_{22}^{-1/2}$前 k 个奇异值的累加和。如果 $k=0$，那么矩阵 T 的迹范数表示如下：

$$corr(H_x, H_y) = \|P\|_* = tr\left(P^T P\right)^{1/2} \qquad (7-4)$$

DCCA 通过使用基于梯度的优化方法最优化参数 θ_x 和 θ_y。为了关于全部参数 θ_x 和 θ_y 计算$corr(H_x, H_y)$的梯度，先计算$corr(H_x, H_y)$关于H_x和H_y的梯度，然后使用反向回归。如果矩阵 P 的奇异值分解为$P = UDV^T$，那么

$$\frac{\partial\, corr(H_x, H_y)}{\partial H_x} = \frac{1}{n-1}\left(2\nabla_{11}\overline{H}_x + \nabla_{12}\overline{H}_y\right) \qquad (7-5)$$

其 中： $\nabla_{12} = \hat{\Sigma}_{11}^{1/2}UV^T\hat{\Sigma}_{22}^{1/2}$; $\nabla_{11} = \frac{1}{2}\hat{\Sigma}_{11}^{1/2}UDU^T\hat{\Sigma}_{11}^{1/2}$。而 $\partial\, corr(H_x, H_y) / \partial H_y$

有一个和公式（7-5）对称的表述。

第二节　跨媒体数据语义一致模式的挖掘

在一些诸如信息检索和数据分类这样的现实应用中，经常会遇到相同的语义概念由不同模态的媒体对象表达的情况。因此，如何获得嵌入了不同模态间互补信息的语义一致模式（Semantically Consistent Patterns，SCP），对于这些应用是十分重要的。然而，跨媒体描述之间的特征异构性给挖掘跨媒体数据的语义一致模式带来了巨大的挑战。本节提出了一种挖掘跨媒体数据语义一致模式的通用框架。在这个框架中，提出了一种全新的同构相关冗余变换（Isomorphic Relevant Redundant Transformation，IRRT）算法，以构建不同模态间的同构空间。IRRT 算法将多个异构的底层特征空间线性地映射到一个中层高维冗余特征同构空间，从而捕捉到更多不同模态间的互补信息。[①] 此外，为了挖掘出中层空间中同构描述之间的语义一致性，框架中还包含了一种基于相关性的联合特征学习（Correlation-based Joint Feature Learning，CJFL）模型，以提取特征同构描述之间共享的高层语义子空间。由此，可以获得跨媒体数据的语义一致模式。

一、问题描述

随着信息技术的快速发展，跨媒体数据广泛地存在现实世界中。跨媒体数据是指那些表达的内容相似，但以不同模态、不同来源、不同背景等形式出现的数据。例如，在手写阿拉伯数字识别中，相同的数字不同的人可以写出不同的形式；而对于场景语义分类不同的自然场景（视角）可以包含一些相似的对象；在跨媒体检索中，存在于同一网页（也称为多媒体文档）中的共生的文本和图片携带了相似的语义信息。

人们很自然地意识到，如果能将不同模态的描述整合为某个涵盖了所有模态间互补信息的语义一致模式，那么由此得来的一致性描述就更加有利于捕捉不同模态间的互补性。

---

① 李嘉琳. 论人工智能对学校教育的影响 [D]. 沈阳：沈阳师范大学,2019.

　　然而，挖掘跨媒体数据的语义一致模式是一项艰巨的任务。由于不同的模态横跨异构的底层特征空间，所以跨媒体描述之间没有显式的对应关系。例如，在同一张网页中，共生的图片和文本分别从视觉和文字角度传达了相同的语义概念，所以基于它们各自的异构描述很难度量它们之间的关系。因此，为了关联不同的模态，需要解决的问题就是构建一个中层特征同构空间，并且在这个空间中充分嵌入不同模态间的互补信息。

　　与此同时，如图7-1所示，对于中层空间中的同构描述主要由必要成分、冗余成分和噪声成分组成。必要成分指的是同构描述之间的互补信息，这些信息对利用先验知识构建语义一致模式是必要的。不同于必要成分，后两者指的是非必要信息。它们之间的区别在于冗余成分和必要成分高度相关，而噪声成分和前两者之间没有相关性。因此，在挖掘语义一致模式过程中另一个需要亟待解决的问题就是提取特征同构描述之间共享的高层语义子空间。由此，必要成分得以很好地保留而没有残留冗余和噪声成分。

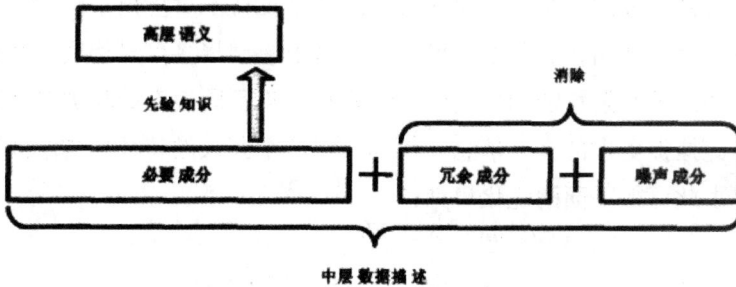

图7-1　中层空间中同构描述的成分

二、构建不同模态间的特征同构空间

　　在本节中，提出了一种全新的同构相关冗余变换算法以关联不同的模态。另外，在这节内容中，给出了求解 IRRT 模型的算法。

$$\min_{A,B} \quad \| XA - YB \|_F^2$$
$$\text{s.t.} \quad A^T X^T XA = I \quad \text{and} \quad B^T Y^T YB = I \tag{7-6}$$

其中：$A \in R^{d_x \times p}, B \in R^{d_y \times p}$；$\rho \in \{1,\ldots,\min(d_x,d_y)\}$。那么，对于第 i 对异构描述(x_i, y_i)，利用上述模型的最优解$A*$和$B*$可以得到它们各自的同构相关描述：

$$\mu_{x_i} = A^T x_i \text{ 和 } \mu_{y_i} = B^T y_i \qquad (7-7)$$

此外，基于μ_{xi}和μ_{yi}，可以得到同构空间中的整个描述μ_i：

$$\mu_i = \left(\mu_{x_i} + \mu_{y_i}\right)/2 \qquad (7-8)$$

尽管 CCA 基于良好的数学模型，但是由于其自身固有的缺陷，降低的维度ρ不可能大于$\min(d_x,d_y)$。这意味着在低维空间中会丢失一些必要的信息。实际上，如图 7-1 所示，不同模态间潜在的互补信息（必要成分）往往和非必要成分（冗余和噪声）隐藏在高维空间中。

近来，已经有人指出秩是在矩阵情况下捕捉某种类型的潜在信息的强有力工具。然而，"$rank(\bullet)$"不是一个凸函数，这会导致很难找到问题的最优解。而 Candès、Recht、Recht 等人已经在理论上证明了矩阵的迹可以用来逼近矩阵的秩。因此，基于上述强有力的理论支持本章提出了一种全新的带有迹范数约束的同构相关冗余变换模型。这个模型将多个异构底层特征空间投影到一个高维冗余特征同构空间。从而将来自不同模态的相关描述耦合到一起，以此捕捉更多的互补信息。而本书将这个冗余的特征同构空间称为中层空间。由此可得下面的优化模型：

$$\psi_1 : \min_{A,B} \| XA - YB \|_F^2 \qquad (7-9)$$
$$\text{s.t.} \| XA \|_* \le \varepsilon \text{ and } \| YB \|_* \le \gamma$$

其中，ε和γ是预先指定的正参数用来控制变换后的数据携带的信息量。在公式 7-9 中，引入迹范数约束的目的就是在特征同构空间中捕捉更多不同模态间的潜在互补信息。

需要注意的是，直接求解公式 7-9 中的问题不是一个简单的任务，原因有两点。第一，尽管问题单独对每个变量和都是凸问题，但问题整体上是一个非凸问题。第二，迹范数约束是不平滑的，这就使求解这个模型的最优解变得更加困难。然而，引理表明在问题中对变换数据的迹范数约束可以转换为问题中对投影矩阵的迹范数约束。

引理 7-1 对于正数 δ 和任意两个可相乘矩阵 C 和 D，如果

$$\| C \|_* \| D \|_* \le \delta \qquad (7-10)$$

那么

$$\| CD \|_* \leq \delta \qquad (7\text{-}11)$$

证明：由于迹范数是矩阵范数，所以它满足任意两个可相乘矩阵的相容性原理。所以，可以得到下式：

$$\| CD \|_* \leq \| C \| \| D \| \qquad (7\text{-}12)$$

因此，如果$\| C \|_*$、$\| D \|_* \leq \delta$，那么$\| CD \|_* \leq \delta$。这就完成了引理 7-1 的证明。

根据引理 7-1，如果在问题Ψ_1中预先指定的正参数 ε 和 γ 满足：

$$\| X \|_* \| A \|_* \leq \varepsilon \text{和} \| Y \|_* \| B \|_* \leq \gamma \qquad (7\text{-}13)$$

那么，可以得到$\| XA \|_* \leq \varepsilon$和$\| YB \|_* \leq \gamma$。因此，在问题$\Psi_1$中的迹范数约束可以转化为

$$\| A \| \leq \varepsilon / \| X \| \text{ 和 } \| B \| \leq \gamma / \| Y \|. \qquad (7\text{-}14)$$

由此，利用公式（7-14）中的松弛约束，可以将问题Ψ_1转化为如下问题Ψ_2:

$$\Psi_2: \quad \begin{array}{l} \min\limits_{A,B} \| XA - YB \|_F^2 \\ \text{s.t. } \| A \|_* \leq \varepsilon / \| X \|_* \text{ and } \| B \|_* \leq \gamma / \| Y \| \end{array} \qquad (7\text{-}15)$$

为了符号的简单性，将优化问题Ψ_2简写为

$$\min\limits_{z \in \mathcal{C}} f(Z) \qquad (7\text{-}16)$$

其中，$f(\bullet) = \| \bullet \|_F^2$是平滑的目标函数，$Z = [A_Z \ B_Z]$象征优化变量，而$\mathcal{C}$为封闭的凸集，其定义为

$$\mathcal{C} = \left\{ Z \middle| \| A \|_* \leq \varepsilon / \| X \|_*, \| B \|_* \leq \gamma / \| Y \|_* \right\} \qquad (7\text{-}17)$$

由于$f(\bullet)$是连续可微且带有 Lipschitz 连续梯度 L

$$\left\| \nabla f(Z_x) - \nabla f(Z_y) \right\|_F \leq L \left\| Z_x - Z_y \right\|_F, \forall Z_x, z_y \in \mathcal{C} \qquad (7\text{-}18)$$

所以，很适合采用加速投影梯度（Accelerated Projected Gradient, APG），算法求解公式（7-16）中的问题。算法已成功应用于如下优化问题：

$$\min\limits_{z \in G} g(z) \qquad (7\text{-}19)$$

其：$g(\bullet)$是一个平滑的目标函数；z是优化变量；而ς是优化问题的可执行域。

需要注意的是，在 APG 算法中一个给定点 S 在凸集$\mathcal{G} = \left\{ z \middle| \| z \|_* \leq m \right\}$上的

欧几里德投影可以定义为

$$\text{proj}_{\mathcal{G}}(s) = \arg\min_{z \in \mathcal{G}} \| z - s \|_F^2 / 2 \qquad (7-20)$$

其中：m 是预先指定的正常数。那么可以使用文献中提出的在迹范数约束上的有效投影（Efficient Projection on Trace Norm Constraints，EPTNC）算法求解等式（7-20）。算法 7-1 给出了 EPTNC 算法的具体细节。

算法 7-1：在迹范数约束上的有效投影（EPTNC）（图 7-2）。

输入：s，$\mathcal{G}$。

输出：z^*。

1：计算矩阵 s 的奇异值分解为 $s = U_s \Sigma_s V_s^T$。

2：设 $\rho = |H|$，$H = \{i \in 1, \cdots, n | \sigma_i > 0, \sigma_i$ 为 s 的第 i 个奇异值$\}$。

3：定义 $\theta = (\sum_{i=1}^{\rho} \sigma_i - m) / \rho$。

4：设 $\tau_i = max\{\sigma_i - \theta, 0\}$。

5：定义 $\Sigma_{z^*} = diag(\sigma_1, \cdots, \sigma_\rho, 0)$。

6：计算 $z^* = U_s \Sigma_{z^*} V_s^T$。

图 7-2　RPTNC 算法

当应用 APC 算法求解公式（7-16）中的问题时，一个给定点 $S = [A_s \, B_s]$ 在集合 C 上的欧几里德投影 $Z = [A_z \, B_z]$ 可以定义为

$$\text{proj}_C(S) = \arg\min_{z \in C} \| Z - S \|_F^2 / 2 \qquad (7-21)$$

通过结合 APC 算法和算法 7-1，可以求解公式（7-16）中的问题。算法 7-2 给出了 IRRT 算法的具体细节。

算法 7-2：同构相关冗余变换（IRRT）（图 7-3）。

输入：$f(\cdot)$，$Z_0 = [A_{Z_0} \quad B_{Z_0}]$，$\gamma_1$，$C$，$t_0 = 1$，$max-iter$。

输出：Z^*。

1：定义 $f_{\gamma,S}(Z) = f(S) + \langle \nabla f(S), Z - S \rangle + \gamma \|Z - S\|_F^2 / 2$。

2：设 $A_{Z_0} = A_{Z_1}$ 和 $B_{Z_0} = B_{Z_1}$。

3：for $i = 1, 2, \cdots$, max-iter do

4：　　设 $\alpha_i = (t_{i-1} - 1)/t_{i-1}$。

5：　　计算 $A_{S_i} = (1 + \alpha_i)A_{Z_i} - \alpha_i A_{Z_{i-1}}$。

6：　　计算 $B_{S_i} = (1 + \alpha_i)B_{Z_i} - \alpha_i B_{Z_{i-1}}$。

7：　　设 $S_i = [A_{S_i} \quad B_{S_i}]$

8：　　计算 $\nabla_{A_S} f(A_{S_i})$ 和 $\nabla_{B_S} f(B_{S_i})$。

9：　　while (true)

10：　　　计算 $\widehat{A_S} = A_{S_i} - \nabla_{A_S} f(A_{S_i})/\gamma_i$。

11：　　　计算 $\widehat{B_S} = B_{S_i} - \nabla_{B_S} f(B_{S_i})/\gamma_i$。

12：　　　计算 $[A_{Z_{i+1}}] = EPTNC(\widehat{A_S}, C)$。

13：　　　计算 $[B_{Z_{i+1}}] = EPTNC(\widehat{B_S}, C)$。

14：　　　设 $Z_{i+1} = [A_{Z_{i+1}} \quad B_{Z_{i+1}}]$。

15：　　　if $f(Z_{i+1}) \leq f_{\gamma_i, S_i}(Z_{i+1})$ then break

16：　　　else 更新 $\gamma_i = \gamma_i \times 2$。

17：　　　end-if

18：　　end-while

19：　　更新 $t_i = \left(1 + \sqrt{1 + 4t_{i-1}^2}\right)/2$ 和 $\gamma_{i+1} = \gamma_i$。

20：end-for

21：设 $Z^* = Z_{i+1}$

图 7-3　IRRT 算法

三、IRRT 和 CCA 的区别

从表面上看，提出 IRRT 的模型类似于 CCA 的扩展。然而，事实上在理论基础上完全不同于 CCA。其原因有三点：① ITTR 使用线性高维投影；② 对变换数据施加低级约束；③ IRRT 的求解方法不同于 CCA。

（一）使用线性高维投影

不同于 CCA 的线性降维投影，即 $p \leq \min(d_x, d_y)$ 提出的 IRRT 模型能够线性地将跨媒体数据映射到高维空间。也就是说，在 IRRT 算法中 p 可以比 d_x 和 d_y 都大，即 $p \gg \max(d_x, d_y)$。值得注意的是，到目前为止相关领域还没有提出过类似的方法，而且 IRRT 明显不同于经典的非线性高维投影的核方法（如 KCCA 和 DCCA）。

（二）IRRT 对变换数据施加低级约束

CCA 施加正交约束在典型变量上，从而导致只能将两组模态的数据投影到一个低维空间中，使这两组变量在低维空间中最大相关。不同于 CCA 中的正交约束，ORRT 对变换数据施加低级约束，从而将跨媒体数据投影到一个高维冗余特征同构空间中。

（三）IRRT 的求解方法不同于 CCA

CCA 作为一种经典的统计分析技术，通常将其转化为一个特征值问题才能求得解析解。然而，本节的后半部分已经证明提出的 IRRT 模型能够转化为一个凸优化问题，而这个新的问题可以用迭代方法求解，从而收敛于最优解。

因此，在本质上提出的 IRRT 模型和 CCA 没有太多的共同之处。所以，它不是 CCA 的简单扩展。

第三节　跨媒体数据缺失模态的补全

随着信息技术的快速发展，越来越多的跨媒体数据自然而然地出现在包括医疗诊断、网页分类和跨媒体检索等应用中。然而，由于诸如高数据采集代价，不真实性和拒绝反馈这样的原因，这些应用都面临模态缺失的问题，从而不可避免地使这些应用能够使用的数据量极度有限。针对这个问题，本章提出了一种跨媒体数据缺失模态补全的通用框架。该框架先使用一种全新的同构线性相关分析（Isomorphic Linear Correlation Analysis，ILCA）方法，将跨媒体数据线性地映射到一个特征同构空间，以此捕捉不同模态间的语义互补性和等同分布。与此同时，遵从鲁棒的思想，假定缺失模态数据矩阵由低级和稀疏两部分组成。因此，为了完成缺失模态的补全，框架中还包含了一种等同分布约束（Identical Distribution Pursuit Completion，IDPC）模型。在这个模型中，充分利用了基于等同分布约束的大边缘策略。

一、问题描述

随着数据来源的多样化，越来越多的跨媒体数据自然而然地出现在包括医疗诊断、网页分类和跨媒体分析等应用中。这些跨媒体数据具有多个模态，而每个模态都对应不同的特征集。然而，在许多情况下，由于诸如高数据采集代价、不真实性和拒绝反馈这样的原因，跨媒体数据的多个模态并非都可得而是仅具有一个模态的描述。这个事实导致缺失模态的存在，其中缺失模态数据完全缺失其他模态的描述。这个问题非常不同于单模态环境下的不完整数据的情况。单模态不完整数据指的是在单模态数据中某些变量的值是缺失的。例如，在阿尔茨海默病神经影像（Alzheimer's Disease Neuroimaging Initiative，ADNI）数据库中，许多数据只有磁共振成象（Magnetic Resonance Imaging，MRI）度量，而没有正电子放射断层（Positron Emission Tomography，PET）扫描图像。

更加值得注意的是，由于跨媒体数据的每个模态都包含了一些共享和一致的信息，所以可以利用跨媒体学习降低噪声和挖掘数据源之间的相关性，以此获得更高层的信息。然而，缺失模态数据通常都被直接丢弃，这就会导致可使用数据资源的严重缺失。此外，据作者所知，很少有工作致力于跨媒体数据的缺失模态补全。因此，上述应用在现实世界中面临巨大的挑战。因此，本节的工作旨在提出一种有效的跨媒体数据缺失模态补全方法。

二、补全跨媒体数据缺失模态的框架概述

例如，一组多媒体文档由一些关于花豹和斑马的网页组成。在每个多媒体文档中，来自不同模态的共生的文本和图片传达了相似的语义信息。然而，某个模态的一些样本由于诸如高数据采集代价、不真实性和拒绝反馈等原因而缺失。

为了恢复缺失图像描述，提出的框架学习了一个特征同构空间，以此桥接多个异构的底层特征空间。

框架的具体细节如下。为了充分挖掘出不同模态间的语义互补性和等同分布，框架先学习多个线性变换，以此消除模态间的特征异构性。因此，可以获得一个特征同构空间。在这个空间中来自不同模态的相关描述被耦合到一起，从而捕捉出不同模态的异构描述之间的语义互补性。因此，可以在特征同构空间中直接度量跨媒体数据的相关性。此外，在这个特征同构空间中，来自相同模态的同类样本聚集在一起，而异类样本之间保持一定距离。进一步，通过应用不同模态之间的语义互补性和等同分布，提出的框架补全了跨媒体数据的缺失模态，同时没有包含太多的噪声信息。[①]

通过利用来自同构空间的互补信息，跨媒体数据的整合描述更可能是线性可分的，这和单模态描述形成鲜明的对比。例如，花豹和斑马的整合描述完全线性可分。

三、补全跨媒体数据缺失模态的框架解法

为了符号的简单表示，优化问题 Ψ_1 可以表示为

$$\min_{z \in C} f(Z) \tag{7-22}$$

其中，$f(\bullet) = \|\bullet\|_F^2 - \alpha tr(\bullet) + \beta tr(\bullet)$ 是平滑的目标函数，$Z = [A_Z \ B_Z]$ 象征优化变量，而 C 为封闭的凸集，其定义为

$$c = \left\{ Z | A_Z^T A_Z = I_k, B_Z^T B_Z = I_k \right\} \tag{7-23}$$

由于 $f(\bullet)$ 是连续可微且带有 Lipschitz 连续梯度 L：

$$\left\| \nabla f(Z_x) - \nabla f(Z_y) \right\|_F \leq L \left\| Z_x - Z_y \right\|_F, \forall Z_x, Z_y \in C \tag{7-24}$$

因此，很适合采用加速近似梯度（Accelerated Proximal Gradient, APxG）算法求解公式 7-22 中的问题。

需要注意的是，在 APxG 算法中，可以使用基于曲线搜索的梯度下降（Gradient Descent Method with Curvilinear Search，GDMCS）算法保持满足约束条件 C 的给定点 P 的正交性。算法 7-3 给出了 GDMCS 算法的具体细节（图 7-4）。

① 朱珂，王玮，李倩楠.跨媒体智能的发展现状及教育应用研究[J].远程教育杂志,2018,36（5）:60-68.

输入：$f(\cdot)$，初始点 $z_1 \in M_n^m = \left\{ z \in \mathrm{R}^{n \times m} : z^T z = I_m \right\}$，$\tau_1$，$0 < \rho_1 < \rho_2 < 1$，*max-iter*。

输出：z^*

1. for $k = 1, 2, \cdots, \max - iter$ do
2. 　　　计算$f(z)$的梯度$G = Df(z_k)$。
3. 　　　计算$W = G z_k^T - z_k G^T$
4. 　　　While(true)
5. 　　　　　计算$Y_W(\tau_k) = \left(I + \tau_k W/2 \right)^{-1} \left(I - \tau_k W/2 \right) z_k$。
6. 　　　　　计算$Y_W'(\tau_k) = -\left(I + \tau_k W/2 \right)^{-1} * W \left(z_k + Y_W(\tau_k)/2 \right)$。
7. 　　　　　计算$f_\tau'\left(Y_W(\tau_k) \right) = \mathrm{tr}\left(Df\left(Y_W(\tau_k) \right)^T Y_W'(\tau_k) \right)$。
8. 　　　　　计算$f_\tau'\left(Y_W(0) \right) = -\| W \|_F^2 / 2$。
9. 　　　　　if $f\left(Y_W(\tau_k) \right) \le f\left(Y_W(0) \right) + \rho_1 \tau_k f_\tau'\left(Y_W(0) \right)$和
　　　　　　　$f_\tau'\left(Y_w(\tau_k) \right) \ge \rho_2 g_\tau'\left(Y_W(0) \right)$
　　　　　　　then $z_{k+1} \leftarrow Y_W(\tau_k)$; break
10. 　　　　　else 更新 $\tau_k = \tau_k \cdot 2$。
11. 　　　　　end-if
12. 　　　end-while
13. end-for
14. 设$z^* = z_{k+1}$。

图 7-4　GDMCS 算法

本部分提供一种有效的算法求解上面提出的 IDPC 模型 Ω_2。优化问题 Ω_2 能够简化为如下形式：

$$\min_{\theta \in Q} F(\theta) = w(\theta) + \gamma g(\theta) \tag{7-25}$$

其中，$w(\bullet) = \|\bullet\|_F^2$ 是一个平滑的目标函数，$g(\bullet) = \|\bullet\|_1$ 是一个不可微函数，$\theta = [L_\theta \ S_\theta]$ 象征性地表示优化变量，而 Q 为如下形式的封闭的凸集：

$$Q = \{\theta | \|\mathrm{L}\theta\|_* \le \varepsilon\} \tag{7-26}$$

由于等式（7-26）中的$w(\bullet)$是连续可微且带有 Lipschitz 连续梯度 L，所以很适合采用加速投影梯度（Accelerated Projected Gradient，APjG）法求解

公式（7-26）中的问题。

需要注意的是，在APjG算法中，一个给定点 P 在凸集 $\mathcal{G}=\left\{\theta \|\theta\|_* \leq m\right\}$ 上的欧几里德投影可以定义为：

$$\text{proj}_{\mathcal{G}}(s) = \arg\min_{\theta \in \mathcal{G}} \|\theta - s\|_F^2 / 2 \qquad (7-27)$$

其中，m 是预先指定的正常数。那么，可以使用"在迹范数约束上的有效投影算法"求解等式。

与此同时，在APjG算法中，通过不可微函数 $g(\bullet)$ 构建的无约束优化问题为

$$\theta_e = \arg\min_{\theta} \mu \|\theta\|_1 + \rho \|\theta - s\|_F^2 \qquad (7-28)$$

其中，μ 和 ρ 是两个预先指定的正参数。可以使用软门限算子（Soft-Thresholding Operator,STO）算法求解等式（7-28）。STO算法的具体细节见算法7-4（图7-5）。

输入：μ, ρ 和

输出：θ^*。

（1）计算矩 s 的奇异值分解为 $s = U_s \Sigma_s V_s^T$。

（2）定义如俺们限算子：$S_{\mu/\rho}[\Sigma_s] = sign(\Sigma_s) * \max(|\Sigma_s| - \mu / \rho, 0)$。

（3）计算 $\theta^* = U_s S_{\mu/\rho}[\Sigma_s] V_s^T$。

图7-5　STO算法

当应用APjG算法求解公式（7-28）中的问题时，一个给定点 $P = [L_P \ S_P]$，在集合 Q 上的欧几里德投影 $\theta = [A_\theta \ B_\theta]$ 可以定义为

$$\text{proj}_Q(P) = \arg\min_{\theta \in Q} \|\theta - P\|_F^2 / 2 \qquad (7-29)$$

通过结合APjG算法，算法7-1和算法7-4，就可以求解公式（7-25）中的问题。

第八章 复杂数据环境下跨媒体语义的非线性分析

第一节 相关概念

一、复杂数据关系

在跨媒体语义中，当数据类型包括三种或者是多种的时候，就被称之为复杂数据关系。当多媒体的数据类型从两种扩展到三种或者是多种时，假如直接适应典型相关性分析法对其进行两两分析，可能会将完整的跨媒体语义丢失，因此我们对其的具体分析如下：

假设数据库中包含 A、B、C 三种类型的多媒体数据，首先，分析 A、B 对应的两个特征矩阵之间的典型相关性，通过映射方法得到维数为 m 的子空间 S1；然后，采用同样的方法得到 A,B,C 对应的 m 维子空间 S2，以及对应的 m 维子空间 S1。虽然，学习结果使 A、B、C 三种类型的多媒体数据都可以用 m 维的向量表达，进而可以使检索算法进行跨媒体检索和相关反馈，但是这种做法只是从局部意义上学习了两两之间的统计关系，丢失了全局范围内三种多媒体数据之间的潜在关系。例如，分析 A、B 之间的数据关系时，忽略了 C 对 A、B 之间间接关系的影响。

二、非线性模型

从特征降维的角度来看，从多媒体数据中提取的底层内容特征可以看作在高维空间中的向量，向量的维数往往都非常高，必须采用有效的维数约减方法以降低维数灾难带来的影响。包括 CCA 在内的一些经典的降维方法（如 PCA 和 ICA 等）实现简单有效，并且可以发现线性空间中的真实数据结构。例如，有文献提出非线性流形学习方法对图像数据集进行非线性的特征分析和子空间映射，得到的流形子空间是最接近真实语义关系的语义空间。

实际上，许多学科中都有关于非线性的问题。例如，激光理论中有关于非线性的光学问题，工程结构领域中要用到非线性的结构力学理论，还有电磁理论中的非线性振荡问题，等等。那么，什么是非线性（Non-linear）？线性（Linear）和非线性有什么区别？

从数学的角度来讲，非线性是指两个变量之间没有像正比关系那样的"直线"关系，即自变量与变量之间不成线性关系，而是成曲线、抛物线关系，或不能定量，这种关系叫作非线性关系。而线性则是指自变量和变量之间按比例、成直线的关系。因此，"线性"与"非线性"常被用于区别函数 $y=f(x)$ 对自变量 x 的依赖关系。

在自然科学、工程技术的很多应用中，有许多问题需要用到非线性的数学模型。例如，样本之间的距离采用非线性的曲线来度量，比采用线性的欧氏距离更能真实地反映语义上的数据关系。又如，采用非线性的模型可以说明为什么同一个输入条件下，可以得到几种不同的结果，还可以解释什么时候两种变量不能"叠加"，两种变量会怎样地彼此影响、发生"耦合"作用。著名的科学家钱学森曾提出：非线性科学研究各门学科中有关非线性的共性问题，以及其自身理论发展所需要的一些概念、方法等，所谓"共性"在很多地方表现为数学规律相同，数学在非线性科学研究中起了非常大的作用。更为重要的是，他还指出，关于非线性科学的研究是真正的基础研究。

第二节　流行学习模型

一、流行与流行学习

流形是拓扑学中的概念，最早可追溯到 1854 年，定义为一个局部范围内处处都是欧几里得的拓扑空间，即每个点的局部都同胚于 d 维空间 R^d。从数学上来讲，同胚的定义可以描述如下：设 X，F 是两个拓扑空间，$X \to Y$ 是一个连续映射，如果 f 有逆映射，而且逆映射也是连续的，那么 f 就称为一个同胚映射，且拓扑空间 X 与 F 同胚。

图 8-1 就是几个同胚拓扑的例子，几个不同大小的凸多面体表面都是同胚的。实际上，几何对象在进行同胚变换时，很多性质都会随之改变，如角度、距离等，也有一些性质保持不变，而拓扑学正是要研究这些不变性，这一点也为流形学习提供了重要的理论依据。

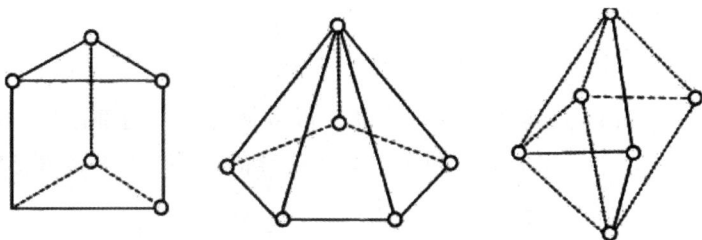

图 8-1　几种表面同胚的凸多面体示例

根据上述流形的定义可知，R^d 空间本身就是一个流形，各种曲面都是流形，且局部同胚于 R^2。相对于流形的概念而言，流形学习是一个广泛的概念，它融合了流形和机器学习等多领域的知识，其主要目的是从高维数据集中找出不能直接观测到的结构信息，即找出低维的本征描述，并给出从高维空间到低维流形的映射，找到数据间的内在联系，完成特征提取或者数据挖掘等任务。[①]

----

① 王金洲. 基于深度相关性挖掘的跨媒体检索研究 [D].武汉：武汉科技大学 ,2018.

2000 年，著名的 Science 上发表了两篇关于如何对高维数据分析的新理论，提出了两种不同的非线性方法：1SOMAP 和 LLE，揭示了高维空间中隐含的内在低维结构，认为对高维数据的学习可以理解为对内嵌低维流形结构的学习。同年，Science 还发表了一篇题为《人脑感知的流形方式》（*Manifold Ways of Perception*）的文章，在认知层面上进行了深入推测，探索了记忆存储的连续形式和感知流形的关联，暗示着流形学习可能是人类认知中一种自然的行为方式。在随后的几年中，利用流形的特性进行数据降维的研究就成为热门的研究话题，流形学习方法也被应用到各个领域，尤其是会产生高维数据的一些应用中，如多媒体数据分析、生物特征识别、金融数据分析等。

如果直接将多媒体数据中提取得到的高维特征向量输入计算机进行特征分析，将会由于维数过高而失去特征原有的代表性意义，产生"维数灾难"的问题。因此，需要进行维数约减。高维数据的降维是指通过线性或者非线性的映射方法，将高维观测空间中的样本投影到一个低维的子空间中，以找出隐含在高维观测空间中的有意义的低维结构。从一般意义上来讲，数据降维主要有四个目的：去掉噪声、降低存储量、提取识别性高的特征以及实现高维数据的低维可视化。

经典的线性特征降维方法实现简单有效，并且可以发现线性空间中的真实数据结构，如 PCA 和 ICA 等。然而，很多情况下，高维数据呈现出非线性的结构。近年来，研究者提出了很多非线性的降维方法，如非线性的流形学习方法、神经网络方法、遗传算法等。

二、经典的流行学习算法

在介绍流形学习方法之前，需要强调的是流形学习的几个基本前提和条件，也就是对高维数据的几点要求。①当高维观测空间中两个样本点之间足够近时，它们之间的距离才与低维流形结构上的距离近似相同，称之为局部同胚假设；②高维数据点的数量要足够多，能够密集地覆盖整个流形结构，否则会出现空洞，影响距离计算结果。上述条件保证了观测数据可以近似地表达流形的基本形状，确保了流形学习算法的有效性。

2000 年以后，流形学习被认为是属于非线性降维的一个分支。然而，由于非线性流形学习算法具有计算量大的缺点，因此如何将非线性的算法进行线性化转换已经成为流形学习中的一个重要方向。下面将从非线性算法和线性算法两个方面进行介绍。

（一）非线性算法

假设从高维空间 R^H 中采集了 N 个高维向量通过非线性流形学习算法降维到低维的内嵌子空间 $R^L(L < H)$ 中，得到低维坐标 y_i。下面介绍几种常用的非线性流形学习算法是如何实现高维向量 x_i 从 R^H 到 R^L 的坐标转换的。

1.ISOMAP。

该方法是 Tenenbaum 等人于 2000 年提出的，其核心思想是通过距离保持映射，计算高维观测空间中的向量在低维内嵌流形子空间中的坐标值。主要包括三个步骤：构造邻接图、计算测地线距离、内嵌子空间映射。

ISOMAP 算法以观测向量两两之间的距离矩阵为输入，在非线性降维的同时，还保留了经典维数约减算法的主要优点。假设不同类型的多媒体数据集分布在一个内嵌的非线性流形子空间上，可以更好地发现数据集间的非线性结构。Tenenbaum 等人已经证实：使用 ISOMAP 算法来约减维数，不仅能比线性的特征降维方法 PCA 捕捉到更多有意义的结构性信息，而且当约减到相同维数的情况下，残差也比用 PCA 的要少。ISOMAP 算法在人脸识别、手势识别、图像检索等领域取得了较好的应用成果。

由于 ISOMAP 算法没有定义高维观测空间到低维嵌入的流形子空间的映射，因此对于新数据就不能直接投影到流形子空间中。并且，当数据集达不到一定的数量或者存在过多的噪声时，就难以覆盖真实的流形结构。目前，许多流形学习研究针对这些问题进行了深入的探索。

2. LLE（Locally Linear Embedding）

该方法是由 Roweis 和 Saul 于 2000 年在 Science 上提出的，其基本思想是将高维观测空间中的向量映射到低维嵌入空间的同时，保持局部领域间的相互关系。主要包括下列几个步骤：

（1）计算邻域样本：对高维观测空间 R^H 中的每个样本点 x_i，计算其邻域点 $\Phi(x_i)$，可以直接采用 R^H 中的欧氏距离，规定与 x_i 的距离小于某一阈值的点为邻域点，或者是以 x_i 为球心，半径在某一阈值范围内的球状邻域。

（2）计算重构权值：用邻域点线性重构x_i，为x_i的每个邻域点$\Phi(x_i)$赋予权值w_{ij}，并且使重构误差最小化。重构误差定义为

$$\sigma(X) = \sum_{i=1}^{N} \left\| x_i - \sum_{j \in \Phi(x_i)} w_{ij} \cdot x_j \right\|^2 \qquad (8-1)$$

且重构权值w_{ij}满足两个约束条件：当x_j不属于x_i的领域时$w_{ij}=0$；x_i领域内所有点的权值之和为1，即$\sum w_{ij}=1$。求解权值w_{ij}的过程就是求解带约束的最小二乘问题。

（3）求解x_i在低维空间R^L中的坐标y_i：LLE算法在求解低维坐标时，最大限度地保留x_i在高维观测空间中的邻域，和线性重构x_i所需的权重系数w_{ij}。定义低维空间的代价误差为

$$\sigma(Y) = \sum_{i=1}^{N} \left\| y_i - \sum_{j \in \Phi(x_i)} w_{ij} \cdot y_j \right\|^2 \qquad (8-2)$$

式中，w_{ij}的值已知，需要优化L维坐标系下的y_i，使误差最小。对于任何一个样本点x_i，w_{ij}具有旋转、尺度和全局变换的无关性，因此对于坐标y_i的求解可以转换成一定约束条件下，稀疏矩阵的特征根计算问题。

可见，LLE算法不需要像ISOMAP算法那样计算成对的距离矩阵，并且流形子空间中样本向量的求解转化成了稀疏矩阵的特征根求解问题，因此降低了计算量。该算法的特点在于流形子空间的计算过程中，保持了高维空间中近邻样本点间的权重值。然而，对于数据库之外的新数据，就难利用原有的权值来完成流形映射，这也是目前流形学习中的一个共性问题。

3.Laplacian Eigenmap。

与LLE方法类似，Lapladan Eigenmap也是通过求解矩阵的特征向量计算流形子空间坐标。主要包括以下几个步骤：

（1）构造邻接图：根据样本点x_i和x_j之间的欧氏距离$d(i,j)$，如果样本点x_j位于以x_i之间为圆心以常参数r为半径的圆周范围内，则在x_i和x_j之间建立一条边，其权重值为$d(i,j)$。

（2）基于图谱理论，构造流形嵌入子空间的误差方程为

$$\sigma(Y) = \sum_{i,j} \left(y_i - y_j \right)^2 w_{ij} \qquad (8-3)$$

式中，$w_{ij} = \exp\left(-d(i,j)^2 / t\right), t \in R$

（3）定义约束条件 $y^T U y = 1$，其中 U 为对角阵，且 $U_{ii} = \sum_j w i_j$，以及防止流形结构中数据集收缩到某一点的约束：$y^T U I = 0$。

（4）在上述两个约束条件下，求解 $Lp = \lambda U p$ 的最小特征向量，其中 $L = U - W$，是一个 Laplacian 矩阵，即对称的半正定矩阵。已有文献证明，最小化误差方程可以对应于求得的若干个最小特征向量，以此作为流行的最优嵌入。

（二）线性算法

非线性的流形学习方法在计算流形嵌入空间的时候，大多是以训练集中所有样本点的邻域关系为基础，而对于训练集之外的新数据，很难实现流形子空间中的坐标定位，难以实现增量学习。并且，非线性方法的计算量较大，这都阻碍了非线性流形学习方法的进一步应用。另外，线性的流形学习方法具有计算量小的特点，并且训练过程中得到的子空间基向量可以实现新数据的引入和定位。

目前，大多数的线性流形学习方法都是在非线性方法的基础上变形得到的，其主要思想是采用线性映射 $Y = AX$，以 X 代替 Y 进行矩阵的特征值计算。下面以局部保持映射（Locality Preserving Projection，LPP）方法为例，进行详细分析和介绍。

LPP 方法是以 Laplacian Eigenmaps 方法为基础，进行线性化后得到的，最早是在 2003 年由 Xiaofei He 提出的。该方法主要是用输出的线性映射关系取代 Laplacian Eigenmaps 方法中的非线性映射关系，以完成高维观测空间中的特征向量到低维流形子空间的线性变换。LPP 方法找到了高维空间中隐藏的流形几何特性，并且在线性的条件下，尽可能地保持了 Laplacian Eigenmaps 方法中用到的局部几何特性。下面是 LPP 方法的形式化描述。

假设 $X = \{x_1,...,x_i,...,x_n\}$，$x_i \in R^H$ 表示维数为 H 的高维观测特征向量，A 为变换矩阵，通过线性变换 $Y = AX$，使观测数据集 X 从 R^H 映射到低维 R^L 空间，用 $Y = \{y_1,...,y_i,...,y_n\}$ 表示，$y_i \in R^L$ 表示 R^L 空间中的样本点。变换矩阵 A 的计算过程如下。

（1）建立邻接图：对于样本点 $x_i \in X$，都作为图中的顶点，然后以欧氏距离为依据，找到 x_i 的 k 近邻，在 x_i 和近邻样本点之间建立一条边。

（2）计算边的权值 Z，$w(i,j) = \exp\left(-\|x_i - x_j\|^2 / \sigma\right)$，其中 σ 为实参数。

（3）求解 Laplacian 矩阵的特征向量：类似于 Laplacian Eigenmaps 方法，可以得到形如 $Lp = \lambda U p$ 的等式。$XLX^T a = \lambda X U X^T a$，其中 U 为对角阵，且对角线上的元素值为 $U_{ii} = \sum_j w_{ji}$，求解该式的最小特征值，及其对应的特征向量。

（4）设步骤三中得到的解为 $\{a_1,...,a_k\}$，那么相应的子空间嵌入映射为 $y_i = A^T x_i$ 其中，$A = [a_1,...,a_L]$ 是 $L \times K$ 维的矩阵。

第三节　复杂数据关系的非线性流行建模

在计算机视觉和多媒体检索领域，流形学习方法已经成为研究热点，并得到广泛的应用。多媒体数据的底层特征非常丰富，从中提取得到的特征向量往往维数很高，采用流形学习的方法可以有效地实现降维，找到高维特征空间中内嵌的低维流形结构，从而解决维数灾难的问题，也在一定程度上学习了多媒体数据间的语义关系。当多媒体数据集的数量达到一定标准时，可以找到特征向量构成的流形结构。

并且，有文献已经证明了，在多媒体数据表达方面，采用流形学习比用传统的线性方法更加有效。例如，采用流形学习算法进行视频流的分析，将 ISOMAP 算法移植到视频图像重构技术中，对图像的视觉特征向量构造低维内嵌的流形子空间，提高图像检索的效率，等等。下面介绍如何将流形学习方法应用到跨媒体检索中，对不同类型多媒体数据的各种异构、高维的底层特征进行分析和降维。

一、多特征观测空间

通常采用特征向量的形式表达多媒体数据，将其表示为高维矢量空间中的样本点。例如，在图像的视觉特征空间中，每一维都表示在相应特征属性上的取值。对于一幅彩色图像，如果提取 256 维的 HSV 颜色直方图、64 维的 LAB 颜色聚合向量，和 32 维的 Tamura 方向度，则组合成的视觉特征向量就是 352 维。

图像属于静态的非时序数据，而对于音频这种时序数据，其特征向量的维数更加巨大。需要将离散的音频信号划分成若干个一定长度的音频窗口进行处理，即将大量的、离散的音频窗口采样点分成一个个的音频窗口，然后提取出每个音频窗口的听觉特征，最后将所有音频窗口的特征合并成一个高维的组合向量，以此作为音频数据在听觉特征空间中的特征向量。[①] 本章中将不同类型多媒体数据对应的各种特征空间统称为多特征观测空间，如图 8-2 所示。

图中，S_1, S_2, S_3 表示三种不同的多媒体特征空间，其中的圆圈、正方形和菱形则表示多媒体特征向量，即用向量表示的多媒体数据样本。假设 S_1 为图像的底层视觉特征空间，在 S_1 中图像数据集因为视觉特征的差异呈现出一定的拓扑分布，如红色调的图像分布在一个较为集中的区域，蓝色调的图像分布在另一个较为集中的区域，红色调和蓝色调的图像之间存在着一定的距离；假设 S_2 为音频的底层听觉特征空间，将和 S_2 中多媒体数据之间存在的统计关系称为跨媒体相关性。

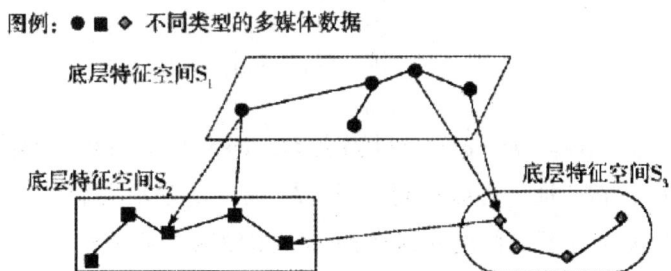

图 8-2　多特征观测空间示意图

二、流形学习之：构造邻接图

在这一节中，将采用 ISOMAP 算法对多特征观测空间中不同类型的多媒体数据进行非线性降维，具体如下。

假设多媒体数据集位于流形结构 M 上，M 嵌入在一个高维观测空间 I

---

① 艾方哲. 基于知识追踪的智能导学算法设计 [D]. 北京：北京交通大学, 2019.

中。则需要找到一个从高维观测空间 I 到低维内嵌空间 Y 的映射。完整的 ISOMAP 算法包含了三个主要步骤，其中第一步就是以多媒体数据为顶点，构造一个邻接图。下面将介绍如何连接多媒体数据顶点，建立边和权重。

图 8-2 中多特征观测空间由三个不同类型的特征空间 S_1, S_2, S_3 构成，其中任意两个多媒体数据点 i, j 之间的距离设定为 $d(i, j)$；采 $R_m \subset S_m \times S_m$ 表示同一个特征空间中的距离，$R_{mn} \subset S_m \times S_n (m \neq n)$ 表示不同特征空间之间的距离关系。那么，可以用对称矩阵 L_{mm} 表示所有的 R_m 值，矩阵中的元素值 $L_{mm}(x, y)$ 表示特征空间 Sm 中多媒体数据 x 与多媒体数据 y 之间的距离值；同理，距离值 R_{mm} 可以用对称矩阵 $L_{mm}(m \neq n)$ 来量化，其中的元素值 $L_{mm}(x, y)$ 表示特征空间 S_m 中多媒体数据 x 和特征空间 S_n 中多媒体数据 y 之间的跨媒体距离。

那么，给定文本、图像和音频三种类型的多媒体数据作为训练集，我们按照上述思想计算相同类型多媒体数据之间的距离矩阵以及不同类型多媒体数据之间的距离矩阵，然后组合成一个综合距离矩阵 A，如下所示：

$$A = \begin{vmatrix} L_{tt} & L_{ti} & L_{ta} \\ L_{it} & L_{ii} & L_{ia} \\ L_{at} & L_{ai} & L_{aa} \end{vmatrix} \qquad (8\text{-}4)$$

分别令 $m = t, m = i, m = a$ 可以得到文本、图像和音频数据的内部距离矩阵 L_{tt}、L_{ii}、L_{aa}；相应地，可以得到子矩阵 L_{ti}、L_{ti}、L_{ia} 记录文本—图像、文本—音频以及图像－音频之间的跨媒体距离。采用第八章中的方法计算跨媒体距离，归一化后得到子矩阵中的元素值。如果数据库中有第四种类型的多媒体数据，如视频数据，则可以把综合距离矩阵 A 进一步扩充，加入子矩阵 L_{vv}、L_{vt}、L_{vi}、L_{va}。

在计算子矩阵 L_{tt}、L_{ii}、L_{aa} 时，先提取多媒体数据的底层内容特征，然后根据一定的距离度量函数进行计算，底层特征和距离函数如表 8-1 所示。

表8-1　底层特征选择和相似度计算函数

	使用的底层内容特征	距离度量函数
图像	HSV Color Histogram,CCV,Tamura Texture	$W'_{ij} = \exp(-\|x_i^I - x_j^I\| / 4\sigma^2)$
文本	Keywords（TF × IDF weighting）	$W_{ij}^T = \exp(-(1 - \cos(x_i^T, x_j^T)) / 4\sigma^2)$
音频	Centroid，Rolof,Spectral Flux,Root Mean Square	$W_{ij}^A = \exp(-\|x_i^A - x_j^A\| / 4\sigma^2)$

表 8-1 中，参数 σ 是空间近似度测量的范围控制参数，$\|$ $\|$表示在多媒体数据的底层内容特征空间中，样本点间的欧氏距离。

根据综合距离矩阵 A 构造加权无向图 G，方法如下：图中的顶点为训练集中的所有媒体对象集合，用 U 表示；对于 U 中任意两个多媒体样本 x_i 和 x_j，如果两者在综合距离矩阵 A 中的距离小于某一阈值，即 $A(x_i, x_j) < \varepsilon$（其中参数 ε 为常量），则在无向图 G 中的顶点 x_i 和 x_j 之间加一条边，且边的权重为矩阵 A 中的元素值 $A(x_i, x_j)$。

三、流形学习之：计算测地线距离和子空间坐标

ISOMAP 算法进行流形学习的第二步是根据邻接图中的路径关系，计算测地线距离，即在加权无向邻接图 G 中，顶点 x_i 和 x_j 之间的最短路径上的边的权重之和称为测地线距离，而并非简单的欧氏距离。

假设上一节中得到的加权无向邻接图 G 中，包括 N_1 个图像数据点，则可以获得由 N_1 个图像组成的测地线距离（Geodesic Distance）$\delta_{ij}^i = d(I_i, I_j)$。类似的，可以求取邻接图 G 中 N_2 个音频的测地线距离 $\delta_{ij}^A = d(A_i, A_j)$，以及 N_3 个文本的测地线距离 $\delta_{ij}^T = d(T_i, T_j)$。然后，用测地线距离 $\delta_{ij}^i = d(I_i, I_j)$、$\delta_{ij}^A = d(A_i, A_j)$ 和 $\delta_{ij}^T = d(T_i, T_j)$ 更新综合距离矩阵 A 中相应的子矩阵，如下所示：

$$A = \begin{vmatrix} L_{ij}^* & L_{ti} & L_{ta} \\ L_{it} & L_{tt}^* & L_{ia} \\ L_{at} & L_{ai} & L_{aa}^* \end{vmatrix} \qquad (8-5)$$

$$L_{ii}^* = \left[-\frac{1}{2}(\delta_{ij}^I)^2 \right]$$

$$L_{aa}^* = [-\frac{1}{2}(\delta_{ij}^A)^2] \qquad （8-6）$$

$$L_{tt}^* = [-\frac{1}{2}(\delta_{ij}^T)^2]$$

采用同样的方法计算图像和音频、图像和文本以及文本和音频之间的测地线距离，并更新综合距离矩阵。更新后的综合距离矩用阵 A^* 表示，A^* 是一个 $N \times N$ 的矩阵，其中 $N = N_1 + N_2 + N_3$。

根据前面章节的描述可知，ISOMAP 算法在求取了邻接图 G 中任意两点之间的测地线距离之后，把测地线距离矩阵，也就是本节中的综合距离矩阵 A^*，作为 MDS 算法的输入，计算低维的子空间，该空间就是保留了原始空间几何特性的最优低维子空间。下面将具体介绍子空间是如何计算的。

采用 MDS 算法计算多媒体样本点在内嵌低维流形 R_m 中的坐标，定义中心矩阵 H 为 $H = I_N - ee^T / N$，其中 I_N 是 N 阶单位矩阵（称为 Identity Matrix），e 是元素值全为 1 的 N 维向量。

设 $B = HA^*H$，对 B 进行特征分解，如下所示：

$$B = VAV^T \qquad （8-7）$$

式中，A 是一个包含特征值的对角矩阵，V 是一个 $N \times D$ 的矩阵，其中每一列都是矩阵 B 的特征向量。因为 $N<D$，所以 A 中有 $D-N$ 个值为零的特征值。于是，将非零的特征值从大到小的顺序排列 $\lambda_1 \geq \lambda_2 \geq ... \geq \lambda_D \geq 0$。那么，$B = V_N A_N V_N^T$，其中，$V_N$ 是一个 $N \times N$ 的矩阵，其中的列对应于矩阵 B 的前 sN 个特征向量，A_N 的取值如下式所示：

$$A_N = \mathrm{diag}(\lambda_1, \cdots, \lambda_N) \qquad （8-8）$$

多媒体样本点在低维流形子空间中对应的坐标 Y_i 被设置为矩阵 B 的前 m 个特征值（$m<N$）。记 v_d^i 为矩阵 V_N 的第 d 个特征向量 v_d 的第 i 个元素，设置向量 Y_i 的 m 维坐标向量的第 d 个元素为 $\sqrt{\lambda d}\,v_d^i$。可以用下式表示：

$$Y_i = \left[\sqrt{\lambda_1} v_1^i \quad \cdots \quad \sqrt{\lambda_d} v_d^i \quad \cdots \quad \sqrt{\lambda_m} v_m^i \right]^T \qquad （8-9）$$

第四节　短期修正和长期修正策略

　　由于流形学习的过程挖掘了多媒体数据集内部的潜在关系，因此在降维后的子空间中，多媒体数据间的距离更能够在一定程度上体现出语义上的相似关系。一些多媒体检索算法将流形学习得到的子空间称为是语义子空间。类似地，上一节中得到的低维子空间也可以称为是一个语义子空间，跨媒体检索可以根据子空间中的距离度量来实现，距离与相似度成反比。

　　为进一步提高检索效率，缩小语义鸿沟，可以采用短期修正和长期修正策略。第一，用户提交查询例子，系统通过跨媒体搜索引擎返回不同类型的相似对象；第二，用户对返回的结果进行评价，标注反馈正例和反馈负例。短期修正和长期修正策略都是用来学习用户的反馈信息，从中找到有用的数据以优化跨媒体搜索算法。

　　短期修正策略作用于当前的查询例子产生的查询过程，而对于其他查询例子的检索过程不产生影响，因此对查询效率的优化只是短期的，随着查询的结束，优化作用也就结束了；而长期修正则是作用于测地线距离矩阵，对矩阵进行更新和优化，因此是对整个多媒体数据集产生全局的和长期的作用。这两种策略具体描述如下。

一、短期修正

　　多媒体数据具有语义丰富的特点，因此用户提交的查询例子很可能具有多义性，不一定能够准确地反映用户的查询意图；短期修正策略依赖查询例子，可以调整查询向量在语义子空间中的坐标，使之更加接近用户的真实查询意图，从而修正查询结果。这种方法需要分别考虑以下两种情况：

　　（1）设查询例子为 R，反馈正例为 P，如果 R 和 P 是相同类型的多媒体数据，则将 R 在语义子空间中对应的向量向 P 的中心移动，使之更加接近反馈正例；如果 R 和 P 是不同类型的多媒体数据，则进行查询扩展，以 P 为查询例子检索与 P 相同类型的相似对象，作为新一轮的结果返回。

　　（2）设反馈负例为 N，对 N 采取不同的修正策略。对于 $\forall n_i \in N$，找到与

它相同类型的 K 近邻集合 C_i 将 n_i 和 C_i，都向远离 R 的方向移动。

二、长期修正

独立于查询例子。长期修正策略是为了以增量学习的方式将用户交互过程中学习得到的知识融入系统中，具体地说，就是保存到测地线距离矩阵中，使本次查询中学习得到的先验知识在下次查询过程中同样可以使用。长期修正策略也分为如下两种情况：

（1）缩小反馈正例 P 和查询例子 R 之间的距离，即乘以一个小于1的常参量 $A*(x,y),(x,y \in P \cup R, \alpha < 1)$，其中 $A*$ 为测地线距离矩阵。

（2）类似的，加大反馈正例 P 和反馈负例 N 之间的距离，即乘以一个大于1的常参量 $A*(x,y) = \beta A*(x,y),(x \in P \cup R, y \in N, \beta > 1)$ 当测地线距离矩阵 $A*$ 更新到一定程度时，需要重新计算子空间坐标，即：以更新后的矩阵 $A*$ 作为 MDS 算法的输入，得到的输出就是新的子空间坐标。

第五节 增量学习能力探讨

增量学习主要针对数据库以外的新数据，研究如何修改映射关系使新数据可以准确地投影到子空间中。在流形学习方法中，缺少从高维观测空间到低维内嵌空间的映射关系，这也是非线性降维的普遍性特征。

例如，ISOMAP 方法是以数据库中的数据建立起来的邻接图为基础，进行非线性的降维，当引入数据库之外的新样本时，需要重新构造邻接图，重新计算测地线距离矩阵，以及相应矩阵的特征向量以求得低维嵌入值，即整个流形学习过程要全部重新运行一遍。这一缺点使现有的非线性流形学习方法很难实现增量学习，难以适应动态变化的样本空间。

针对上述问题，有许多的学者提出了一些新数据的引入方法，下面介绍其中的两种：①根据流形的几何性质，用局部线性小块定位新数据到子空间中，并将重建误差最小化；②结合相关反馈，根据正例的坐标来定位新数据的坐标。

一、几何方法

对于一个数据库之外的新样本，假设为一幅图像I_{new}，可以使用它的k近邻（用$\Omega = \{I_{db}^j\}, j \in [1,k]$表示）来重建$I_{new}$的坐标。重建误差可以由下式表示：

$$\varepsilon_I = \left\| I_{new} - \sum_{j=1}^{k} w_j I_{db}^j \right\|^2, \text{且} \sum_{j=1}^{k} w_j = 1 \qquad (8\text{-}10)$$

式中，权值w_j表示数据库中的图像近邻I_{db}^j对重建新图像样本的贡献，并且满足约束条件$\sum_{j=1}^{k} w_j = 1$。在这个约束条件下，求解权值w_j的过程就是求解带约束的最小二乘问题，最优的权值w_j可以根据如下算法获得：

（1）计算近邻间的内积，进而计算邻域相关矩阵$C_{ij} = I_{db}^{(i)} \cdot I_{db}^{(j)}$，以及它的逆矩阵$C_{ij}^{-1}$。

（2）计算拉格朗日乘子$\lambda = \alpha / \beta$, 其中：$\alpha = 1 - \sum_{i=1}^{k} \sum_{j=1}^{k} C_{ij}^{-1} (I_{new} \cdot I_{db}^{(j)})$; $\beta = \sum_{i=1}^{k} \sum_{j=1}^{k} C_{ij}^{-1}$。

（3）计算重建权值$wj = \sum_{i=1}^{k} C_{ji}^{-1} (I_{new} \cdot I_{db}^{(j)} + \lambda)$。

图像空间中局部几何特性在低维流形的局部小块上同样也是成立的，并且根据流形的性质，在降维后得到的子空间中，相似语义的多媒体样本和它的k近邻位于或者接近于流形中的一个局部线性小块上。在观测空间中新图像样本的重建权值w_j，同样也可以用于重建内嵌的低维流形上的坐标。

因此，设新图像样本I_{new}在低维子空间中的坐标为Y_{new}，其k近邻Ω在子空间中的坐标为Y_{db}^j, $j \in [1,k]$，则低维嵌入误差函数定义如下：

$$\varepsilon_Y = \left\| Y_{new} - \sum_{j=1}^{k} w_j Y_{db}^j \right\|^2 \qquad (8\text{-}11)$$

已知w_j，为求出最优的Y_{new}，可以令$\varepsilon_Y = 0$，可以估算出新图像在内嵌流形空间中坐标Y_{new}的值为

$$Y_{new} = \sum_{j=1}^{k} w_j Y_{db}^j \qquad (8\text{-}12)$$

二、交互方法

用户交互是一种重要的语义信息，可以直接根据用户交互中标注的反馈

正例计算数据库以外的新数据在流形子空间中的坐标。同样，假设新数据为一幅图像I_{new}，则I_{new}在子空间中的坐标计算如下：

（1）提取I_{new}的底层视觉特征，使用欧氏距离计算训练数据库中与I_{new}最近的图像，找到I_{new}的k近邻Ω作为结果返回。

（2）用户对返回结果进行相关反馈，设$\{p_1, p_2, ..., p_k\}$为用户从结果Ω中标注的k个反馈正例，它们在内嵌流形子空间中的低维坐标分别为$pi = (p_{i1}, ..., p_{im})$，$i \in [1, k]$。

（3）用$Y_{new} = (y_1, ..., y_m)$表示新数据$I_{new}$在内嵌低维流形子空间中的坐标，则$Y_{new}$在每个维度上的取值$y_i(j \in [1, k])$为$yj = \left(\sum_{i=1}^{k} p_{ij} \right) / k$。

从上述算法的描述可知，这种交互定位方法是建立在一个假设的基础上，即数据库中语义相似的多媒体数据分布在流形子空间中相对集中的区域。显然，这种假设与流形的性质是相一致的，即相似语义的多媒体数据和它的k近邻位于或者接近于流形中的一个局部线性小块上。

当把新的多媒体数据I_{new}定位到流形子空间中之后，则可以以I_{new}为查询例子进行跨媒体检索。[1] 同样的，短期修正和长期修正策略也可以应用到新的多媒体数据中。

---

① 刘若愚. 图像检索中的特征学习和索引技术研究 [D]. 北京：北京交通大学,2019.

第九章　跨媒体分析推理技术在教育中的应用

第一节　大数据及人工智能在教育中的应用分析

一、大数据及人工智能对在线教育产业的影响

大数据作为互联网崛起的标志性技术，具有规模大、速度快、种类多、价值高、准确性高等特点，能够在海量的数据中有效挖掘有价值的信息，作为决策的有效数据支持。

英国牛津大学的两名教授 Viktor Mayer-Schnberger 和 Kenneth Cukier 认为，大数据可以使学生学习更有效率，同时促使教师转变身份，也作为学习者继续学习，并在很大程度上洗牌课程提供方，创造新的教育前景。

与此同时，人工智能近年来被广泛关注，不仅在围棋上取得了令人赞叹的战绩，在高考中也取得了相对不错的成绩，甚至基于人工智能的无人驾驶汽车也已经投入试运行。创新工场董事长兼首席执行官李开复甚至认为，未来很多工作都可以被人工智能所替代，不接受人工智能概念的公司将完全被淘汰。

网易云课堂基于人工智能技术，推出了智能对话机器人的教育版本——AI 助教，以此为基础推动在线教育的发展；沪江网推出的基于人工智能的大学英语四级辅导课程，学习成绩提升了近40%，课程完成率也提升了40%；好未来（学而思）引入美国分级阅读教材后，通过语音识别技术提高中国学生的英语口语。

可见，人工智能的发展非常被看好，而人工智能与在线教育产业的深度融合也是必然的趋势。人工智能的人脸识别、语音识别、文字识别这三方面的技术已经相对成熟，目前的技术难关主要在自然语言理解、深度学习，以及核心算法的优化上。对于在线教育而言，一旦自然语言识别、理解方面能够实现重大突破，在线教育会立刻享受到技术红利。

将大数据及人工智能应用到在线教育中，能够帮助在线教育突破自身局限与瓶颈。

除了在线教育产业全新的课堂模式，未来在线教育也呈现出了发展的趋势，使在线教育潜在的需求被充分挖掘，随着对在线教育的需求增长，根据产业经济学的理论，在线教育的供给也将随之增长，在线教育产业的整体规模势必将加速提升。如何能在这新一轮的高速增长中牢牢紧跟需求，创造更高的用户价值，是在线教育企业是否能够保持高速发展的关键。

通过对多家知名在线教育企业的高速发展经历进行比较，我们会发现其成功的核心因素之一就是能够准确挖掘客户的潜在需求，并牢牢针对这些需求提供产品和服务。要想做到这一点，其先决条件就是能够准确判断在线教育产业发展的新趋势，并围绕这样的趋势挖掘客户需求。例如，VIPKID 充分地判断了在线教育跨地域的趋势，将用户对于语言类外教的需求充分挖掘出来，并迅速成为行业独角兽。

可见，把握好在线教育的发展趋势，是在线教育企业高速发展的源动力之一。

（一）教育资源的多元化

未来的在线教育必将呈现教育资源的多元化，包括录制与直播课程、海量的讲师资源、人工智能教师等，这些教育资源的多元化将给教育对象更多的选择空间。由于教育资源的多元化，将呈现"三人行必有我师"的态势，越来越多的人成为在线教育的培训对象，也有越来越多的人成为教育资源的提供方。无论在何种领域，一个人的知识、技能、实践感悟、经验心得等都将被大数据所采集并提供他人学习，每个人都有可供他人借鉴学习之处，而未来的在线教育能够真正实现"三人行必有我师"。同时，由于教育资源的多元化，人们会发现有时候我们的学习老师，往往会比他们年轻，但由于这些教师"术业有专攻"，使得他们在所教领域的专业程度相对较高，呈现"学无长幼、能者为师"的态势。

因此，未来的在线教育，每个人都可以成为老师，同时在另一方面则成为学生，人人都是老师，又人人都是学生，从少年时代到老年时代，终身学习的理念将得到充分实现。

（二）教育资源的优胜劣汰

由于教育资源的多元化，在线教育的用户选择面非常广，普通一门课程的提供方，即使经过大数据筛选与优化，也会有不少课程供用户选择，因此在线课程的竞争将大大加强。通过课程平台展现的评价系统，用户可以科学地对课程进行评估，并将结果展示出来，协助用户进行筛选。[①] 这样的方式普及后，一方面会有助于用户选择最适合自己的课程，另一方面则会促使课程提供方利用大数据分析用户的选择后进行自我改进，从而使课程越来越精彩，越来越优质。同时，这样将导致教育资源的优胜劣汰，避免"劣币驱逐良币"的现象发生，最终笑到最后的一定是能及时根据用户需求不断做出改进，优化教育质量的课程提供方。

因此，未来的在线教育人人都能成为老师，但并不代表人人都能成为好老师，通过教育资源的优胜劣汰，最终能被用户认可的教育资源必定是能够牢牢把握用户需求的。

（三）在线教育有望成为买方市场

目前，在线教育仍然处于需求大于供给的阶段，属于卖方市场，优质教育资源的稀缺使用户很难真正挑选到适合自己的教育资源，市场的主动权被卖方所掌握。但随着用户潜在需求被深入挖掘以及教育资源的多元化，越来越多的课程提供方将涌入在线教育市场，市场将迅速回复到供需平衡阶段，并由于供给日益增长，而导致供大于求，进入买方市场阶段。

---

① 　朱珂,王玮,李倩楠.跨媒体智能的发展现状及教育应用研究[J].远程教育杂志,2018,36（5）:60-68.

在买方市场阶段，用户掌握着市场的主动权，可以根据自身需要，借助大数据与课程评价系统，选择最适合自己的课程。对于教育资源提供方而言，在线教育市场将成为完全竞争市场，不再是现在自己决定产品和服务的卖方市场了。

因此，未来的在线教育企业唯有紧跟客户需求，及时转变自身立场，才能在将来的买方市场中占有一席之地。

二、大数据和人工智能助力改变在线教育理念

过去的在线教育理念仍然处于从教师为中心转为以学生为中心的过渡阶段。而大数据及人工智能时代的在线教育理念将彻底转变为以学生为中心。

正如大数据和人工智能在其他行业应用之后引起的巨大理念变革，对于在线教育产业而言，大数据及人工智能带来的这种变革也是颠覆性的。

在传统教育理念中，往往强调以教师为中心，由教师决定授课内容、学习方式、学习计划、考试内容等。而大数据及人工智能时代以学生为中心的教育理念中，这些都将由学生来决定，由大数据及人工智能精准分析学生需求，并围绕这些需求开展各项教学工作。

例如，在线教育的新模式——翻转课堂，就是一种遵循以学生为中心的教育模式。翻转课堂中，教师不再仅仅是知识传授者，而是学习的引领者。学生才是教学的主体，一切以学生为中心，因此翻转课堂也被称为颠覆课堂。在翻转课堂中，教师引领学生通过线上自学形式了解基本知识技能结构与要点，在线下课堂上以讨论为主，由学生就知识点开展课堂讨论，教师进行观察、记录与点评，指引学生自行进行研讨，加强理解，探索新思路。

与此同时，这样以学生为中心的教育理念也被越来越多的在线教育平台与课程提供方接受。比如，北京微时代科技有限公司创始人林彦廷认为，学生是在线教育企业的用户，比竞争对手更深入了解客户，就能在大数据及人工智能时代的在线教育市场中占得先机。

随着以学生为中心的教育理念被广大在线教育平台与课程提供方所接受，整个在线教育产业都将面临重大变革，唯有紧紧把握住以学生为中心的教育理念，才能在高速发展的在线教育市场中占有一席之地。

三、大数据及人工智能的应用案例

（一）大数据应用案例——猿题库

猿题库最早是北京粉笔蓝天科技公司旗下粉笔网的一个产品，而粉笔网则以在线公务员、事业单位考试辅导为主要业务，猿题库是粉笔网进军 K12 市场的导向标。

猿题库于 2013 年 2 月上线运营，当年 9 月上线高考题库，初衷就是希望通过技术优化学生学习过程，完全实现"因材施教"的目标。该产品融合了多项大数据技术与算法，以手机 APP 为主，由于上线后的良好运营，1 年内注册用户超过 500 万，每周新增 30 万，并于 2015 年相继开展了兄弟产品"猿辅导"（K12 在线辅导平台）与"小猿搜题"（拍照搜题即得答案），2016 年营业收入 3.4 亿元人民币。

猿题库的最大特色在于学生可以在 APP 上下载试卷和答题卡并打印，在答题卡上完成答题后用 APP 扫描答题卡就可以实现自动评分，并查看标准答案，同时 APP 可以根据学生的答题情况，分析学生薄弱知识点与原因，并筛选相关问题协助学生强化练习。

猿题库在学生在线做题时，一方面会结合该学生之前做题的历史数据，计算出该学生对各个知识点的掌握能力，实时准确评估个人学业水平，并比对做题效果提出优化建议，甚至可以对学生能够实际取得的分数进行预测。另一方面，根据全部用户的海量做题数据，实时统计题目的相关信息，包括每道题的答题时间、正确率、难度、易错项、难度值等各方面的数据，结合考点与难度值得要求，向学生推荐最适合其当前学业水平的习题。

此外，猿题库会根据所采集的学生答题全程数据，以报告的形式告诉学生他的增长曲线，充分满足学生的个性化学习需求。同时，猿题库还能实现学生排名情况展示功能、随身错题本功能、作业群功能、草稿纸功能等便捷功能。

从用户角度来看，猿题库 APP 的周人均打开次数高达 58.7，相当于每天每人要打开 8~9 次，远远高于同类 APP 不到 20 次的周平均水平，可见该 APP 具有非常高的用户黏度与使用频率。

鉴于猿题库的数据算法与市场规模，猿题库从 2012 年起每年都会获得一轮新的融资。

2016 年获得腾讯 4 000 万美元的 D+ 轮融资，2017 年获得腾讯与华平投资 1.2 亿美元的 E 轮融资。

随着猿题库积累的用户数据越来越丰富，其评判精度也将越来越准，所能创造的价值也会越来越高。猿题库已经成为了行业内的"独角兽"，它的成功给在线教育企业树立了一个很好的榜样，立足于大数据的在线教育必定能有更好的发展。[①]

（二）人工智能应用案例——学霸君

学霸君于 2013 年 10 月正式上线，两年后开始研发人工智能教育机器人 aidam，并在 2017 年的高考中崭露头角，在高考数学中取得了良好的成绩。

2017 年初，学霸君获得了 1 亿美元的 C 轮融资，并于 5 月累积超过了 8 000 万学生用户，累计解决近 100 亿道题，且准确率处于行业领先地位。

通过这样巨大规模的用户与题量积累，学霸君的 aidam 智能教育机器人能够有效地帮助学生提升学习效率，帮助学生提升学习效果。Aidam 作为学霸君的核心成果，是一个融合深度学习、专家系统和自然语言理解这三个核心的复合系统。

通过前期的海量数据积累，学霸君核心团队发现，目前大部分学生做题的题量远远超过考点练习所需要的实际题量，这意味着学生需要浪费大量的时间和精力来做很多对他们而言几乎没有提升的题目，这样必定会导致学习效率低下。[②] 从经济学角度考虑，这样的边际递减效应非常明显，得不偿失，而且考虑到这些作为机会成本，原本可以花在学生最需要提升的科目与方向上，从而帮助学生提升整体成绩。因此，如何结合考点，把学生浪费的宝贵时间和精力节约出来，是学霸君与 aidam 的主要攻关方向。

Aidam 能够在高考数学中取得高分，与它背后的技术团队密不可分，学霸君创始人兼 CEO 张凯磊在开发阶段硬是逼着数学老师写代码，要求工程师重新解数学题，硬生生地创造出了一个新的工种，在这样一专多能的

① 李方瑞．基于现代教育技术下高校创新教育的方法研究 [J]．智库时代，2019(48):280-281.
② 丁紫钺，胡纵宇．人工智能技术赋能高等教育变革研究 [J/OL]．软件导刊 :1-5.

团队磨合下，aidam 的数学成绩从 20 多分慢慢地往上涨，最高近 140 分，并最终稳定在 125–130 分之间，实现了从无到有，先有后好的重大突破。

通过应用人工智能，aidam 能够帮助普通学生学习并掌握学霸的学习方式、解题策略、答题思路，从而成长为一名优秀学生，同时，aidam 也可以帮助教师准确把握班级中学生的学业水平、存在缺陷等，并提供提升计划，实现个性化学习与提升。

目前，由于人工智能对自然语言理解还存在着技术难关，因此目前 aidam 还只能活跃在数学领域，相信随着未来人工智能技术难关的不断攻克，aidam 与学霸君将充分升级成为全部学科中学生提升学习效率与成绩、教师提升教学效率的好帮手。

通过学霸君的案例，我们不难发现人工智能与在线教育深度融合的潜力非常巨大，K12 在线教育领域的人工智能只是一个开始，可以预见，在其他在线教育领域，应用人工智能都能带来天翻地覆的变革，促使在线教育产业的迅速发展。

第二节　英语教学中教育机器人的功能设计与实现

一、国内外研究现状

（一）国外教育机器人的应用及研究现状

早在 20 世纪六七十年代，日本、美国、英国等国家已经相继在大学里开展了将机器人应用于教育的研究，七八十年代这些国家开始在中小学中开展机器人教学，在此过程中推出了各自的教育机器人基础开发平台。1992 年美国政府为推广"感知和认知移动机器人"规划，出资给学生赠送机器人部件，学生使用这些部件自主拼装机器人参加比赛。乐高公司研发的乐高教育机器人具有可编程性，学生利用这种机器人将模型构建与计算机编程结合进行自主学习。国外机器人在教育中的应用面广，涉及科目丰富（包括数学、语言知识学习、糖尿病儿童健康知识学习、舞蹈知识教学、历史等），应用方式多样（包括教师助手、学生陪伴者、教师、学习工具等）。亚特兰大学者在基于平板的代数考试中使用机器人引导学生答题，爱尔兰学者在儿童糖尿病患者的治疗中加入与机器人的教育游戏帮助儿童自我管理和疾病治疗，英国学者在舞蹈教学中让机器人充当教练来帮助学生学习舞蹈短语，英国学者以游戏的方式利用机器人给学生讲授学生关于营养的知识，法国学者用机器人充当健身教练帮助运动者减重，美国学者让学生教机器人写字来帮助学生学习书写，意大利学者提出在计算机本科教学中引入机器人交互教学以提高学生解决问题的能力，美国学者研究了用机器人帮助自闭症儿童学习社会技能，日本学者研究了利用机器人模拟牙科教学中的病人，这个机器人可以在牙科临床练习中模拟真实病人的临床反应。国外机器人在教育中的应用覆盖了从小学教育到大学教育，从传统语数外学科到医学、健身、残障儿童教育等，机器人与教育结合的深度和广度都超过国内。

机器人在语言教学中的应用主要集中在以英语作为第二语言的亚洲国家。韩国小学英语课堂中设计机器人教学助手的活动包括讲故事、课程引入、唱歌等；韩国学者将机器人与语音转换技术结合，旨在改善韩国学生在英语学习中的口音问题，伊朗学者将机器人 NAO 作为教师助手运用于外语教学中，日本研究者将教育机器人应用于学生的英语单词学习中，以色列学者研究在幼儿教育中使用机器人讲故事的方式来帮助儿童构建学前知识，美国学者在以非英语为母语的学习者的语言课堂教学中使用机器人和学习者进行对话交流。国外教育机器人在语言教学中的应用主要使用了语音表达功能，多将机器人作为课堂教学中教师助手，主要为提升学习者的单词发音准确度和语言表达能力、引起学习者的学习兴趣。

（二）国内教育机器人的应用及研究现状

我国的机器人研究在 20 世纪七八十年代就开展了，但针对教育领域的机器人研究直到九十年代的中后期才得到初步发展。近年随着机器人技术的发展，教育界开始关注教育机器人的相关研究。2010 年，乐高教育和教育部联合推出"技术教育创新人才培养计划"，在全国范围内选择 400 所学校使用其产品和相关教辅进行联合教学，并与 47 所师范院校合作，建立创新型学生培育示范基地。^①2015 年，北京师范大学智慧学习研究院和网龙华渔教育成立了"教育机器人工程中心"。2016 年，北京师范大学智慧学习研究院推出了教育机器人主题著作《教育机器人的风口——全球发展现状及趋势》。教育机器人在实际教学中的应用还处于起步阶段，目前国内应用在教学中的主要方式有组织学生参加机器人竞赛，通过竞赛机制提高学生的学习能力、动手能力；在物理等课程中使用机器人作为教学工具，加深学生对概念的理解；将机器人作为教学助手应用于教学中。

通过上述国内外研究现状可以看出，教育作为机器人技术发展应用的一个重要领域，已经得到了国内外研究者的关注重视，有理由相信教育机器人的发展将成为机器人行业的发展重点。同时应该注意到，我国机器人在教育中的应用及研究明显落后于国外，在学科广泛性和应用形式多样性上都与国外存在一定差距。机器人技术领域发展日新月异，把握住技术时代发展的机会，以技术促进教育刻不容缓，教育机器人的研究具有重要意义。

二、教育机器人的角色定位

（一）教育机器人简介

自 1959 年第一台机器人诞生以来，机器人的发展逐渐受到社会各界的关注，在机械制造和日常生活中发挥着越来越重要的作用，现已成为科学界的研究热点之一。机器人是综合了机械、电子、计算机、传感器、控制技术、人工智能、仿生学等多种学科的复杂智能机械，其本质是一个机械系统。机器人最先在工业领域（电子电器、机械零部件加工、食品工业等）得到发展，近年来随着人工智能、传感技术、电子技术等多个学科的发展进步，机器人在服务行业的运用越来越受到重视，由此产生了服务机器人。国际机器人联合会定义服务机器人为一种可以半自主或完全自主地操作以提供对人类健康和相关设备有用的服务的机器人。服务机器人的应用范围很广，服务机器人主要从事保安、救援、康复、养老等工作。

---

① 杨苏琴,张晋峰.基于现代教育技术与高校体育课堂教学整合的研究思考[J].经济师,2019（12）:209-210.

　　教育机器人是服务机器人的一类，教育机器人是面向教育领域专门研发的以培养学生分析能力、创造能力和实践能力为目标的机器人，具有教学适用性、开放性、可扩展性和友好的人机交互等特点。根据教育机器人对教育活动的主导性，可以将教育机器人分为机器人教育和教育服务两类。机器人教育旨在以机器人本身作为教学工具，学习机器人相关技术中涉及的知识点，如动力机械、操作控制等，以培养学习者的学习兴趣，锻炼学生的动手能力和解决问题的能力为目的。在机器人教育活动中，机器人处于被动地位，对教学活动产生影响的还是教师和学习者本身。教育服务机器人主要用于引导或辅助教学活动，对教学活动的进程会产生直接影响。

（二）教育机器人在教学中的角色分析

　　结合教育机器人在国内外的应用与研究现状分析，教育机器人在教学中可以担任如下四种角色：

　　（1）教学工具。机器人作为教学工具用于实践与实验课程，以设计、控制、制造机器人为教学目的，学习者在课程学习中掌握机器人制造涉及的知识点。机器人是一个复杂的机械系统，机器人制造的过程包含着机械设计、制造、自动化控制、语音技术、图像技术、传感技术、人机交互技术等，这些技术需要一定的理论基础，相较其他课程难度大，对学习者的动手实践能力要求较高。将机器人引入教学中，学习者在动手操作的过程中，能更直观地理解这些技术的概念及在实践中的应用情况。乐高可编程机器人是国内近年来较受欢迎的一种教育机器人，学习者可通过拼砌、编程来指挥机器人，提高编程能力和动手能力。另外，各类机器人比赛教学中也体现了教育机器人的这种角色。

　　（2）教师助手。机器人是课堂教学的一部分，机器人担任教师的教学助手，辅助教师一起进行知识传递活动，如国外学者让机器人担任舞蹈教学、健身教练等。相较于传统课堂中的教师单独讲授，教师主导机器人辅助的教学方式更易引起学生的学习兴趣，且较传统教学媒体，机器人在知识传递、呈现上也更直观、立体。

　　（3）学习陪伴者。机器人作为学习者的伙伴，学习者通过和机器人的交互活动掌握知识点，学习活动的发生地点不再局限于课堂上。教学游戏是此种应用方式的一种具体表现形式，如通过学习者与机器人的游戏互动来帮助学习者进行单词学习，通过游戏使学习者学会各种营养学相关知识等，这种游戏教学体现了"寓教于乐"的教学思想，让学习者在乐趣中学习。不同于传统的学习媒体，如电子词典、电子书等，机器人拟人化的特点让学习者在学习过程中更容易沉浸，也更容易表达自己的真实想法。

（4）学习者。将机器人作为课程内容的学习者，学习者的身份转换为教学内容的教授者，学生在教授机器人学习的过程中加深自身对知识内容的理解，如美国学者让学习者在教授机器人写单词的过程中学习单词书写。在机器人的这种应用方式中，双方的角色发生了转换，这种知识的交互方式旨在通过刺激学习者的元认知、同理心来促进学习效果。此种应用方式对机器人本身具有较高要求，机器人本身需要具有一定的学习能力，且能较清楚、拟人化地表达学习过程中的各种反应。

三、初中英语教学特征

（一）初中英语教学现状

从普通初中英语的教学效果看，学生的口语能力较其他能力而言差距明显。学生难以用完整的语句表达观点，完全使用中式英语表达的学生更是大多数，"哑巴英语"的不正常现象并不少见。在当代教学现状下，初中英语口语的教学效果难以得到保证，具体表现如下：

（1）缺乏口语练习情境。在以汉语为母语的我国，学生接触英语的机会只有课堂上短短的四十五分钟，然而大班教学的现状使教师在课堂教学中只能顾及到极少部分学生，大多数学生的口语能力在课堂教学中没有机会得到提高。大环境的情境限制导致学生真正口头使用英语的机会几乎为零。

（2）学习者自身原因。初中阶段的学习者在英语学习中受情感因素影响较大，主要表现为交流动机缺乏、自信心不足、自我意象作祟。在以非英语为母语的国家，学习者缺乏使用英语交流的动机，自然不愿意说英语；有的学生认为，自身学习效果不佳，不敢开口说话。这一时期的学习者敏感、自尊心强，对周围人的评价具有较强反应，担心发音、表达方面的问题导致的同学的嘲笑。

（二）初中英语学习者特征分析

对于学习者进行特征分析有助于教学者有针对性地设计教学方式、教学内容，因此需要对初中阶段的英语学习者进行特征分析，以便更好地设计教育机器人的应用方式及各项教学功能。根据皮亚杰对四个认知阶段的划分，初中阶段的学生处于形式运算阶段。处于形式运算阶段的学习者在感觉、直觉、思维等发面都有了较大的进步和发展，能够在大脑中将形式和内容分开，表达具有抽象性和可能性的道理，其逻辑推理和演绎已经可以离开具体事物。

初中阶段的学习者正处于青春期，这一时期的学生活泼好动，同时又较敏感，非常注意外界对自己的评价，害怕犯错。这一时期的学习者又表现为对外界事物仍然保留较强烈好奇心，对机器人等新兴事物极容易产生兴趣。

（三）教学内容分析

初中阶段英语教学内容相对简单，主要表现为单词量少、句式结构简单、句子较短。本书以人教版初中七年级上册英语教学课本为例，教学内容中涉及的单词和短语总共只有 338 个，时态只涉及现在时时态。课本中每个单元的组成结构基本一致，每单元两部分，每部分的内容形式相似。

四、机器人语音功能的实现

（一）单词练习功能的实现

英语单词是英语学习的基石，是语言学习中培养听、说、读、写能力的前提。单词的学习是一个枯燥的过程，需要学习者花费大量的时间重复记忆，尤其对于处于初中阶段的学习者而言很容易因此丧失英语学习的兴趣。让教育机器人充当学习者英语学习的伙伴，可以增加单词学习的趣味性，同时可以通过语音识别技术来校验学习者的英语发音以培养学习者良好的发音习惯。

1. 功能设计

单词练习功能以人教版七年级英语课本中的单词为词库，机器人作为学习者的伙伴，陪伴学习者在课下进行练习单词。在单词练习的过程中，学习者对着机器人练习单词发音，如果学习者读的单词机器人可以识别，且是单词库中的词语，则返回词语的释义、例句等相关信息并给予鼓励。如下图9–1所示，机器人负责语音识别、语音合成的功能，学习者和机器人之间通过语音信号通信，机器人和服务器之间通过网络通信。单词练习功能中，学习者、机器人、服务器之间交互流程如下：

（1）机器人识别学习者的单词。程序开始，学习者对着机器人读英语单词，如果机器人不能识别出单词，则返回无法正确识别；否则，机器人将学习者读的单词发送给服务器。

（2）服务器检索单词。服务器程序在单词库中检索机器人识别的单词，如果检索失败，则返回单词不存在；否则，获取单词的相关信息给学习者，并给予相应鼓励。

2. 数据库设计

本功能涉及的数据量较少，功能逻辑较简单，本书中使用 MySQL 数据库。表 word 用于存储所有单词信息，表结构如下表 9–1 所示。在表 word 中共有 7 个字段，其中部分字段为本文。

3. 节自由对话功能设计

字段 word_id 为自增主键，字段 unit 为单词所属单元，字段 property 为单词词性（当本条记录为一个短语对象时此字段可以为空），字段 content 为单词本身，字段 interpretation 为单词的中文释义，字段 is_word 记录本条数据代表一个单词还是一个短语，字段 example 为当前对象的例句（此字段可以为空），字段 addition 记录本条记录的特别形式（如果当前单词为名词，则记录单词的复数形式；如果当前单词为动词，则记录单词的单数第三人称形式）。此表中存储的单词可以指多个单词组成的固定搭配或短语。

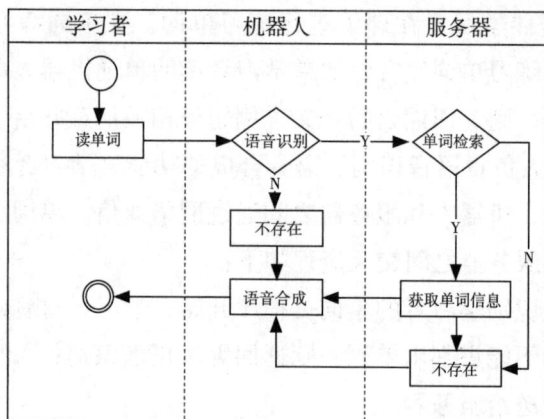

图 9-1　单词练习功能流程图

表9-1　词汇信息表word

列　名	类　型	长　度	是否可以为空	是否主键
word_id	int	11	否	是
unit	tinyint	4	否	否
property	varchar	20	是	否
content	varchar	50	否	否
interpretation	varchar	50	否	否
is_word	tinyint	4	否	否
example	varchar	255	是	否
addition	varchar	50	是	否

（二）角色扮演对话功能的实现

知识是建构互动的结果，具有情景化的特点，只有在真实情境中才能加深学习者对教学内容理解和体会，因此在英语教学中，情境构建十分重要。角色扮演对话是一种重要的情境教学方法，在初中英语课堂教学中，教师往往难以在角色扮演对话中给学生分配足够练习时间，课下以小组为单位的对话练习又难以组织。机器人作为学习陪伴者，可以配合学习者一起进行角色扮演对话练习，使学习者充分理解情境内容，在情境中理解单词、语句。

1. 功能设计

角色扮演对话功能以人教版七年级英语课本中的 "Role play the conversation" 教学中的对话内容为源语料，以机器人为学习伙伴，陪伴学习者在课下练习此部分教学内容。在本书中，角色扮演对话的内容以单元为单位，每一单元预先设置一个情景下的一段对话。在角色扮演过程中，学习者和机器人分别扮演对话中的一个角色，两者按照课本中的内容互相配合完成对话。如下图 9-2 所示，每次对话时，学习者需要先选择学习的单元及在对话中扮演的角色才能和机器人进行对话。在角色扮演对话功能中，机器人负责语音识别、语音合成、消息转发的任务，主要程序功能在服务器上实现，学习者和机器人之间的信息通过语音信号传递，机器人和服务器之间通过约定的接口通信。角色扮演对话功能中，学习者、机器人、服务器之间程序执行过程如下：

（1）学习者选择对话单元信息。程序开始，由学习者告知机器人希望练习哪一单元的对话，机器人接收到学习者的语音信号之后，利用机器人本身的语音识别功能将语音信号转换成文本，如果学习者发音不标准或语句错误则语音识别会失败，机器人返回请学习者重新确认单元信息，并通过机器人本身的语音合成功能将对应的信息通过语音信号传递给学习者；语音识别成功，则机器人将学习者选定的单元信息传递给服务器。（学习者和机器人通信时，语音识别失败则会返回让学习者重复上一操作，此过程不再赘述；服务器返回的数据都会经过机器人语音合成之后返回给学习者，此过程不再赘述）

（2）服务器确认单元信息并获取单元下的角色信息。服务器查询数据库中预先设置的对话确认学习者选定的单元是否合法，如果不合法，则服务器返回请学习者重新确认单元信息给机器人，机器人语音合成功能将返回信息转换成语音信号返回给学习者；学习者选定的单元合法，则返回该单元对话下的所有角色信息给机器人，让学习者选择要扮演的角色。

（3）学习者选择对话中的角色，并由服务器确认学习者选择的角色是否合法。学习者根据机器人返回的角色信息，告诉机器人想要扮演的角色名称，机器人将消息传递给服务器。服务器校验学习者扮演的角色信息是否合法，如果不合法则返回角色选择无效给机器人，机器人将返回信息告知学习者，学习者重新选择扮演角色；学习者扮演的角色信息合法，则对话开始。

（4）服务器根据学习者选择的角色分配对话开始内容。如果在对话中，学习者扮演的角色是首先开始说话的角色，则服务器返回"开始对话"；否则，如果机器人扮演的是首先开始说话的角色，则服务器直接返回对话内容。

（5）学习者和机器人进行角色扮演对话。学习者根据返回的消息和机器人进行英语对话练习，对话过程中，服务器会判断学习者说话的内容是否正确，如果不正确则返回错误，学习者重复上一句内容；如果学习者说话的内容正确，则判断当前内容是否是最后一句，如果是最后一句，则返回对话结束，否则返回相应说话内容。在角色扮演对话功能中，考虑了学习者发音不准带来的语音识别问题，对于学习者的每次说话，如果语音识别执行出错都会要求学习者重复上一步操作；另外，考虑到语音识别中可能存在的误差，服务器对于机器人每次传递过来的信息都要进行合法性校验。角色扮演对话功能强调情境的创建，同时继续关注学习者的单词发音，以巩固单词练习。

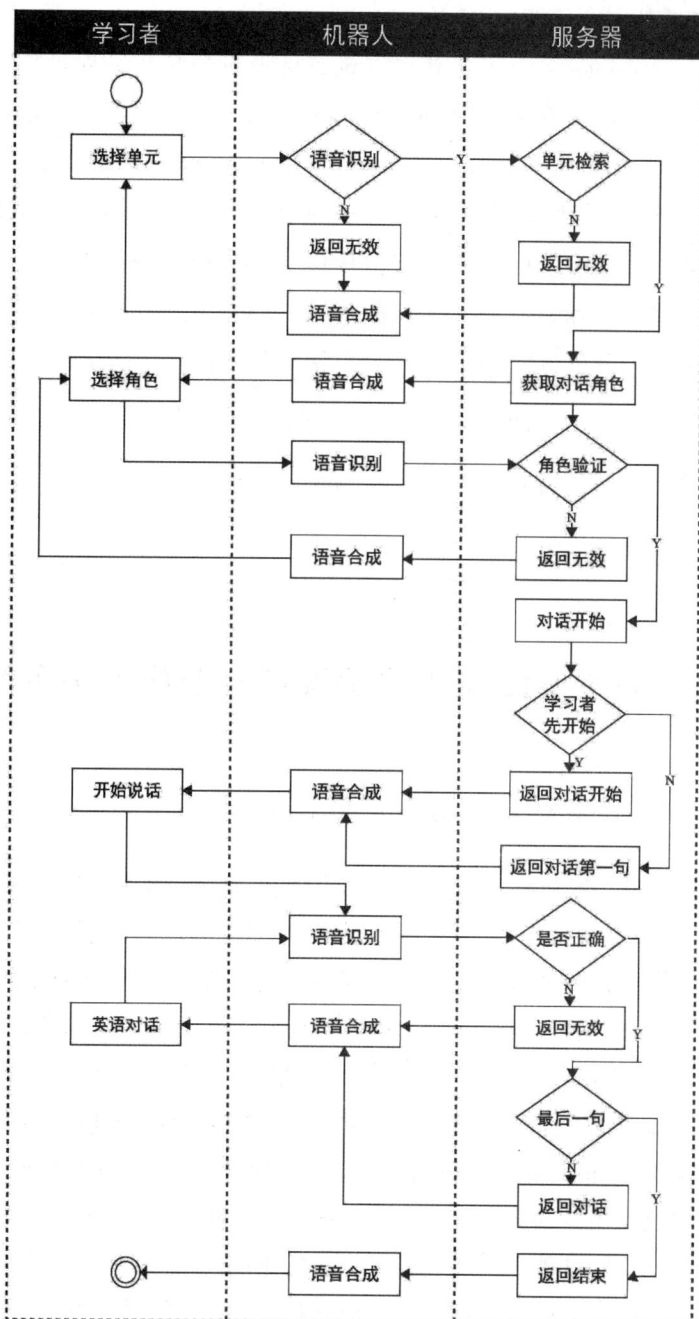

图 9-2　角色扮演对话功能流程图

2.数据库设计

表 role_conversation 用于存储预先设置的所有角色扮演对话内容，表结构如下表 9-2 所示。在表 role_conversation 中共有 5 个字段，字段 sentence_id 为自增主键，unit 字段记录当前对话所属单元，sentence 字段为一句对话内容，role 为当前句对话内容的说话者，sequence 字段记录当前句对话在本段对话中的顺序（此字段用于对话时判断当前服务器当前应该回复的对话内容）。

表9-2 角色扮演对话表role_conversation

列 名	类 型	长 度	是否可以为空	是否主键
sentence id	int	11	否	是
unit	tinyint	4	否	否
sentence	varchar	200	否	否
role	varchar	20	否	否
sequence	tinyint	4	否	否

第三节　基于 VR 技术旅游管理专业教学平台的实现

一、虚拟现实教育的背景及意义

随着时代的不断发展、科学技术的不断进步，各行各业都在不断尝试引入最新的科研成果，以便提高在某个具体领域的生成力和效率，提供更好更高效的行业服务，而教育作为人类灵魂的塑造工程，本身就应该具有吸纳新事物的基因。教育软件应运而生，教育智能化、多样化、形象化成为不可逆转的大趋势。利用虚拟现实技术，语音识别和智能交互技术，让人身临其境，充分和虚拟现实中的人物进行互动，愉快完成应该完成的学习任务，对获取知识的方式不产生抵触情绪，培养出浓厚的兴趣。本书在研究的过程中，就以虚拟现实技术为研究对象，分析了应该如何将这一项技术运用到虚拟现实教育推进的过程中，实现教育领域的不断发展。

自从计算机诞生以来，利用计算机来提高教育的效力效用就是无数有识之士不断追求的目标。在各个阶段中也阶段性的取得了不少成就，如各种教育软件、慕课、微课等，这都极大地推动了教育事业的发展。将虚拟现实技术应用在教育中的唯一目的就是提高课堂的效率，把一些人工智能可以做到的东西让电脑去做，把教师从这繁重的传统教学活动和教学任务中解放出来，专注于目前人工智能还无法做好的事情上，学生的学习效率大幅提高，更容易接受，愉快地完成学习任务。目前，虚拟现实技术应用在教育中已经有一定程度的尝试，如在国外，部分院校、在线教育开始引入虚拟现实技术、智能技术以及智能评估技术，进一步提高了教学的效果与效率，实现了人与机的充分沟通与交流，也为推动教育教学活动的高速发展奠定了良好的基础。总而言之，教育智能化的意义深远，好多传统教育中那个呆板枯燥，不断重复，让人昏昏欲睡的教学方式很难适应现阶段知识爆炸时代的教学要求，原本聪明伶俐的学生却因为不喜欢这种授课方式逐渐产生厌学情绪，而这种新的学习方式让足不出户的学生能够在虚拟出的现实场景中学习知识与虚拟出的人物对话交流，把以前枯燥无味的知识，变成生动的发生在虚拟世界中的各种场景，从这些场景中摄取应该掌握的知识。

但是，目前我国教育智能化的发展还比较缓慢，不仅体现在绝大多数院校、教育机构、教师对教育智能化的认识还有所不足，还体现在我国并没有从根本上改变教育模式，并没有灵活运用虚拟现实、语音互动等多项技术，实现针对学生的个性化教学。

因此，本课题以虚拟现实技术在教育中的运用入手，主要就如何利用虚拟现实技术在教育中的应用进行深入的分析，以实现虚拟现实技术实现旅游管理专业的教学平台为例进行深入研究。

二、虚拟现实技术概述

虚拟现实是仿真技术的重要研究方向之一，他能够将图形视觉技术和仿真技术等进行有效的结合。虚拟现实是 21 世纪的重要学科和深刻影响现代生活技术之一，虚拟现实技术主要包括人机交互技术、传感器原理、多媒体相关技术、计算机网络传输技术等其他关键技术。虚拟现实技术整合了感知、环境和传感设备等方面。仿真的环境主要是利用计算机实时生成动态的三维立体逼真的图像。[①] 仿真虚拟现实世界主要有通过计算机图形技术产

---

① 　徐瑞媛.现代教育技术在高校教育改革中的应用 [J].决策探索（下）,2019（11）:73.

生感官效果，如视觉，听觉等，被称之为多感知。人机交互指的是人通过肢体、眼睛器官的活动，判断用户输入的实时响应。传感设备的三维交互设备主要包括如下特点：

（1）折叠多感知性。折叠多感知性包含了听觉、触觉、视觉、运动、力觉等多个器官感知，此外还包括味觉、嗅觉等更高维度的感知，具有人所感知的所有功能。

（2）折叠存在感。用户存在于模拟环境里的真实程度，理想的模拟环境应该达到用户难以辨别的程度，就像人存在于真实的环境中一样。

（3）折叠交互性。是指虚拟现实技术可以让用户使用五官、四肢等对虚拟空间的对象进行交互和反馈。

（4）折叠自主性。虚拟环境中通过事物运动的幅度，按照现实世界中的运动程度进行。虚拟现实技术演变主要分成了四个阶段：一是蕴涵虚拟现实思想；二是虚拟现实萌芽；三是虚拟现实概念的产生和理论初步形成；四是虚拟现实理论进一步的完善和应用。

目前，虚拟现实技术被广泛运用到医学、娱乐、军事、设计、房产、游戏等各个领域中。虚拟现实的 3D 技术也远超出人们的预期，3D 技术被运用到的虚拟系统中，得到广泛的推广，并经过长时间的运用及演变，近期的 3D 技术变得更加成熟和。此外，逐渐以 3D 取代 2D，"立体化"取代"平面化"。

3D 技术开始蔓延到各个的产品和领域，包含影视动画、动漫技术、游戏制作等视听觉表达形式，也有面向人和环境交互的表达形式，涉及了互联网、电商、游戏、娱乐、影视、虚拟现实等多个领域。

统计表明，现在的各个行业的产品的设计及开发过程中，绝大部分的错误是在设计阶段可以发现，并可以避免。然而大部分错误在产品开发完成后才被发现，大大地增加了错误修复的时间周期。同时，错误的发现的越晚修复的代价越高。3D 虚拟现实技术的主要优势在于尽最大可能的对产品进行仿真设计，并将设计的结果展示给客户，充分与客户进行沟通，尽最大可能地将错误和需求偏差问题解决在设计阶段，从而使开发周期大大缩短，降低成本、也进一步提升了企业竞争优势。

三、VR 沉浸感和交互作用产生的原理

（一）沉浸感原理

沉浸原理是将用户沉浸在一个四维的虚拟世界中，观看用户所有感觉器官、尤其是视觉器官对虚拟世界的场景产生了适应性的正向反馈。VR 眼镜的沉浸感效果可以从三个方面达到。

（1）利用凸透镜对人眼看到的即时图像范围进行放大处理，目前大部分 VR 眼镜产生约 90~120 度的范围的图像视野，这样的技术使视野尽最大可能地降低了人眼被干扰，使视野和投影系统形成的视觉效果相似。沉浸感原理凸透镜效果图如图 9-3 所示。

（2）采用头部的陀螺仪。当人转动头部的时候，陀螺仪感应到用户的同步动作，并通知图像生成引擎，及时地更新画面。这样，人便会感觉到自己是在看一个立体环绕的虚拟环境，给人以 360 度的三维空间感，具体原理图如图 9-4 所示。

（3）左右眼的各个时刻会看到不同的图像，图中的区别在于左右眼的位置不同，从而产生立体纵深的感觉，具体原理图如图 9-5 所示。就目前的 VR 眼镜来讲，主要通过两方面来达到沉浸感的目的：一是采用放大的显示屏的方式，帮助在用户眼前显现出一个放大的局部的虚拟场景。目前，显示的角度通常在 90 到 110 度之间，利用三维引擎技术，产生三维立体的图像。二是通过收集头部的位姿的数据，利用传感器进行相应的收集，利用收集到的数据，以很高的频率实时改变显示的三维头像，用户头部转动的角度刚好和三维引擎模拟的三维画面视觉一致，让用户觉得仿佛是透过大的窗户去观测一个虚拟世界。

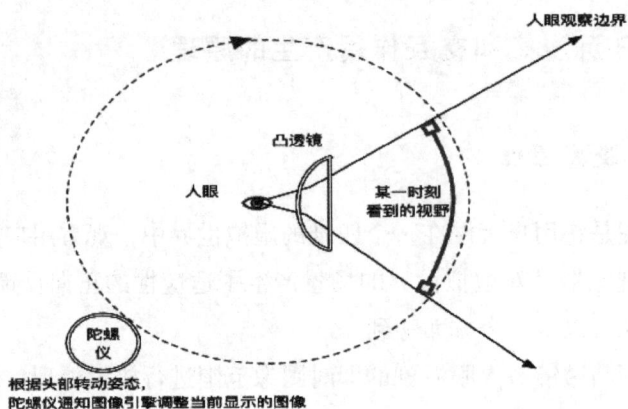

图 9-3　沉浸感原理凸透镜效果图

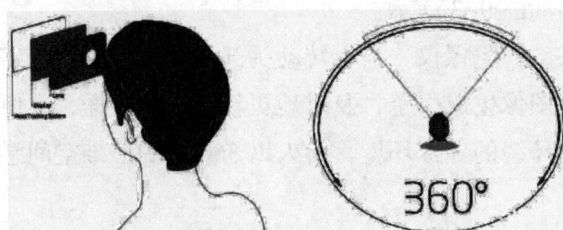

图 9-4　沉浸感原理头部的陀螺仪原理图

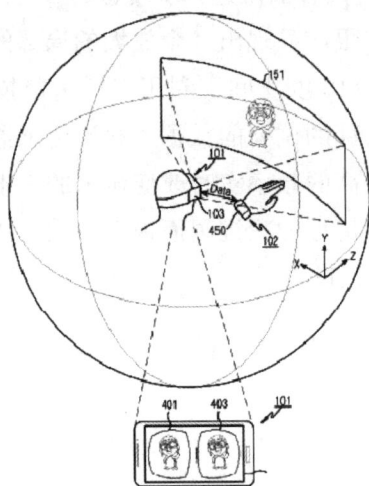

图 9-5　沉浸感原理左右眼原理效果图

（二）交互作用原理

用户可以使用语言、手势、动作等交互形式，与虚拟中的物体进行实时交互。通常来说，虚拟世界能够感应用户的双手的动作和双脚的动作，帮助用户的双手动作，双脚行走。在虚拟环境中产生用户能够理解的变化，用户就认为该虚拟环境对用户发生了反馈，那么用户的动作和虚拟环境对用户的反馈组合在一起，就形成一次交互作用。

四、旅游管理专业虚拟现实教学平台架构设计与实现

（一）旅游管理专业虚拟现实实训室建设原则

依据高校学校旅途服务与管理专业信息化教学与实训要求，本专业虚拟现实实训室建设应遵循"先进性、实用性、协同性、交互性、安全性"五大原则。

（1）先进性原则。旅游专业虚拟导游教学实训平台系统建设采用目前国际上最先进、最主流的虚拟仿真技术（Virtual Reality，VR），结合 3D 建模技术、传感技术、图像技术和数据库技术等，创建出一套全新的交互平台系统，能够极好地适应和满足旅游专业教学实训的需要，极大地提高学生实训的兴趣，提升旅游专业学生实习训练的效率，领导目前信息化教学实训潮流。

（2）实用性原则。在旅游专业虚拟现实教学实训平台建设的系统设计上，充分考虑学校现有场地、设备、经费等资源，统筹协调，充分利用现有资源，在满足系统平台流畅运行的基础上做到经济节约；在建设方案的设计和实施中，紧紧围绕中职旅游专业教学实训标准要求，以老师好教、学生乐学为目标，满足信息化教学实践需要，满足教学实训需要，满足学生能力形成与提升需要，做到功能齐全、界面友好、易于操作。

（3）共享性原则。本系统的开发具有全面的开放性，可对系统数据进行及时进行更新，同时系统数据实现协同，具有很强的共享性，系统应用功能可根据教学与实训的要求进行扩展，为系统平台的应用向其他课程、其他专业的延伸提供了可能。

（4）交互性原则。本系统具有极强的交互性，利用 VR 系统实现人与计

算机之间的信息交换，运用穿戴设备，让学习者沉浸在全方位的虚拟环境中，实现以用户为中心的全方位感知。

（5）安全性原则。在本系统的开发中，从设计到制作到改进、安装的全过程中，保持了良好的兼容性、适应性。一是要求开发的全系统设计、技术参数、制作流程、呈现形式等符合软件工程技术行业标准和要求，二是在系统集成工程实施中，从硬件设备、软件安装到综合布线，设备运行调试都严格按照规范和标准要求执行。系统在满足旅游专业教学实训相关应用的前提下，采用了优化的数据加密方案，确保课程应用数据的稳定性和教学实训运行的可靠性，切实将计算机系统的使用风险控制到最小。

（二）虚拟现实导游实验室需求分析

为了满足旅游管理专业的教学和实训需求，提高教师的教学质量和学生学习质量，提升了学生的实践能力，采用结合虚拟现实技术、数据库技术、三维显示技术、网络技术等多种技术结合，建设一个全方位、可视化、较先进的虚拟现实系统满足学校深层次的发展。

第一，系统地能够提供体验式虚拟仿真教学，学生可以轻松掌握导游业务、旅行社业务、酒店业务的操作技能与流程，使理论教学与实践教学相结合，教学中带着实训，全面培养学生的综合素质。

第二，系统采用指用户原创内容（User Generated Content，UGC）设计理念，教师和学生都可以参与建设并完善 VR 课程资源库，师生可以积累和掌握大量的资源和数据用于行业分析，有利于师生参与课外科研创新活动，提高学生的理论水平和实践能力。

第三，可以通过构建旅游管理专业资源共享平台，推动课程体系结构建设、改进培养学生的模式、对教学内容及方法进行深化改革，实现知识灌输到素质培养的转变，增强学生的实践能力。

（三）交互设计实现

系统交互是展示平台中必要的组成部分，也是提高展示平台功能水平的一个重要方法。为了提高系统的适用性，更好地进行交互操作，系统实现过程中对系统的用户界面（User Interface, UI）也进行了相应的设计与实现。

本系统开发所用的 Unity 版本为 4.3.0，引擎原生的 GUI 系统有很大的缺陷，UI 在实现过程中需要纯代码进行编写，在性能和方便程度等方面都不适合用户开发，这也是 Unity 3d 引擎以前最大的短板。尽管最新的 Unity 版本提供了全新的、具有丰富功能的 UGUI 供用户使用，但由于对新的 UGUI 系统还不是很熟悉，因此本项目开发没有使用最新 Unity 版本，而是采用了之前比较流行的做法，安装 NGUI 插件。

NGUI 将底层消息机制从早期的 Send Message 换为效率高的 Event Delegate，更重视性能的优化及功能的整合及完善，具备良好的性能优化、方便的开发模式、成熟稳定等优点，是 Unity 开发者进行 UI 制作的首选插件。

对象选择及响应被选对象分为菜单选项和场景模型两类，其中菜单选项的选取通过判断鼠标在二维平面上的位置进行判断，场景中的模型需要与对应合适的几何体进行绑定，通过判断鼠标是否在目标几何体上来实现对模型的选择。以下是鼠标在二维平面上的判断及相应代码。

```
void On M ouse Enter()
{
    this.GetComponent<GUIText> 0.color = Color.white;
}
void On Mouse Exit()
{
    this.GetComponent<GUIText> 0.color = Color.black;
}
```

展示界面的转换系统包括初始设置界面在内共有三个展示界面，将界面场景事先在 File–Build Setting 中进行保存登记，并通过 Application.Load Level（）函数进行场景调用加载，调用代码如下。

```
public void ToDo(GameObject jtL abel, Game Object year Label)
{
    if(jtLabel.GetComponent<UIL abel>().text=="XX 集团 ")
    App lic ation.LoadLevel (1);
}
```

　　数据库管理平台的访问链接 Unity 中提供了丰富的 API 功能接口，方便开发者调用，链接访问功能可以调用 Open URL（）函数进行实现。系统开发时，网站暂时设为本地服务器，实际应用时可将数据库管理平台地址进行替换，代码如下所示：

```
public void ToDo()
{
        App lice ation.Open URL ("http://localh ost:8080/ycnk web/");
}
```

　　随着时代的不断发展，科学技术的不断进步，各行各业都在不断尝试引入最新的科研成果，以便提高在某个具体领域的生成力和效率，提供更好更高效的行业服务，而教育作为人类灵魂的塑造工程，本身就应该具有吸纳新事物的基因，这种教育和计算机相结合的领域就应运而生了。教育智能化、多样化、形象化成为不可逆转的大趋势。利用 VR 技术、智能交互技术等，让人身临其境和虚拟现实中的人物进行互动，愉快地完成应该完成的学习任务，对获取知识的方式不产生抵触情绪，培养出浓厚的兴趣。本书在研究的过程中就以 VR 技术为研究对象，分析了应该如何将这一项技术运用到教育智能化推进的过程中，实现教育领域的不断发展。

参考文献

[1] 罗文浪 . 现代教育技术 [M]. 北京 : 北京理工大学出版社 , 2015.

[2] 杨毅 . 跨媒体信息技术与应用 [M]. 北京 : 电子工业出版社 , 2014.

[3] 杨正洪 , 郭良越 , 刘玮 . 人工智能与大数据技术导论 [M]. 北京 : 清华大学出版社 , 2019.

[4] 刘维奇 , 党倩 , 牛佳惠 . 推进智慧校园建设 , 构建教育教学信息化新生态——以陕西职业技术学院为例 [J]. 计算机产品与流通 , 2019 (12) : 243.

[5] 沈潇 . "适合的教育"视域下小学信息技术课堂教学行为的改进 [J]. 计算机产品与流通 , 2019 (12) : 250.

[6] 陈力钧 . 校企合作模式下学生思政教育研究——以福州职业技术学院阿里巴巴大数据学院为例 [J]. 轻工科技 , 2019, 35 (12) : 145–146, 179.

[7] 张宁 . 教育技术背景下高职院校课程教学新趋势 [J]. 智库时代 , 2019 (49) : 231–232.

[8] 卢向群 , 孙禹 . 基于 5G 技术的教育信息化应用研究 [J]. 中国工程科学 . 2019, 21 (6) : 120–128.

[9] 杨苏琴 , 张晋峰 . 基于现代教育技术与高校体育课堂教学整合的研究思考 [J]. 经济师 , 2019 (12) : 209–210.

[10] 贺虎山 . 现代远程教育技术与小学语文教学的优化整合 [J]. 名师在线 , 2019 (34) : 5–6.

[11] 李方瑞 . 基于现代教育技术下高校创新教育的方法研究 [J]. 智库时代 , 2019 (48) : 280–281.

[12] 叶姗虹. 信息技术背景下 MOOC 对环境设计教育教学模式的改革与推进 [J]. 智库时代, 2019 (48): 159–160.

[13] 徐瑞媛. 现代教育技术在高校教育改革中的应用 [J]. 决策探索 (下), 2019 (11): 73.

[14] 丁紫钺, 胡纵宇. 人工智能技术赋能高等教育变革研究 [J]. 软件导刊, 2019, 18 (12): 14–18.

[15] 李树英. 智慧教育需要教育智慧: 教师专业发展的人文选择 [J]. 教育科学文摘. 2020 (1): 25–26.

[16] 梁兴连, 张诗亚, 罗江华. "互联网 +" 变革高校教学的教育技术文化坐标 [J]. 现代远程教育研究, 2019, 31 (6): 39–51.

[17] 秦建. 探析现代通信技术在教育改革中的地位和作用 [J]. 通信电源技术, 2019, 36 (11): 183–184.

[18] 郭颖. 基于移动终端的大学生泛在学习现状调查与提升路径研究 [D]. 济宁: 曲阜师范大学, 2019.

[19] 荆宝坤. 面向协同知识建构的网络微格教学平台的设计与实现 [D]. 济宁: 曲阜师范大学, 2019.

[20] 张圳. 人工智能时代高校教师个性化培训研究 [D]. 济南: 山东师范大学, 2019.

[21] 艾方哲. 基于知识追踪的智能导学算法设计 [D]. 北京: 北京交通大学, 2019.

[22] 刘若愚. 图像检索中的特征学习和索引技术研究 [D]. 北京: 北京交通大学, 2019.

[23] 寇菲菲. 基于语义学习与时空特性的在线社交网络跨媒体搜索研究 [D]. 北京: 北京邮电大学, 2019.

[24] 石岩松. 基于深度学习的社交网络跨媒体大数据搜索研究 [D]. 北京: 北京邮电大学, 2019.

[25] 刘壮壮. 基于深度学习的社交网络国民安全跨媒体搜索研究 [D]. 北京: 北京邮电大学, 2019.

[26] 李嘉琳. 论人工智能对学校教育的影响 [D]. 沈阳: 沈阳师范大学, 2019.

[27] 段媛园. "智能钢琴" 在高师钢琴教学中的可行性探究 [D]. 武汉: 华中师范大学, 2019.

[28] 闫丽平. 基于人工智能背景下高职教师专业发展的策略研究 [D]. 天津: 天津职业技术师范大学, 2018.

[29] 朱珂，王玮，李倩楠．跨媒体智能的发展现状及教育应用研究 [J]. 远程教育杂志，2018, 36 (5)：60-68.

[30] 高宇．基于跨媒体的社交电商用户情感分析 [D]. 哈尔滨：哈尔滨商业大学，2018.

[31] 王金洲．基于深度相关性挖掘的跨媒体检索研究 [D]. 武汉：武汉科技大学，2018.

[32] 徐丹．信息技术与教育教学深度融合视域下高职《实用翻译》混合教学模式研究 [C]// 辽宁省高等教育学会 2017 年学术年会优秀论文三等奖论文集．沈阳：辽宁省高等教育学会，2017: 1236-1242.

[33] 黄玮夏．信息技术视域下的新乡市教育供给侧创新研究 [J]. 吉首大学学报（社会科学版），2017, 38 (S2)：175-177.

[34] 谭静．大数据技术与思想政治教育全程融合研究 [J]. 中学政治教学参考，2017 (36)：42-43.

[35] 陆芳．"互联网 +"时代高校教育技术中心的建设理念和实施策略 [C]// Singapore Management and Sports Science Institute (Singapore) 、Hong Kong Education Society (Hong Kong) . Proceedings of 2017 3rd BF International Conference on Psychology, Sports Science and Social Sciences (BF-PSS 2017) (Advances in Business and Finance，VOL. 9) . Singapore Management and Sports Science Institute (Singapore) 、Hong Kong Education Society (Hong Kong) : 智能信息技术应用学会，2017: 214-219.

[36] 陈凯泉，沙俊宏，何瑶，等．人工智能2.0重塑学习的技术路径与实践探索——兼论智能教学系统的功能升级 [J]. 远程教育杂志，2017, 35 (5)：40-53.

[37] 白亮，郭金林，老松杨．基于深度认知神经网络的跨媒体情报大数据智能处理技术 [J]. 指挥与控制学报，2016, 2 (4)：345-349.

[38] 潘云鹤．人工智能走向 2. 0[J]. Engineering, 2016, 2 (4)：51-61.

[39] 王心薇．多元智能理论视域下继续教育人才培养研究 [D]. 太原：山西大学，2016.

[40] 张江涛．多元智能理论指导下的高一化学教学策略研究 [D]. 新乡：河南师范大学，2016.

[41] 龚怡宏．人工智能是否终将超越人类智能——基于机器学习与人脑认知基本原理的探讨 [J]. 人民论坛·学术前沿，2016 (7)：12-21.

[42] 瞿心昱 . 基于仿人脑认知计算模型的机器人视觉学习方法 [D]. 杭州 : 浙江工业大学 , 2012.

[43] IBM 研发可模拟人脑功能的认知计算机芯片 [J]. 硅谷 , 2011 (18) : 5.

[44] 王日凤 , 钟宁 . 高级认知过程对人脑信号活动模式的影响及认知系统仿真 [J]. 计算机应用研究 , 2011, 28 (9) : 3279–3283, 3304.

[45] 周凯 . 多元智能理论在高校体育教育专业排球普修教学课中的应用研究 [D]. 延安 : 延安大学 , 2010.

[46] 张富昌 . 不同神经递质通路中基因多态性与人脑认知能力关系的研究 [C]// 第八次全国医学遗传学学术会议 (中华医学会 2009 年医学遗传学年会) 论文摘要汇编 . 北京 : 中国遗传学会 , 2009: 29.

[47] IBM 研制认知计算机模拟人脑具有思维 [J]. 网络与信息 , 2009, 22 (1) : 5.

[48] 胡怡芳 . 基于多元智能的职教课程目标研究 [D]. 上海 : 华东师范大学 , 2005.

[49] 刘合安 , 张群慧 . 免疫文化基因算法求解多模态函数优化问题 [J]. 计算机应用研究 , 2012, 29 (12) : 4515–4517.

[50] 刘合安 , 王雷 . 粒子群 Memetic 算法求解多峰函数优化 [J]. 计算机工程与应用 , 2012, 48 (22) : 10–13, 33.

[51] 刘合安 . 基于免疫的新型入侵防御模型 [J]. 计算机应用研究 , 2012, 29 (7) : 2712–2714.

[52] 刘合安 . 一种权重融合模型的物联网频谱分配方案及其免疫实现 [J]. 计算机应用研究 , 2013, 30 (5) : 1489–1491.

[53] 刘合安 , 吴曙光 , 张慈珍 . 基于改进传感器 DV–Hop 算法的机场旅客定位 [J]. 控制工程 , 2016, 23 (4) : 619–622.

[54] Hean Liu, Zhike Kuang, Cizhen Zhang, Etc. Research on Spectrum Allocation Based on the Network Weights of Internet of Things[J]. Journal of Networks, 2013, 8 (12) : 2804–2811.

[55] Hean Liu, Shuguang Wu. Research on the memetic algorithm researc on Multimodal function optimization [J]. Journal of Convergence Information Technology, 2012, 7 (18) : 464–472.

[56] Hean Liu, Kim Yong Ki. Application of wireless sensor network based improved immune gene algorithm in airport floating personnel positioning[J]. Computer Communications, 2020, 160 (160) : 494–501.

[57] Hua Zhang, Hean Liu. The Data Index Method of Ship Operation Track in the Cloud Computing Environment[J]. Journal of Coastal Research, 2020, 103 (sp1) : 877–881.

[58] Hean Liu. Interaction of Classroom Interaction Under The Condition Of Modern Educational Technology[J]. International Journal of Intelligent Information and Management Science, 2017, 6 (5) : 26–27.

[59] Hean Liu. Study on Autonomous Learning in Classroom Teaching under Modern Educational Technology[J]. International Journal of Intelligent Information and Management Science, 2018, 7 (3) : 209–210.

[60] Hean Liu. On–line and Off–line Informatization Teaching in Colleges and Universities based on Rain Classroom[J]. International Journal of Intelligent Information and Management Science, 2019, 8 (2) : 101–103.